미국이
불타
오른다

THE RISE OF A NEW LEFT by Raina Lipsitz

First published by Verso 2022

미국이 불타오른다
세상을 바꾸고 정치를 뒤흔드는 미국의 젊은 진보

초판 1쇄 발행 2023년 8월 10일

지은이 레이나 립시츠 | 옮긴이 권채령 | 해제 송인근 | 펴낸이 임경훈 | 편집 강경희
펴낸곳 롤러코스터 | 출판등록 제2019-000296호
주소 서울시 마포구 월드컵북로 400 서울경제진흥원 5층 17호
전화 070-7768-6066 | 팩스 02-6499-6067 | 이메일 book@rcoaster.com

ISBN 979-11-91311-25-9 03300

롤러코스터
Rollercoaster
Press

Young Radical
Bernie Sanders
Alexandria Ocasio-Cortez
Saikat Chakrabarti
Alexandra Rojas
Cori Bush
Samelys López
Nailah Summers
Democratic Socialists of America, DSA
Justice Democrats, JD
Brand New Congress, BNC

미국이 불타오른다

The Rise of a New Left

세상을 바꾸고 정치를 뒤흔드는 미국의 젊은 진보

레이나 립시츠 지음
권채령 옮김
송인근 해제

언제나 선함을 찾아내는

나의 어머니 마리아 스크리바니에게 바칩니다.

차례

서문

2018년 6월 무덥던 어느 저녁녘에 알고 지내는 편집자에게서 문자 메시지가 날아들었다. "세상에, 이겼어!" 승리 주인공은 바로 알렉산드리아 오카시오-코르테스Alexandria Ocasio-Cortez, 일명 AOC로, 얼마 전 내가 격주간지 〈더 네이션The Nation〉에 소개 기사를 쓴 젊은 하원의원 예비후보였다. 후보를 처음 만났을 당시만 해도 브롱크스와 퀸스의 일부 동네를 벗어나면 무명이나 다름없던 인물이다. 그의 경선 승리 소식과 함께 내가 대략 1년 전부터 감지해온 미국 정치 지형의 변화가 한층 구체적으로 드러났다.

그로부터 일주일 전, 나는 이 정치 신인을 만나려고 브루클린에서 지하철로 두 시간 거리인 브롱크스로 향했다. 종이 더미와 상자가 아슬아슬하게 쌓여 있고 구불구불 꼬인 전선으로 가득한 채 환기도 제대로 되지 않는 자동차 정비소 한구석이 그의 선거운동 본부였다. 인터뷰 사전조사를 나고 나서, 나는 그가 인상적인 젊은 여성이지만 이길 가능성은 전혀 없다고 잠정 결론을 내린 터였다. 만나보면 재미있겠다 싶었고, 어쩌면 그가 나중에 주정부나 비영리 단체에서 자리 하나쯤 차지할 수도 있겠다는 생각도 들었다. 인터뷰 당일에는 찜통더위가 기승을 부린데다 낯선 동네를 헤매다가 가까스로 약속 장소에 도착했기에 나는 땀범벅에 녹초가 되고 말았다.

선거사무소 한쪽 좁아터진 내실에 언론 인터뷰를 위한 전용공간이 마련되어 있었다. 인터뷰실 밖 소파에 앉아 내 차례를 기다리며 둘러보니, 선거운동 본부는 몹시 혼란스러워서 대학 시절 기숙사 휴게실을 방불케했다. 자원봉사자들이 귀에 이어폰을 꽂고 정신없이 방 안을 오가며 여기저기 전화를 걸었고, 노트북 컴퓨터를 두들기다가 이따금 서로를 부르며 웃음을 터뜨렸다.(그날 내가 본 자원봉사자들은 공교롭게도 모두 젊은 유색인종 남성이었는데, 그중 한 사람은 나중에 의회 선거에 직접 출마하게 된다.) 대부분 선거캠프 로고가 새겨진 티셔츠를 입고 있었고, 일부는 평범한 회사원 차림이었다. 방 안 전체가 카페인 과다 복용으로 흥분상태인 것은 여느 선거운동 본부와 마찬가지였지만, 모두 무아지경으로 행복해 보인다는 점이 달랐다. 브롱크스의 자동차 정비소에서 무명의 정치인 지망생을 위해 움직인다기보다, 마치 LA의 유명한 영화 촬영 현장에서 슈퍼스타와 함께 일하는 양 들뜬 모습이었다.

이들의 열정과 헌신은 높이 살 만했지만, AOC의 경선 승리 가능성은 실로 보잘것없었다. 밀레니얼 중에서도 윗세대 일원으로 지난 수년간 따분한 사무직을 여럿 거쳐온 나의 눈에는 이들이 그야말로 어린애들 같았다. 고등학교 혹은 대학교를 갓 졸업하고 이제 막 정치에 눈을 떠서 아직은 열정과 희망으로 잔뜩 부풀어 있는 아이들. 그 공간에 있는 모든 이가 후보를 진심으로 아끼고 사랑하는 것이 눈에 보였지만, 그때까지만 해도 나는 그 이유를 잘 이해할 수 없었다. 똑똑하고 성실하면서도 겸손하고 허세 없는 태도는 좋은 자질임이 틀림없지만, 그런 면모만으로 광적인 충성심을 끌어모을 수 있는 건 아니기 때문이다. 나는 후보가 먼 훗날 어떻게든 성공할 인물이라는 인상을 받았지만, 단 몇 주 뒤에 NBC '밋 더 프레스Meet the Press', PBS '파이어링 라인Firing Line', '더 레이트 쇼 위드 스티븐 콜베어The Late Show with Stephen Colbert', '더 데일리쇼The Daily Show', MSNBC와 CNN 채널 뉴스에 부활한 미국 좌파의 새로운 얼굴로 소개될 줄은 미처 예상하지 못했다. 출마를 결심하기 전까지 그의 직업은 비영리 단체 직원이자 바텐더였다. 2005년부터 뉴욕 정치판을 드나들며 취재해온 나도 인터뷰를 하기 몇 주 전까지 그의 이름을 한 번도 들어보지 못했다.

그에게 사람들의 헌신을 끌어내는 무언가 있다는 점만은 분명했다. 우리가 만났을 때 그는 갓 스물여덟 된 젊은이였지만, 그에게는 선거캠프 자원봉사자들이나 나 같은 사람과는 확연히 다른 존재감이 있었다. 인조가죽 캡슬리브가 달린 검은색 원피스를 몸에 꼭 맞게 입고 멋스런 앵클부츠를 신은 그는 그날 푹푹 찌는 더위 속에서도 무시무시할 만큼 침착하고 정돈된 태도를 한 시도 잃지 않았다. 임시로 마련된 공간이 숨 막히게 혼란스러운데도 유능하고 차분한 기운을 온몸으로 뿜어내는 모습은 사기업 분위기를 조금 덜어낸, 하지만 못지않게 유능한 페이스북(지금의 메타) 전 CEO 셰릴 샌드버그의 청년 버전 같았다.(잡동사니로 꽉 찬 가방에서 겨우 찾아낸 휴지 뭉치로 땀범벅이 된 얼굴을 닦아내며 연신 물을 들이켜느라 정신없는 나와는 더없이 대비되는 자태였다.)

그가 흔한 차세대 '쉬-이-오She-E-O' 유형의 여성 리더가 아니라는 점도 확실했다. 그의 배경이나 세계관은 내가 지금까지 알고 있던 성공한 여성들하고는 뚜렷하게 달랐다. 그는 브롱크스의 푸에르토리코 출신 노동자 계층 가정에서 태어나 "일하는 사람들이 살기 좋은 동네"라고 직접 밝힌 웨스트체스터 카운티 요크타운에서 자랐다. 줄곧 요크타운에서 공립학교에 다니며 2007년 요크타운고등학교를 졸업했고, 2011년 보스턴대학교에서 학사학위를 받았다. 이만 한 자신감을 드러내 보이는 여성들은 대개 미국인이라면 마땅히 존경해 마지않는 조건, 즉 아이비리그 졸업장과 능력을 과시할 수 있는 번듯한 직업, 리더 경력 등을 갖추고 있기 마련이다. AOC는 2016년 버니 샌더스 선거캠프 브롱크스 지부에 참여하고 청소년 교육 관련 일을 하던 지역 활동가이자, 식당에서 서빙을 하던 종업원이었다. 수많은 동년배와 마찬가지로 안정된 일자리를 얻지 못하고 여기저기 떠도는 불안한 현실, 대학 졸업장만 있으면 좀 나아질 줄 알았던 바로 그 현실이 그를 전혀 다른 이념의 길로 이끌었다. 15년만 일찍 태어났으면 '정치에 관심을 두기에는 너무 쿨한' 전형적인 X세대 일원이 됐을 인물이 새롭게 떠오르는 전투적인 미국 좌파의 대표주자가 되어버린 것이다.

경선에서 깜짝 승리를 거둔 이후, 민주당 우세 지역인 지역구에서 따낸 본선 승리는 모두 예상한 결과였다. 그는 말 그대로 하루아침에 스타급 의원이 됐고, (뉴욕시 공영 라디오방송국 WNYC 표현에 따르면) '걸어 다니는 정치자금 모금함', '민주당 당내 진보세력의 국가적 상징'으로 떠올랐다.

미디어와 민주당 성향 유권자들이 그의 매력에 흠뻑 빠져 있을 때, 민주당 관계자들은 오히려 열광적인 분위기를 가라앉히려고 애를 썼다. 하원의장 낸시 펠로시는 AOC의 승리가 뉴욕 민주당 우세 지역구에서 일어난 정치의 한 장면일 뿐이며 "인구 통계 전문가로서 분위기에 휩쓸리지 않도록 경계해야 한다"고 말했다. 클레어 맥카스킬 전 상원의원은 2018년 선거에서 패배한 직후 AOC를 가리켜 "반짝거리는 새 물건"이라고 깎아내리며 "수사修辭는 값이 저렴하지만 결과를 얻어내기는 훨씬 어렵다"고 덧붙였다.

값이 싸건 비싸건 AOC의 수사는 효과적이었다. 사람들은 그의 말에서 영감을 얻었고, 그는 생애 처음 출마해서 단숨에 연방하원에 입성했다. 그는 사람들 기대치를 낮추는 데 평생의 이력을 바쳐온 자들에게 맞서 반란을 일으키자고 주장하며 다른 세상이 가능하다는 것을 보여줬다. 그가 성공의 동력으로 삼은 것은 정치인 한 사람보다 훨씬 거대한 무엇, 즉 자신과 동년배들이 불러올 도도하지만 당시에는 여전히 수면 아래 가라앉아 있던 정치적 움직임이었다.

AOC를 인터뷰한 그해 여름, 나는 알렉산드라 로하스와도 처음 만나 이야기를 나눴다. AOC가 거둔 승리의 원동력이었던 단체 '정의를 추구하는 민주당원들Justice Democrats, JD'을 이끌고 있던 로하스는 당시 23세로 AOC보다도 어렸다. 그때 나는 이 조직이 앞으로도 진보주의자들을 계속 의회로 보내는 데 성공하리라는 점은 물론이고 로하스 본인도 스타덤에 오를 줄은 짐작도 못 했다.

AOC와 마찬가지로 로하스 역시 깜짝 놀랄 만큼 맵시가 좋고 매력적인 여성이었다. 커다란 검은 눈동자에 긴 생머리, 빛나는 피부, 하얗고 가지런한 치아, 얼굴 화장은 패션잡지 〈보그〉에 실려도 손색없을 정도였다. AOC나 로하스 같은 인물이 무모하고 과격한 네오히피 괴짜 취급을 받지 않고, 여성 유명인사에게 흔히 쏟아지는 못생기고 매력 없다는 투의 공격에서 자유로울 수 있었던 것은 (행운과 유전인자, 패션감각과 화장술로 완성된) 그들 외모 덕분이기도 하다. 사람들 앞에 보여지고 평가되고 비판받으며, 클릭 수와 '좋아요' 버튼, 스크린 뒤 시선을 두고 경쟁하는 일은 이들 세대에게 익숙한 일상이다. 이들은 브랜딩의 힘을 간파했기에, 자신을 매력적이고 소셜미디어에 걸맞은 상품으로 포장해야 하는 현실을 잘 알고 있었다. 진지하고 프로답고 정돈된 외모에, 언제고 카메라 앞에 설 준비가 되어 있었다.

로하스가 보여준 차분한 태도는 그의 불안한 삶과 대비를 이룬다. 2015년 그는 캘리포니아주 코스타메사에 있는 공립 커뮤니티칼리지인 오렌지코스트칼리지에서 파트타임으로 공부하며 풀타임으로 아르바이트를 뛰는 고학생이었다. 그가 캘리포니아주를 선택한 이유는 거주기간 1년을 채우면 받을 수 있는 "끝내주는" 커뮤니티칼리지 등록금 할인 혜택 때문이었다. 그는 학생회에 적극 참여했고, 높은 학점을 유지해서 UC버클리나 UCLA로 편입하겠다는 목표가 있었다. 당시에도 정치에 관심이 없지는 않았지만, 고용주에게 매력적인 구직자로 보여서 "지금까지 나를 돌봐준 파트너와 가족을 내가 보살필 수 있도록" 좋은 직업을 가져야겠다는 전통적인 목표를 간직한 청년이기도 했다.

그러던 어느 날 그는 거주민 등록금 혜택을 받을 수 없다는 사실을 알게 됐다. 이 말은 곧 그가 계획대로 커뮤니티칼리지를 마치고 캘리포니아대학교(UC)로 편입하면 연간 등록금이 2만5000달러가 아니라 5만5000달러로 치솟는다는 뜻이었다. 방세를 내고 학교에 다니기 위해 이미 아르바이트를 세 개씩이나 하고 있던 로하스로서는 감당할 수 없는 액수였다. 가족 중에는 학자금 대출을 받은 사람도 있었지만, 로하스는 "고작 열여덟아홉에 그렇게 빚을 내어 나와 내 가족이 감당하도록 하고 싶지 않았다"고 말했다.

로하스가 버몬트주 벌링턴 샘플레인호 수변에서 열린 버니 샌더스 대선캠프 출범식 영상을 친구에게 받은 건 이즈음이었다. 살면서 오바마를 포함한 여러 정치인에게 다소 관심을 갖기는 했지만, 오바마가 대통령에 당선된 해에 그는 겨우 13세였다. 그래서 그에게는 샌더스 영상을 보았을 때가 미국의 진보를 가로막는 구조적 걸림돌과 맞서 싸울 의지를 지닌 지도자에게 처음으로 "진정한 감동을 받은" 순간이었다. 로하스는 곧 '열병에 걸려 미친 버니 지지자들' 일원이 되어 자원봉사 활동에 나섰다.

"학교는 어디 가지 않고 그 자리에 있으니까요. 하지만 정치혁명은 기다려주지 않거든요." 로하스는 당시 기분을 이렇게 설명했다. 그는 그렇게 학교를 그만두고 샌더스 캠프에 합류하기로 결심했다. 뜻을 같이하는 커뮤니티칼리지의 다른 친구들과 함께 무작정 벌링턴으로 향했고, "캠프 사람들을 미친 듯이 괴롭혀서" 인턴 자리를 얻어냈다. 로하스와 친구들은 이처럼 이례적인 방식으로 정치에 입문한 오합지졸 젊은이들 중 일부였다. 당시 샌더스 선거캠프에는 커뮤니티칼리지를 갓 졸업하고 푸드트럭 따위를 운영하다가 곧장 대선캠프에 합류한 이들이 수두룩했다.

나 역시 로하스나 AOC보다 10년 정도 먼저 내 나름으로 좌파 정치에 입문했다. 나는 친노조 성향 진보주의자 부모 아래서 태어났다. 아버지 쪽 할아버지인 리처드 립시츠 시니어는 1950, 60년대 민권운동을 지지하고 베트남전쟁을 결사반대한 버펄로 출신 노무사였다. 할아버지는 미국 공산당과 연루된 혐의로 기소된 이들을 변호했고, 교사와 공무원의 충성선서 의무가 위헌이라고 판결한 기념비적인 1967년 대법원 재판에서 성공적인 변론을 펼치기도 했다. 큰아버지인 리처드 립시츠 주니어는 2011년부터 2021년까지 미국노동총연맹-산별노조회의(AFL-CIO) 서부 뉴욕 지부를 이끌었고, 현재는 명예위원장을 맡고 있다. 아버지 존

립시츠와 고모 낸 립시츠 헤인즈는 전미변호사조합 버펄로 지부 소속으로, 뉴욕주 서부의 여러 법 집행 당국을 대상으로 건 다양한 소송에 참여했다. 지역 언론사인 〈버펄로 뉴스Buffalo News〉 기자였던 나의 어머니 마리아 스크리바니는 당시 '신문 길드'로 불리던 기자조합 버펄로 지부 부지부장을 지냈는데, 지부에 여성 기자회를 만들고 사측이 기자 연봉을 공개하도록 촉구해서 여성 기자들이 비슷한 자격의 남성 동료에 비해 적은 급여를 받으며 덜 중요한 취잿거리만 맡는다는 사실을 밝혀낸 장본인이다.

나의 부모는 민주사회주의자라고 부를 수도 있을 만큼 진보적이지만, 열정적인 선동가 유형은 아니다. 두 분 모두 1950년대에 전문직 부모 아래서 태어난 백인으로, 질 높은 교육과 풍족한 식탁을 누렸고, 의지할 만한 안정된 가족을 둔 덕분에 무사히 성공적인 어른으로 자라날 수 있었다. 나의 부모가 원했고, 또 자식들에게 소망하라고 가르친 이상은 우리 가족, 그러니까 동유럽 출신 유대인 이민자와 시칠리아 가톨릭교도 후손이 조부모 대부터 미국 땅에서 당연히 누려온 혜택을 모든 가정이 받게 되는 것이었다. 부모님 머릿속에서 의료보험과 안전한 주거, 충분한 수입은 언제나 평안한 삶에 필수적인 기본 요소였다. 세계 여러 지역, 특히 경제가 일정 정도 발전한 국가에서 이런 요구는 급진적인 주장이 아니다.

90년대 말에 고등학교를 졸업할 즈음 나는 당대 정치가 공허하고 기대에 미치지 못한다고 느꼈다. 선거정치와 페미니즘이 모두 세상을 바꾸는 급진적인 동력이던 시절에 비해 퇴보하고 있다고 생각했고, 더 나은 정치를 향한 갈망을 느꼈다. 한때는 나라에 마땅한 투표권을 요구하고 기업이 개인에게 빚진 돈을 내놓도록 만드는 힘을 발휘하던 정치가 이제는 "어떤 TV 프로그램이 좋은 방송인지 아닌지나 따지는 10년짜리 대화"[1]로 전락했다고 개탄하며 작가 제사 크리스핀이 2017년 내린 진단에 나 역시 동의했다.

사람들의 삶을 바꾸기 위해서는 민주당 후보를 당선시키는 일 이상의 근본적인 무언가가 필요하다는 신념에 따라, 2000년 대학 신입생이던 나는 대선에서 랠프 네이더를 지지했다. 2000년 12월에야 열여덟 번째 생일을 맞이한 탓에, 정작 그해 대선에서는 투표하지 못했다. 투표권이 있었다면 당연히 랠프 네이더를 찍었을 것이다. 랠프 네이더가 3퍼센트 득표율을 기록한 2000년, 민주당 후보 앨 고어는 선거인단제도와 대법원 판결 때문에 일반 유권자 득표율에서 앞서고도 선거에서 지고 말았다. 앨 고어가 수십만 표를 더 받고도 대통령이 되지 못한 현실은 나와 수많은 동료 시민에게 부패와 불의 그 자체로 와닿았다.

2003년 나는 아일랜드 더블린에서 대학교 3학년을 보내고 있었다. 그해 2월 15일에 나는 친구들과 함께 이라크전쟁 반대시위에 참여했다. 당시 더블린에서만 시위 참여 인원이 4만 명에서 10만 명으로 집계됐고, 이는 아일랜드 역사상 가장 규모가 큰 시위 중 하나로 기록됐다. 그날 날씨가 흐리고 음울했지만, 행진하다 보니 2월 중순 추위를 거의 느낄 수 없었다. 현장 분위기는 우울과 환희가 뒤섞여 기묘했다. 부시와 토니 블레어 말고는 아무도 원하지 않는 듯한 전쟁을 앞두고 분노와 함께 심란함을 느끼면서도, 세계 각지에서 전쟁을 반대하는 사람들이 거리로 쏟아져나왔다는 사실에 모두 고무되어 있었다. BBC 추산에 따르면 그 한 주에만 60개국에서 600만~1000만 명가량이 반전시위에 참여했다. 더블린에서도 시위대 규모가 주최 측 예상의 두 배에서 다섯 배에 달했다. 우리는 전 세계가 우리와 함께 행진하고 있다는 강렬한 감정에 사로잡혔다.

그로부터 약 한 달 후에 미국 주도로 '유지연합coalition of the willing'이라는 이름의 동맹, 실질적으로는 미군에 영국군이 일부 합세한 전투부대가 이라크를 침공했다. 이후 10년 넘게 이어지며 수십만 희생자를 낼 전쟁의 서막이었다. 세계적으로 대규모 시위가 벌어졌는데도 전쟁을 막아내지 못한 현실 앞에서 반전 활동가들의 사기는 크게 꺾일 수밖에 없었다.

당시 기업의 지배구조에서 벗어나 제 기능을 다하는 민주주의를 꿈꾸던 사람들에게 희망은 없는 것이나 마찬가지였다. 유력한 전국구 단위 좌파 후보는 찾아보기 어려웠고, 제대로 된 좌파 세력이 형성되는 기미도 보이지 않았다. 실질적인 변화가 가능하다고 느끼는 사람은 거의 없었다.

9/11 테러 이후 피에 목마른 호전적 애국주의와 광적인 반이민자 정서의 소용돌이 속에서 정치환경은 더욱 암담해졌다. 내가 성인이 될 무렵 꿈꾸던 정치는 그로부터 15년 후에야 현실이 될 터였다. 그리고 마침내 그날이 왔을 때 움직임을 주도하는 당사자는 나보다 열 살 어리고, 그래서 악화일로로 치닫는 사회경

제적 상황과 환경에 두 배는 더 고통받을 로하스와 AOC 같은 여성들일 터였다. 미국 정치가 진보적으로 전환하기를 오래도록 기다려왔으나, 그런 변화를 만들어낼 방법을 도통 몰랐던 나 같은 이들은 그뒤를 따를 참이었다.

01

버니 샌더스 돌풍을 일으킨 젊은이들

AOC가 생애 첫 경선에서 승리를 거두기 2년 전에 그와는 영 딴판인 한 정치인의 놀라운 성공 스토리가 있었다. 버니 샌더스 돌풍이 AOC가 승리로 향하는 길을 닦았다고 해도 과언이 아니다. 주류 언론에서 샌더스 열풍을 내다본 이는 거의 없었다. 〈뉴욕타임스〉가 2015년 5월 1일자 인쇄판에서 샌더스가 내민 대권 도전 선언을 무려 21면으로 끌어내려 묻어버린 일은 이제 유명한 일화다. 당시 기사 제목은 이랬다. '오랜 기간 무소속이던 샌더스, 민주당 소속으로 대선 경쟁에 뛰어들다.'

기성 언론매체들은 샌더스 소식을 전하며 당혹스러움과 빈정거림이 묻어나는 논조를 감추지 않았다. 마구 뻗친 백발에 싸구려 기성복을 입고 낡은 이데올로기로 무장한 고루한 사회주의자 샌더스가 어떻게 소셜미디어 없이는 못 사는 밀레니얼의 선택을 받을 수 있단 말인가? 샌더스에게 매력을 느끼지 못하거나 샌더스를 좋아하는 사람이 주변에 하나도 없는 이들은 샌더스의 뜨거운 인기를 '이해할 수 없는 현상', 또는 '힐러리 클린턴을 겨냥한 반여성적 편견의 증거', 또는 둘 다로 해석했다.

사실 샌더스는 생각보다 훨씬 더 다양한 사람들의 지지를 끌어모았다. 샌더스 지지자들은 대부분 나이가 어린 축이었지만, 남성과 백인 비율이 압도적으로 높지는 않았다. 2016년 여론조사기관 입소스IPSOS가 청년 유권자를 대상으로 실시한 설문조사를 보면, 35세 이하 여성이 나타낸 선호도에서 샌더스가 힐러리 클린턴을 20퍼센트포인트 차이로 앞섰다. 반면 같은 연령대 남성 유권자 사이에서는 오히려 그 차이가 4퍼센트포인트에 불과했다.[1]

2020년에는 샌더스 지지자 중에서 여성과 비백인 비율이 더 높아졌다. 2020년 2월 미국 전역에 등록된 민주당원과 무당파 유권자를 대상으로 로이터통신과 입소스가 실시한 여론조사[2]에서 샌더스는 모든 연령대 아프리카계 미국인 유권자가 선호하는 후보였다. 등록된 민주당원과 민주당 성향 유권자를 조사한 퓨리서치센터Pew Research Center의 2019년 여름 데이터[3]에 따르면, 샌더스 지지자는 민주당 다른 어떤 유력 후보의 지지자보다 여성일 가능성이 높고, 백인일 가능성은 낮았다. 당시 샌더스 지지자의 49퍼센트가 백인이었고, 53퍼센트는 여성이었다.(대조적으로 엘리자베스 워런, 조 바이든, 카멀라 해리스의 지지자를 자처한 응답자 중 여성 비율은 모두 절반 이하였다.) 샌더스 지지자 중에서 그의 정체성이나 후보 지명에 담긴 역사적 의의, 곧 미국 최초 유대인 대통령을 만들겠다는 열망을 지지하는 주된 이유로 꼽은 사람은 거의 없었다. 오히려 그의 인종이나 젠더 정체성에도 '불구하고' 그를 열렬히 지지하거나, 그런 측면에는 아무런 관심 없는 사람들을 샌더스 지지층에서 여럿 찾아볼 수 있었다.

JD('정의를 추구하는 민주당원들')의 알렉산드라 로하스 상임이사에게 샌더스 후보의 나이나 백인 남성성 때문에 거리감을 느끼지는 않는지 물었더니, 그는 잠깐 말을 멈추고 생각한 뒤 조심스레 이렇게 답을 내놓았다. "저는 샌더스 후보를 그런 식으로 생각하지 않습니다. 살면서 완벽하지 않은 남성을 수도 없이 만났어요. 우리가 현재 살아가는 세상의 현실이라는 맥락을 생각하면 정체성은 분명 중요합니다. 하지만 미래가 참으로 불투명하다고 느끼는 저 그리고 저희 세대는 어떤 사람이 어떤 말을 하고, 어떤 태도를 보이며, 신념을 위해 무엇을 걸고 싸우는지, 이런 면면에 마음이 움직입니다."

샌더스 지지자 대부분이 이른바 '버니 브로Bernie Bros'라 불리는 백인 남성이라는 세간의 비판을 어떻게 생각하냐고 묻자, 로하스는 발끈하며 이렇게 말했다. "저는 콜롬비아와 페루의 피를 반반씩 물려받은 스물세 살 라틴계 여성입니다. 제가 버니 샌더스에게 영감을 받은 건 그의 정체성이 아니라 그가 그리고 있는 미국의 이상 때문이에요."

로하스는 샌더스를 알기 전까지 적극적으로 정치에 참여해 본 적이 없다. 최신 시사에 늘 관심을 기울였고 캠퍼스에서 학생회를 조직하거나 학생회 간부를 맡기도 했지만, 전국 단위 정치에 관해서라면 또래들과 마찬가지로 "별 관심이 없었다"고 고백했다. 그러나 곧 커뮤니티칼리지 캠퍼스가 학생운동을 조직하기에 좋은 환경임을 알아챘다. 인종이나 민족적 정체성은 물론이고 인생 경험에서도 다양성의 갖가지 '허브'가 자연스럽게 형성되는 공간이기 때문이다. 실제로 커뮤니티칼리지 학생회에는 싱글맘, 고등학생, 직장인 등 다양한 사람들이 소속되어 있었다. 샌더스 캠프가 본격적으로 커뮤니티칼리지의 잠재력을 이끌어내기 전까지 전국 단위 정치에서 이 공간을 눈여겨본 이는 거의 없었다.

샌더스 선거운동에 합류한 로하스는 "우리가 모두 믿고 있는 이 한 사람을" 당선시키기 위해 "높은 도덕성과 이타심"을 두루 갖춘 다양한 사람들이 "하루 열여덟 시간씩 일하는 모습"을 보고 큰 감명을 받았다. 타협하지 않는 샌더스의 좌파 노선 역시 그가 지닌 호소력의 핵심이었다. 샌더스가 내세운 여러 정책은 로하스와 가족, 친구들에게 정말로 필요한 내용이었다.

나와 마지막으로 이야기를 나눴을 당시 그는 겨우 스물다섯이었지만 이미 생애 두 번째 경기침체와, 경찰 폭력에 대항하는 '흑인의 생명도 소중하다Black Lives Matters' 운동의 2막, 하루가 다르게 심각해지는 기후위기, 엉망인 대처 속에서 수백만 희생자를 낳으며 지구 전역을 휩쓴 전염병 사태를 몸소 겪는 중이었다. 로하스와 동료들이 2016년부터 일궈낸 성과는 상당 부분 샌더스 대선운동에 빚을 지고 있다. 그들이 "진짜 운동의 일원"이 되는 경험을 처음으로 누린 곳이 바로 샌더스 캠프였기 때문이다. 말로 설명하기 어려우나 샌더스에게는 자원봉사자들이 열심히 일하게끔 만드는 "무언가"가 있었다고 로하스는 덧붙였다.

로하스 같은 젊은이들이 샌더스에게 열광적으로 반응한 것은 또한 샌더스가 "쿨"하지 않으면서 쿨하려고 애쓰지도 않았기 때문이다. 샌더스는 가식적이거나 말만 그럴듯하게 하는 사람처럼 보이지 않고, 무언가를 얻기 위해 영합하거나 신념을 굽히지도 않는다. 그가 지닌 매력 중 큰 지분은 그가 언제나 고집스럽게 자신다운 모습을 유지한다는 데 있다. 2019년 샌더스는 브롱크스 출신 코미디언인 디수스 나이스와 더 키드 메로를 만났다.[4] 인터뷰 도중 카리스마 넘치는 두 유색인종 청년이 고가의 디자이너 운동화를 보여주면 샌더스가 가격을 맞추는 코너가 진행됐다. 문제로 나온 운동화 한 켤레 가격이 4500달러에 달한다는 사실을 알게 된 샌더스는 몸을 움츠리며 불쾌한 표정으로 믿을 수 없다는 듯이 물었다. "이런 건 과시용인가요?" 진행자들이 그럴 줄 알았다는 듯 웃으며 그렇다고 대답하자, 샌더스는 못마땅한 얼굴로 입을 꾹 다문 채 고개를 저었다. "'플렉스'(돈 자랑) 같은 건 잘 안 하시는 편이죠?" 디수스가 농담을 건네자, 샌더스는 눈을 크게 뜨고서 고개를 흔들고 손을 내저으며 말했다. "맞아요. 저는 사람들이 (운동화 한 켤레에) 4500달러나 쓴다는 사실이 정말 마음에 들지 않습니다. 미친 짓이에요."

2016년 민주당 대선 후보 자리를 놓고 샌더스와 클린턴이 벌인 경쟁을 지켜보며 나는 애니메이션 '심슨 가족The Simpsons'에서 바트와 리사 심슨이 부모와 나눈 대화를 떠올렸다. "애들아, 엄마 쿨하니?" 마지 심슨이 묻자, 아이들은 답한다. "아뇨." "좋아,

다행이네." 마지가 덧붙인다. "이렇게 말하면 쿨한 거 맞지? 쿨한 거에 관심 없어야 쿨한 거니까." 바트와 리사가 고개를 젓자, 분노한 마지가 외친다. "아니, 도대체 쿨하려면 어떻게 해야 하는 거야? 안 해본 짓이 없는데!" 샌더스는 젊은이들이 듣고 싶어 하는 말을 억지로 할 필요가 없었다. 그는 젊은이들이 떠안은 가장 시급한 문제(감당하기 어려운 빚과 낮은 '계급 이동 가능성')를 해결할 대책(대학과 기술학교 등록금 폐지, 전 국민 의료보험 제도)을 제시해서 젊은이들의 호응을 이끌어냈다. 2015년 말에 힐러리 클린턴은 커뮤니티칼리지 등록금을 폐지하는 방안에는 찬성하되 4년제 대학에 다니는 학생들은 일을 해서 학비의 일부라도 벌어야 한다고 주장했다. "제가 대학교와 로스쿨을 거치면서 줄곧 일했기 때문에 그렇게 생각하는지도 모릅니다." 2015년 10월 1차 민주당 예비후보 토론회에서 클린턴은 이렇게 말했다.[5]

그러나 클린턴이 대학생이던 1960년대 대학 등록금은 지금과 비교할 수 없는 수준이었다. 클린턴은 표를 부탁해야 할 젊은이들에게 공감능력을 발휘하려고 애썼지만, 이들이 처한 현실을 바라보는 기본적 이해마저 부족했다. 리나 던햄 같은 밀레니얼 유명인사가 패러디 랩 영상을 올려주고,[6] 시트콤 〈브로드 시티 Broad City〉에 오글거리는 카메오로 직접 출연까지 해보았으나,[7] 젊은이들과 거리를 좁히기에는 역부족이었다. 젊은 유권자들과 소통하는 측면에서 클린턴은 성향으로 보나 경험으로 보나 마지 심슨 같은 유형, 그러니까 요즘 애들이 선호하는 모습이 되려고 필사적으로 노력하지만 그게 뭔지 도무지 감을 잡지 못하는 인물이었다.

샌더스가 스타일 또는 스타일의 부재만으로 젊은이들에게 다가간 것은 아니었다. 역사학자 맷 카프가 계간지 〈자코뱅Jacobin〉에서 지적했다시피, 샌더스가 두 차례 대권에 도전하며 청년층의 압도적인 지지를 받을 수 있었던 데는 "카리스마"가 아니라 "민주당 경선 역사상 가장 가차 없는 이념적 공약"이 작용했다. 샌더스는 그네들 일상 속 요구를 터놓고 이야기했고, 전 세계에서 가장 부유한 국가 중 하나인 미국이 당연히 국민에게 더 많은 것을 제공해야 한다고 주장했다. 낡아빠진 향수나 애국심을 자극하지도, 자신의 당선이 담게 될 역사적 의미에 의존하지도 않았다. 샌더스는 일부 정치부 기자가 짜증 낼 만큼, 고장 난 레코드처럼 같은 말("의료보험은 인권입니다, 고등교육은 무상으로 제공해야 합니다, 돈이 엄청나게 많은 사람은 그만큼 세금을 내야 합니다.")을 반복했다. 가장 두드러진 점은 샌더스가 가난하고 위태로운 사람들이 수치심을 느낄 만한 수사를 전혀 사용하지 않았다는 것일 터이다. 공화당만큼 대놓고 수치심을 무기로 삼지는 않았지만, 민주당 주류 역시 때때로 "개인의 책임"을 들먹이거나 권리가 모든 인간에게 거저 돌아가지 않고 "열심히 일하는 사람들"에게만 허락되는 것인 양 자격을 따지고 들지 않았던가.

반면 샌더스는 권력과 부를 잡은 소수가 오로지 탐욕 때문에 대다수의 삶을 힘들게 만드는 현실을 자주 이야기했다. 오늘날 많은 젊은이, 특히 부모세대보다 물질적으로 더 어려운 삶을 살아갈 청년들이 공감하는 바로 그 지점이다. 미국의 가장 거대한 사회문제들이 열심히 일하기만 하면, 개인이 각자 책임을 다하기만 하면 해결된다는 환상을 거부하는 젊은이들은 점점 늘어나고 있다. 이미 많은 이가 애써 열심히 일하는 데 비해 얻는 것은 너무나 적다고 느끼고 있다. 1981년부터 1996년 사이에 태어난 이른바 밀레니얼 세대는 평균적으로 아래 세대보다 뚜렷하게 많은 부채를 지고 있다. 이들은 평균 8만7448달러의 빚이 있고, 학자금 대출 액수는 평균 3만9000달러에 육박하며, 담보 대출액은 평균 23만7349달러에 달한다.[8]

밀레니얼은 직업과 소득에서 부모보다 못한 삶을 살게 될 첫 번째 세대일 것으로 예측된다.[9] 세계 금융위기가 불러온 대침체 Great Recession의 긴 그림자 아래서 자란 많은 이가 세상이 완전히 달라져버렸고, 그 과정에서 젊은 세대의 가능성이 줄어든 현실을 알아주는 지도자를 간절히 원하고 있었다. 괜찮은 삶의 필수조건이라고 들어온 대학교육을 밟으려면 감당하기 힘든 빚을 져야 한다는 사실을 알고 자란 세대, 졸업장을 받고 나면 험난한 구직 시장으로 내몰려야 했던 세대, 그렇게 해서 변변찮은 일자리나마 가까스로 구해도 연봉 인상이 물가 상승을 따라가지 못하는 실정을 경험한 세대, 돈이 없어 집을 살 수도, 자녀 계획을 세울 수도 없는 세대[10]는 물에 빠져 죽지 않으려고 발버둥 치며 구명보트와 같은 정책을 갈망하는 그네들 마음을 알아주는 후보에게 사로잡혔다. 공포와 공격적인 애국주의, 비윤리적인 전쟁, 경기침체로 점철된 조지 W. 부시의 기나긴 임기가 끝나갈 무렵 오바마가 한때는 희망과 변화의 얼굴이었던 것처럼, 샌더스는 상위 10퍼센트에 들지 않는 더 많은 사람에게 제대로 작동하는 사회를 약속하는 상징과도 같았다.

샌더스와 오바마의 성공, 즉 청년들과 소통하며 전례 없는 자원봉사자 군단을 만들어낸 오바마의 불가사의한 능력과 다양한 젊은 유권자 집단 간에 연대를 이끌어내며 민주당을 왼쪽으로 끌어당긴 샌더스의 신비로운 자질은 AOC와 그뒤를 이은 젊은 후보자들에게 길을 열어줬다. AOC는 한 세대에 한 명 나올까 말까 한 독보적인 정치인으로 자신만의 매력을 발산하고 있지만, 오바마와 샌더스의 핵심 자질을 함께 지닌 인물이기도 하다. 오바마의 지성과 매력, 문화적 교양과 더불어 샌더스의 진정성과 진실성, 이념적 확고함을 몸에 잘 맞는 옷처럼 걸치고 있는 셈이다. 사람들이 샌더스에게 공감하는 이유는 그가 청년세대의 어려움을 이해할뿐더러 어마어마한 규모의 해결책을 제시해서 그들의 문제를 진지하게 인식하고 있다고 보여줬기 때문이다.

사람들이 AOC와 공감대를 형성할 수 있는 이유는 그 자신이 대학 졸업장을 따고도 학자금 대출을 짊어지고 바텐더로 일하며 의원 월급을 받기 전까지는 워싱턴DC에서 월세 아파트도 구하기 어려운 처지였기에, 자신과 같은 형편에 놓인 사람들을 위한 정책(전 국민 의료보험, 대학 무상교육, 최저임금 인상, 공공주택을 위한 대규모 투자)을 앞세우기 때문이다. 그는 당돌하고 패기만만하며 장난기 넘치는 성격의 소유자로, 간혹 샌더스처럼 재미없는 나이 든 남성 정치인들과 화사한 대조를 이룬다. 그는 여성일뿐더러 젊은 유색인종 라틴계 여성이다. 오바마도 젊은 나이에 일약 스타덤에 올랐지만, AOC의 혜성 같은 등장은 더욱 놀라웠다. 그는 스물여덟에 출마한 생애 첫 선거에서 승리를 거두고, 곧장 미국 최연소 여성 의원이 됐다. 오바마도 20대 후반에는 한낱 로스쿨 학생이었고, 샌더스는 오히려 경력을 한참 쌓은 후에야 뒤늦게 전국 단위 명성을 얻은 사례다.

동질감이나 진정성, 친근함처럼 정치인이라면 누구나 간절히 바라는 이미지를 AOC는 원래 타고난 듯이 자연스럽게 지니고 있다. 2019년 AOC는 인스타그램 라이브[11]를 통해 새로 입주해서 텅 빈 워싱턴DC의 아파트를 공개했다. 팝콘을 씹고 화이트 와인을 마시며, 괴롭힘과 공격을 당하는 와중에도 어떻게 집중력과 중심을 잃지 않을 수 있는지 궁금해하는 시청자들의 질문에 답변하는 동시에 이케아 가구 한 점을 뚝딱 조립해냈다. 그는 마지막 부품을 끼워 넣고 혼자서 축배를 들며 외쳤다. "짠! 제가 해냈어요!" 또 다른 인스타그램 스토리에서는 연어 크림 파스타를 조리하는 장면을 생중계하며 코로나19 구제와 정부 지원금을 둘러싼 질문을 받고 매끄럽게 대답하는 모습을 보여줬다.

AOC가 지닌 대단한 재능 중에는 전통적인 여성상을 거부하지 않고 성차별적인 모욕에 대처하는 기량도 있다. AOC가 직접 화장하는 장면을 촬영해서 패션잡지 〈보그〉를 통해 공개한 후, 〈파이낸셜타임스〉에는 '예뻐지는 일에 애정을 쏟는다고 해서 사과하기를 거부한' AOC를 칭송하는 기사가 실렸다. 〈보그〉 메이크업 튜토리얼 영상에서 AOC가 한 발언을 열정적으로 인용한 기사였다. "의회에 있는 젊은 여성으로서… 저는 반짝이는 아이

새도가… 저한테 도움이 되지 않는다고 생각했어요. 그렇지 않아도 사람들이 저를 어리고, 하찮고, 멍청한 사람으로 낮춰 보려고 하니까요." 하지만 곧이어 그는 눈을 반짝이며 선언한다. "그런데 발라보면 정말 멋져요!"

힐러리 클린턴과 마찬가지로 AOC도 성차별적 공격을 피할 수 없다. 플로리다주 상원의원 테드 요호가 기자들 앞에서 그더러 "씨발년fucking bitch"이라고 한 사건은 유명한 일화다.[12] 하지만 클린턴과 달리 AOC는 유려하면서도 강력하고 효과적인 방식으로 공격에 대응했다. 장안의 화제가 된 원내 연설[13]에서 그는 적절한 인용과 호명을 사용해서 상대에게 망신을 주며, 자신의 경험을 세상 모든 여성이 일상에서 겪는 어려움과 연결 지었다. 디지털 네이티브 세대인 AOC는 소셜미디어에도 능숙해서, 대선후보 시절 오바마와 당시 젊고 유능한 보좌진도 AOC와 비교하면 밋 롬니 같아 보일 지경이다. 2019년 의회에서 공화당 의원들에게 야유를 들었을 때, AOC는 트위터에 "여러분이 내가 될 수 없다는 이유로 저를 미워하지 마세요"라고 적고 발랄하게 손을 내젓는 이모티콘을 붙였다.[14] 공화당 측에서 AOC를 난처하게 하려고 그가 대학 시절 옥상에서 열정적으로 춤을 춘 동영상을 퍼트렸을 때도 "공화당은 여자가 춤추면 큰일 나는 줄 안다고 들었습니다. 여성 의원도 춤을 춘다는 사실을 알면 뭐라고 할지 기대되네요!"라는 트윗[15]과 함께 춤을 추며 의원실로 들어가는 짧은 동영상을 올리기도 했다. 동영상 배경음악은 에드윈 스타의 히트곡 'War'였다.

AOC는 여러 면에서 트럼프와 완벽한 대척점에 서 있는 인물이고, 이 시대 정치의 이상적인 포스터 걸이다. 트럼프의 페르소나와는 정반대인 유색인종 젊은 여성이며, 트럼프식 정치의 안티테제를 트위터에서 정기적으로 펼쳐 보이는 선두주자다. 트럼프가 인종차별과 여성혐오를 일삼는 깡패라면, AOC는 인종차별주의자와 여성혐오주의자, 깡패에게 맞서는 투사다. 그가 다양성을 자랑하는 미국의 젊은 신좌파 세력을 이끌어가기에 샌더스나 엘리자베스 워런보다 적격이라는 주장에는 일리가 있다.

샌더스의 구호인 '내가 아닌 우리Not me; us'는 자기중심적이고 재미없는 클린턴의 슬로건인 '나는 그녀와 함께합니다I'm with her'를 날카롭게 뒤집은 선언이었다. AOC는 더 넓은 유권자층을 공략할 수 있는 잠재력을 품고 있다. 그의 모습에서 자기 자신을 보는 사람들, 그를 동시대 페미니즘의 아이콘으로 여기는 이들, 그와 정체성은 공유하지 않을지언정 정치관은 함께하는 사람들, 그를 민주당의 미래로 생각하는 이들을 모두 아우를 수 있다. 그의 초기 보좌진을 살펴보면, (샌더스처럼 도드라지는 예외를 제외하면 대부분 젊은 사람들이기는 하지만) 백인 남성들도 그 아래서 또는 동료로서 함께 일하고자 한다는 점을 알 수 있다. 그가 전국 선거에 출마하기를 희망하는 민주당원 수가 점점 늘어나고 있지만, 실제로 전국 선거에 도전하기 전까지는 그가 얼마나 폭넓은 유권자층에 파고들 수 있을지 정확히 파악하기 어려울 것이다. AOC는 단 몇 년 만에 미국 전역에서 명성을 얻었다. AOC를 싫어하고 깎아내리려는 사람들조차 그가 스타로 떠올랐다는 사실은 부인하지 않는다.

* * *

트럼프에게 백악관을 내어줄 만큼 힘이 빠진 정당이라면 카리스마와 에너지, 미디어 대처 능력을 한몸에 갖춘 AOC 같은 인물을 구세주로 여기고 두 손 들어 환영해야 마땅하다고 생각할 것이다. 민주당을 지지하는 수많은 유권자들이 그가 등장할 당시에도 그랬고 지금까지도 뜨거운 성원을 보내고 있건만, 민주당 고위 관계자들의 반응은 시큰둥하다.

2018년 경선에서 승리하기 전에 AOC는 뉴욕주 선출직 공직자 중 단 한 명도 자신에게 지지선언을 해주지 않았다고 내게 말했다.(낸시 펠로시 하원의장은 2020년에 와서야 지지선언을 했다.) 또한 대놓고 경선에서 빠지라고 압박하는 사람이 없었던 이유는 아무도 자신을 진지하게 받아들이지 않았거니와 애초 경선에서 이기리라고는 생각조차 하지 않았기 때문이었다고 언급했다. 그는 경선 경쟁자이자 현역의원인 조 크롤리를 선호했던 사람들의 태도가 한마디로 다음과 같았다고 설명했다. '문제가 저절로 풀릴 것이 뻔한데 뭐 하러 굳이 문제를 해결하려고 들겠어?'

"뉴욕시 정치에 대해 조금이라도 아는 사람은 제게 출마하지 말라고 했습니다. 첫째, 내가 시간을 낭비하고 있다, 둘째, 나가 봤자 소용없다, 셋째, 강행했다가는 뉴욕시 정치판에서 앞으로 어떤 경력도 쌓지 못하게 될 것이다, 이런 소리를 들었죠." AOC가 덧붙인 말이다.

그는 여전히 미디어의 총아지만, 다사다난한 몇 해를 거치며 민주당 지도부 안에 강력한 적들을 만들었고 우파의 분노를 홀로 받아내는 피뢰침 노릇을 맡게 됐다.[16] 빌 클린턴, 마이클 블룸버그 등과 함께 일했던 민주당 정치전략가 행크 셰인코프는 2020년 2월 〈가디언〉 인터뷰에서 이렇게 말했다. "AOC를 좋아하지 않거나, (AOC가 뉴욕주 정부로부터 300억 달러에 이르는 보조금을 받고 롱아일랜드에 본사를 세우겠다던 아마존 계획에 반대한 일과 관련해) 뉴욕이 잃은 2만7000개의 아마존 일자리 때문에 화가 난 사람들에게는 AOC의 약점처럼 보이는 것이라면 뭐든지 하늘이 준 선물일 것입니다." 또한 2020년 경선에서 AOC에게 도전장을 내민 후보 중 한 명인 미셸 카루소-카브레라를 두고는 "2년 전 AOC만큼이나 와일드카드"라며 "기세 좋은 도전자로서 상당한 경쟁력을 갖추고 있다"고 평가했다.[17]

카루소카브레라의 도전은 자금력에서 과연 기세가 좋았다.[18] 투자회사 블랙스톤 CEO인 스티븐 슈워츠먼과 골드만삭스 CEO 데이비드 솔로몬은 카루소카브레라 캠프에 거액의 후원금을 냈다. 블랙스톤 직원 다섯 명과 골드만삭스 임원 셋도 후원금을 보냈다. 홈디포 공동창업자 켄 랭곤과 아내는 각자 경선과 총선에서 허용하는 최대 액수를 기부해, 부부의 후원금 총액이 1만1200달러에 달했다. 랭곤은 공화당에 상당한 자금을 대는 고액 기부자이자 열혈 트럼프 지지자로 알려진 인물이다.

카루소카브레라는 AOC가 수많은 일자리를 "날려버렸을 때" 그에게 도전하기로 결심했다고 밝혔다. 카루소카브레라와 그 지지자들은 아마존 본사가 계획대로 들어섰더라면 열심히 일하는 해당 지역 이민자 가정에 일자리 수천 개가 돌아갔을 터라고 주장했다.[19] 그러나 월스트리트와 홈디포에서 보내는 열광적인 지지도 역부족이었다. 2020년 경선에서 AOC에게 도전장을 내민 후보가 셋이나 됐지만, AOC는 총 4만6577표를 얻어 74.6퍼센트 득표율로 가뿐히 승리를 거뒀다. 카루소카브레라가 받은 표는 1만1337표에 불과했다.[20] 민주당 유권자들은 트럼프 지지자들에게 거액의 기부금을 받은 후보를 인정하지 않은 셈이다.[21]

공화당은 물론 민주당 기득권 세력의 공격을 거세게 받는 와중에도, AOC는 지역구에서 여전히 높은 인기를 자랑한다. 2019년 실시한 여론조사에서 그에게 호감을 드러낸 지역구 응답자는 52퍼센트였던 반면, 그가 비호감이라고 답한 사람은 33퍼센트에 그쳤다. 같은 조사에서 민주당 유권자 61퍼센트가 AOC의 연임을 지지한다고 밝혔다.[22] (반면 전국조사에서는 호감도가 낮았다. 2019년 퀴니피악대학교 여론조사기관에서 진행한 설문조사를 보면 호감이 23퍼센트, 비호감이 36퍼센트였고, 그를 잘 모르기 때문에 의견이 없다고 말한 응답자가 38퍼센트였다.)[23]

전국 단위 미디어에서 AOC에게 관심을 보이기 시작하자, 그의 폭넓은 인기를 의식한 폭스뉴스와 여러 우익 매체가 그에게 불리한 보도를 쏟아냈다. 보수언론은 AOC의 이념을 경멸하지만, 그의 정치적 기량에는 은근한 부러움과 동경을 감추지 못하는 분위기다. 우익은 사회주의자를 싫어할지언정 승자는 사랑하기 마련이다.

2019년 폭스뉴스 간판 진행자인 터커 칼슨이 5분짜리 영상 'AOC에게 보내는 호소'를 발표했다.[24] 화면은 AOC가 명성을 얻은 데는 그만 한 이유가 있다는 이야기로 시작한다. 칼슨은 AOC가 최연소 의원으로서 이미 "미국에서 가장 많은 권력을 거머쥔 정치인"이 됐고, 얼마 전까지만 해도 워싱턴에서 '그린뉴딜'이라는 단어를 아는 사람이 아무도 없었는데 AOC가 그 정책을 민주당 의제 "한가운데"로 올려놓았다며 칭찬을 늘어놓는다. 그러고는 AOC가 "여러모로 인상적인 사람"이라면서 "정말 터프해서 낸시 펠로시에게 겁을 먹지 않는 몇 안 되는 민주당 의원"인데다 "하는 말마다 진짜 신념에서 나오고" "단단한 기득권과 전쟁도 마다하지 않을 인물"이라고 추켜세운다.

셰인코프와 달리 칼슨은 AOC가 뉴욕주 정부한테서 수십억 달러를 뜯어가려 했던 아마존에 맞선 일, 민주당 지도부 뜻을 거스르고 샌더스를 지지하고 나선 점을 높이 산다. "AOC는 워싱턴에서 보기 드문 독립적인 영혼입니다. 왜 젊은 사람들이 그의 말에 귀 기울이는지 잘 알 수 있죠."

이렇게 연이어 칭찬을 쏟아내고 나서, 칼슨은 AOC가 "이 나라에 사회주의를 강요하고 있다"며, 그의 경제관은 "멍청하고 틀렸다"고 단정 짓는다. 나아가 "대놓고 인종차별주의를 조장하고, 사람이 지니고 태어난 특성을 꼬집어서 공격하는 뻔뻔하고 편협한 인물"이라고 공격한다.

이런 공격을 보고 우리는 많은 것을 파악할 수 있다. 칼슨이 AOC가 뒤집어쓴 인종차별 혐의를 증명하겠다며 보여준 영상에는 그가 청문회에서 기후변화 위기를 불러온 장본인은 대부분 백인인데, 남반구 저개발국과 유색인종 사회가 가장 큰 타격을 받고 있지 않냐고 질문을 던지는 장면이 담겨 있다.(이에 대한 답변은 "그렇다"였다.) 이 영상에서 AOC는 배경지식이 풍부하고 진지하며 차분하고 준비된 모습이라, 칼슨이 미국 청년들에게 나쁜 물을 들이고 있다고 주장하는 "과격한 좌파"하고는 거리가 멀다. 젊은 라틴계 여성이라는 정체성이 AOC의 강점임을 알고 있는 칼슨은 이 지점을 비틀어 그가 백인을 미워한다고 주장한다. 한편 AOC의 사상과 주장을 깎아내리면서도, 수많은 사람에게 그의 주장이 합리적으로 들린다는 사실을 파악하고 있기에 그 부분에 중점을 두지는 않는다.

AOC를 겨냥한 보수의 공격은 때로 역효과를 낳는다. 그런 상황에서는 본래 의도와 달리 공격자가 끌어내리고자 하는 사상이 얼마나 인기 있고 상식적인지 드러나기도 한다. 코미디언 스티븐 콜베어는 자신이 진행하는 토크쇼에서, AOC가 활약한 2018년 유세 현장에 다녀온 보수 칼럼니스트 버지니아 크루타를 신나게 놀려댔다.[25] 크루타는 AOC의 선동가 기질을 보고 경악했다는 논조로 "나는 (그 유세 현장에서) 부모로서 내 아이에게 의료보험과 교육이 필요하다는 주장을 받아들이기가 얼마나 쉬운지 깨달았다"고 썼는데,[26] 콜베어는 그 심각한 어조를 우스꽝스럽게 흉내 냈다. "그렇습니다. 대학을 나온 당신 자녀가 병원에 다녀왔는데, 문제없이 치료받고 괜찮아진다니요!" 이 코너는 다음과 같은 대사로 막을 내린다. "하느님도 사회주의자인 것 아시죠? 예수님이 나병 환자한테 공동부담금을 물리던가요. '저기, 눈을 뜨게 해주고 싶은데 우리 쪽 사람이 아니라서요' 이러셨나요?"

콜베어 같은 사람에게는 설득력이 전혀 없지만, 우파가 펼친 AOC 비방 작전은 일정 정도 성공을 거둔 것이 사실이다. 뉴스 해설 사이트 〈복스Vox〉에 따르면 "AOC는 말 그대로 민주당원들보다 공화당원들에게 더 잘 알려져 있기 때문에" 그를 비호감으로 여기는 사람은 늘어날 수밖에 없었다. 우파가 공격하는 단골 대상이기에 공화당원들 사이에서 훨씬 인지도가 높다. 2019년 〈워싱턴포스트〉 분석 기사를 보면, AOC는 엘리자베스 워런을 제외하고 2020년 선거에 출마할 가능성이 있는 정치인 누구보다도 폭스뉴스가 "집중적으로 언급한" 인물이었다.[27]

2019년 비영리 뉴스매체 〈프로퍼블리카ProPublica〉는 국경수비대 전현직 대원들이 페이스북 그룹에 '비공개'로 올린 게시물을 스크린샷으로 입수해 공개했다. 게시물에서 해당 페이스북 그룹 회원들은 당시 텍사스주 구금시설을 방문한 AOC와 또 다른 민주당 여성 의원인 베로니카 에스코바르를 두고 "저년들에게 부리또를 던지자"라고 썼다. 이들은 이민자들의 죽음을 조롱하는가 하면, AOC가 구금 중인 이민자와 오럴섹스하는 그림을 올리기도 했다.[28]

우파와 민주당 기득권 세력이 한마음으로 AOC를 미워하는 이유는 그의 능력을 제대로 알아보고 그가 자기네 권력에 위협이 된다는 사실을 정확히 파악하고 있기 때문이다. 2019년 민주당 중진들이 AOC와 급성장 중인 당내 진보세력의 기세를 꺾으려고 부동층이 AOC를 민주당 얼굴로 여긴다는 설문조사 결과를 유포한 일이 있었다.[29] 이런 상황이 2020년 선거에서 당에 부담으로 작용할 수 있다는 얘기였다. 한 중진 의원의 표현을 인용하자면 "부동층에게 사회주의는 독"이기 때문이었다.

그렇다면 이 젊은 여성은 어떻게 자기 동네 바깥에서는 말 그대로 이름도 없던 바텐더에서 국가적 영웅 혹은 공공의 적 1호로 거듭날 수 있었을까?

'자고 일어나보니 스타'가 된 사례가 대개 그렇듯, AOC의 성공 역시 여러 해에 걸쳐 차곡차곡 쌓인 결과다. 그가 점프 한 번으로 바텐더에서 하원의원이 됐다는 흔히 알려진 서사는 사실과 다르다. 그가 정계에 발을 들인 과정은 슬쩍 보기와 달리 훨씬 전형적이다. 가족은 더 좋은 학군을 따라 거주지를 옮겼고, 그는 평판 좋은 4년제 대학 졸업장을 딴 다음 의원실에서 인턴십 경력을 쌓았다.

대학에서는 경제학과 국제정치학을 공부했고, 상원의원 테드 케네디 의원실에서 인턴으로 일하며 이민 관련 업무를 배웠다. 2008년 그가 막 대학교 2학년에 올라갈 무렵 아버지가 돌아가셨고, 그가 어릴 적 아버지가 매입한 소박한 집 한 채를 지키기 위해 어머니는 화장실 청소 일도 마다하지 않았다.[30]

AOC가 경선에서 승리한 직후에 보수 성향 논객인 존 카딜로는 그가 좋은 집에 살았고 '아이비리그 대학'을 나왔기 때문에 스스로 팔아먹는 브롱크스 출신 삶과는 거리가 멀다고 주장했다. 여기에 AOC는 자신이 좋은 집에 살았고, 부모가 그 주택을 사기 위해 열심히 일했으며, 아이비리그에 들어가지 않는 보스턴대학교를 나왔다고 응수하며 이렇게 덧붙였다. "나에게서 내 가족, 내 이야기, 내 집, 내 정체성을 지우려고 드는 당신 행동 자체가 그 네 가지에 담긴 강력한 힘을 당신이 두려워하고 있다는 증거입니다."[31]

AOC를 둘러싼 서사와 정체성, 배경은 보수도 그렇거니와 하원에서 세 번째로 재산이 많은 낸시 펠로시 같은 민주당원에게도 실로 위협적이다. 2014년 골드만삭스와 블랙록 임직원을 대상으로 연설에 나선 힐러리 클린턴은 "내가 살아온 삶이나 나와 내 남편이 현재 누리고 있는 부로 인해 (중산층 고민과는) 조금 동떨어진" 것이 사실이지만 "그 점을 잊지는 않았다"라고 말한 것으로 알려졌다.[32]

널리 알려졌다시피 당선 전까지 바텐더로 일한 AOC는 여느 미국인들과 공통점이 좀 더 많다. 나이, 인종, 젠더에 기대어 현실을 모른다거나 '특혜'를 누린다고 치부할 수 없다는 점에서, 정치관을 공유하는 샌더스하고도 차별된다.

대학을 졸업하고 뉴욕으로 돌아온 AOC는 브롱크스 남부에서 버니 샌더스 캠프 자원봉사자로 일했다.[33] 2008년 금융위기와 부친상을 겪고 나서 집이 압류될 처지에 놓이자, 그는 식당 여러 곳을 돌며 생계에 보탬이 돼야 했다. 그는 당시 상황을 이렇게 설명했다. "어머니가 뉴욕에 살 형편이 안 돼 플로리다로 일하러 가셨어요. 뉴욕시 생활비 때문에 가족이 떨어져 살아야 했다고 해도 과언이 아닙니다."[34]

AOC를 공격하는 이들로서는 AOC가 미국인이 높이 평가하는 인재상 그 자체라는 점이 가장 곤란하다. 열심히 일해서 더 좋은 동네로 이사 가고 집도 마련한 노동자 가정 출신에, 본인이 야심 차고 똑똑해서 대학 졸업장을 땄지만 "진짜 직업"을 구해서 일해본 경험도 있는 젊은 여성. 그다지 고생스러운 유년 시절을 보내진 않았지만, 타고난 금수저도 아닌 사람. 이런 배경은 미국 정계에서 확실한 이점으로 작용한다. 그런 그가 인생을 경험하며 이끌어낸 결론은 열심히만 살면 세상 모든 바텐더가 의원이 될 수 있다는 얘기가 아니다.(그가 존 카딜로와 트위터에서 논쟁하며 말했다시피) "태어난 동네가 인생에서 만나는 대부분의 기회를 결정짓는" 게 현실이지만, 세상이 그래서는 안 된다는 것이었다. 보수에게나 민주당 보수파에게나 AOC의 인생 스토리는 지금 우리에게 사회주의가 필요 없다는 사실을 보여주는 사례다. 현재 미국 자본주의 체제에서도 열심히 일하면 '아메리칸드림'을 이룰 수 있다고 보여주는 살아 있는 예시가 아닌가! 바로 그런 인물이 아메리칸드림 신화를 전면 거부해버리니, 이는 현상 유지에 더없이 중대한 위협인 셈이다.

2016년, 샌더스의 첫 번째 대선 경선캠프에서 만난 알렉산드라 로하스와 코빈 트렌트, 잭 엑슬리, 사이캇 차크라바티 등 몇몇 활동가들이 모여 단체를 설립하고, '완전히 새로운 의회'라는 뜻의 브랜드 뉴 콩그레스Brand New Congress, BNC라고 이름을 붙였다. 이후 BNC 상임이사가 된 아칸소주 출신 목사 롭 라이어스는 이 단체의 지지를 받은 처음이자 마지막 공화당 소속 후보였다.(현재 BNC 상임이사는 에이드리엔 벨이다.) BNC의 목표는 "일하는 보통 사람"을 의회로 보내어 "우리 모두를 위해 일하는 포스트-당파적 정부"를 만드는 것이었다. 설립 초기에 이 단체의 지지를 얻어낸 후보 중에는 AOC도 있었다. 선거비용은 날로 치솟고 선거자금 규제는 유명무실한 현 상황에서 평범한 직업에 종사하는 중산층이 미국 정부를 이끌어야 한다는 주장은 여전히 새롭고 어쩌면 급진적이기까지 하다.

로하스가 BNC 활동을 시작했을 때, 단체는 정치 비수기에 후보를 수백 명 세우고 이들을 의회로 보내어 원내 진보세력을 구성할 계획이었다. 로하스와 동료들은 출마에 뜻이 있을 만한 활동가, 교사, 의료인 수백 명을 발굴해 의사를 물었다. "알렉산드리아처럼 카리스마 있는 사람들"이 특히 우선순위였다.(지역사회에 헌신하면서 AOC처럼 자석 같은 매력을 지닌 사람들이 생각보다 많지 않았기에 초반에는 다소 어려움이 따랐다.) 오바마케어를 '폐기repeal'하고 '대체replace'하자던 공화당 구호를 패러디해, "당적을 가리지 않고 의회 전체를 폐기하고 대체하자"는 것이 BNC의 설립 취지였다. 연방 선거에 진보 성향 후보를 대거 출마시켜 국가적인 운동을 일으키겠다는 구상은 새롭고 과감한 계획이었다. 민주당이건 공화당이건 기업 자금을 받지 않겠다고 선언한 후보들을 내세워 양당제를 극복하겠다는 BNC의 초기 목표 역시 마찬가지였다.

그러나 2017년 무렵에 로하스를 포함한 BNC 회원들은 당파를 뛰어넘는 접근법을 놓고 고민에 빠지게 된다. 로하스에 따르면 BNC 모델은 기업 후원금을 받지 않고 전 국민 의료보험을 지지하되 공화당으로 출마할 후보를 찾는 일이 실질적으로 불가능하다는 문제점을 안고 있었다. "양당제 시스템이 짜증 나죠." 트럼프 시대에 와서는 "공화당이라는 정당을 진지하게 받아들이는 일 자체가 불가능해"지기도 했다고 로하스는 지적했다. 반면 민주당 현직 의원에게 도전할 후보를 내세우는 방침은 "한층 효과적인 작전임이 증명"됐다. 그래서 BNC 창립회원들은 민주당을 개혁하는 길이 권력에 이르는 데 더욱 빠르고 효과적이라고 판단하게 됐다. BNC 창립회원 몇몇과 정치 프로그램 '더 영턱스The Young Turks' 기자 셍크 위구르, 토크쇼 '세큘러 토크Secular Talk'의 카일 쿨린스키가 JD 또는 '저스티스 뎀스Justice Dems'로 불리는 단체 '정의를 추구하는 민주주의자들'을 세운 것은 이런 인식을 공유했기 때문이다. 위구르는 단체가 설립되고 얼마 안 가서 2000년대 초반 블로그에 올린 성차별적 글이 문제가 돼 퇴출당했고[35], 쿨린스키도 위구르와 연대하겠다며 조직을 떠났다.[36] BNC가 조직된 지 2년 만에, 그리고 AOC가 2018년 선거에서 승리를 거둔 뒤에 로하스는 JD 상임이사 자리에 올랐다.

'선라이즈Sunrise(2017년에 만들어진 정치운동조직으로, 주로 기후변화에 맞선 정치적 행동을 한다 – 옮긴이)', '인디비저블Indivisble'(도널드 트럼프 대통령 당선에 맞서 2016년에 조직된 진보적 운동 조직 – 옮긴이), '정의를 추구하는 민주당원들JD', '미국 민주사회주의자들Democratic Socialists of America, DSA'과 같이 새롭게 부상한 단체가 다 함께 주정부와 지방정부를 중심으로 진보 성향 후보를 내세우려고 백방으로 노력했는데, JD는 한층 구체적인 목표와 전략을 생각하고 있었다. 민주당 보수파 당원이 현직 의원으로 있는 민주당 우세 지역에 진보 성향 경선 후보를 투입해서 의회를 왼쪽으로 움직이겠다는 구상이었다. AOC에게 가장 든든한 지원군이었던 JD는 친기업 성향 민주당 의원들에게 깊은 위기감을 심어주고 있다. AOC의 성공에 감화돼 경선 도전장을 내미는 진보 성향 후보 수가 대거 늘어난 터라, 이들이 느끼는 위기의식은 근거가 충분하다.

로하스는 AOC 당선이 깜짝 승리였다고 보지 않았다. 2018년 진행한 인터뷰에서 그는 "이 나라에는 오래도록 아주 많은 문제가 쌓여 있었다고 생각한다"고 말하는데, 나이보다 훨씬 성숙해 보인다. 그는 "집세가 오르고 의료비용이 늘어나는 동안 월급은 제자리걸음이었다"고 지적했다. 로하스 같은 열혈 샌더스 지지자가 "70세 넘은 백인 남성들이 미국 정부를 이끄는 현실"을 놓고 불평하는 장면은 조금 우스울 수도 있겠으나, 핵심은 그런 70대 이상 백인 남성 대다수가 샌더스의 정치관을 공유하지 않는다는 점이었다. 로하스가 보기에 "(AOC 같은) 젊은 유색인종 여성이 실용적이고 카리스마 넘치는 언어로 이 나라가 어떤 모습이어야 하는지 이야기하는 광경"이 전 세계인에게 "다른 미래가 가능하다"는 생각을 불러일으킨 것은 지극히 자연스러운 일이었다. 로하스는 또한 AOC가 "경제, 사회, 인종적 정의라는 대담한 메시지"로 승부수를 띄운 전략이 사람들을 투표장으로 불러들였을뿐더러 그를 위해 몸과 마음을 바쳐 움직이도록 만들었다고 평가했다.

JD는 설립 직후부터 AOC를 포함한 몇몇 후보를 발 빠르게 모집해서 지지를 표명하고 지원활동에 나섰다. 기업 정치자금을 받지 않겠다고 약속하고, 전 국민 의료보험과 최저임금 15달러, 대학과 직업학교 무상교육, 연방직업보장제에 찬성하는 후보만 지지 대상으로 삼았다. JD가 지원한 후보 중에는 영리형 교도소 폐쇄와 이민관세단속국(ICE) 폐지를 주장하는 이들도 많았다. 나와 처음 인터뷰하는 자리에서 로하스는 이민관세단속국 폐지가 "더 최근에 생긴 정책 방향"이며 모든 후보가 "의무적으로 약속해야 하는 사항"은 아니라고 설명했다.

다른 진보 성향 단체와 달리, JD는 정책 목표를 구체적으로 잡고 이를 실현할 후보를 발굴한다. 이를테면 임신중지권처럼 한 가지 쟁점에만 집중하고 다른 사안에는 문외한인 후보는 지원 대상에 포함하지 않는다. 막연하게 진보적인 척 들리는 말을 늘어놓는 정치인에게는 관심 없다. 오로지 의회에 입성해서 단체가 세운 의제를 밀어붙일 법한 후보들만 골라서 지지한다. 점점 보수 색채가 짙어가는 미국 정계에서는 이들을 가끔씩 '극좌파'로 묘사하고 인식하지만, 단체는 그렇게 불리기를 거부한다. 이들은 스스로를 새로운 시대에 걸맞은 '뉴딜 민주당원'으로 여기며, 유색인종 구성원이 소외되거나 배제되지 않도록 미국의 사회안전망이 드넓게 펼쳐지기를 희망한다. 상임이사는 젊은 유색인종 여성이고, 대변인단 역시 똑똑하며 교육 수준이 높고 역사의식도 있는 데다 다양한 배경을 지닌 젊은이들이다.

그러나 적들에게 훨씬 더 위협적이고 중요한 부분은 이들의 겉모습이 아닌 정치 신념이다. 어떤 의미에서 이들은 용감한 신세계를 위해 싸우지 않는다. 예전 세상을 다시 소환하기 위해 뛰어든 셈이다. 이들이 바라는 그림은 정부가 공공재에 투자를 쏟아붓고, 수백만 미국인에게 일자리를 제공하며, 공공 인프라를 구축하던 시절의 미국 사회를 시대 요구에 맞게 업그레이드한 버전이다.

여러 진보 단체가 기존에 해오던 일과 JD가 추진하는 활동 사이의 결정적인 차이는 이들이 지지를 선언하고 나서 그저 후보가 약속을 지키기만 기다리지 않고 자신들이 도와서 당선시킨 후보들과 파트너 관계를 맺는다는 점이다.(DSA도 비슷한 전략을 채택하고 있다. 이 단체 지부장들은 DSA가 힘을 보태서 선출된 뉴욕 지역 공직자들과 공동성명문을 발표하거나 공동행동에 나서며 선거전략을 함께 짜기도 한다.) 단체 가치관을 공유하는 의원들과 함께 공동으로 통치한다는 개념이다. 근로가족당(Working Families Party, 사회민주주의를 표방하는 군소정당 – 옮긴이)이 2020년 대선에서 가장 덜 나쁜 후보라며 바이든을 지지하고 나선 행동과는 대조적이다.

물론 JD나 DSA 같은 단체가 지역, 주, 의회 차원에서 선출직 공직자들과 함께 시도하는 진정한 의미의 공동통치가 근로가족당이 한 나라 대통령, 그것도 진보단체들과 적극적으로 권력을 나눠 가질 마음이 없어 보이는 대통령과 똑같은 관계를 맺는 행보보다 쉬울 터이다. 이론적으로는 수표를 써주는 기업 대신 자신을 그 자리에 앉혀준 사람들과 공동으로 통치하려고 나서는 선출직 공직자가 있다면 공직자의 책무성을 따질 필요조차 없을 것이다. 애초 전망과 가치관을 공유하는 정치인이라면 공약을 지키게 하려고 위협이나 최후통첩 같은 수단을 쓸 일도 없다.

DSA를 살펴보면, 공동통치 모델을 (적어도 이론상으로는) 실현하기가 더 쉽다. 지역 지부들이 각자 폭넓은 재량권을 가져가고, 본부는 특정 정책과 이론에 전적으로 동의하는 후보들만 선별해서 지지를 선언한다. DSA의 지지선언을 받으려면 후보가 사회주의자라는 이름표를 달고 선거에 출마해야 한다. DSA는 "서면으로" 지지선언을 하는 일이 없다. 단체 회원들이 투표로 승인한 후보만 대상으로 삼고, 현장에서 후보를 실제로 지원할 자원봉사자 인력을 갖췄다고 판단될 때만 지지성명을 발표한다. 그래서 선출직 공직자는 대부분 자신을 그 자리에 앉혀준 자원봉사자와 유권자에게 얼마간 의무감을 지니게 된다.

그런데도 DSA 같은 단체조차 일단 정치인이 권력을 얻고 나면 약속을 지키도록 관리하기가 상당히 어렵다는 사실을 경험해 봐서 알게 됐다. 그 까닭은 부분적으로 '극좌파' 중에도 극단적인 조직으로 여겨지는 DSA가 실제로는 다양한 견해를 드러내는 사람들을 아우르는 단체이기 때문이다. DSA 회원들은 대부분 특정 정책을 지지하지만, 투표나 민주당이나 정치전략 전반을 둘러싸고는 다양한 의견을 보인다. 회원 중에는 마르크스주의자와 무정부주의자도 있다. 어떤 이는 이스라엘의 팔레스타인 점령을 반대하며 팔레스타인 시민사회가 이스라엘을 상대로 2017년에 펼친 '불매·투자 철회·제재 운동Boycott, Divestment and Sactions movement, BDS'을 지지해서, 2019년 조직 내부에 BDS · 팔레스타인 연대 특별위원회를 꾸리자며 실시한 투표에서 찬성표를 던지기도 했다.

2021년 DSA 일부 회원은 자말 보먼 의원이 이스라엘 출장에서 우파 정치인인 나프탈리 베네트 총리를 만나고, 이스라엘 방어 시스템인 '아이언돔'에 자금을 지원하는 데 찬성했으며, BDS 운동을 지지하지 않았다는 이유로 그를 퇴출해야 한다고 주장했다.[37] DSA에서 이스라엘 문제와 관련해 공식 입장을 밝혔는데도, 회원들 사이에는 보먼 의원의 행동이 얼마나 중대한 약속 위반인지, 그가 유권자들 의향을 따를 때 재량권을 얼마나 행사해야 하는지(그의 지역구에는 친이스라엘 성향 유권자도 많았다), 그를 퇴출하면 DSA에 어떤 영향을 미칠지 등을 놓고 갑론을박이 오갔다. 일각에서는 그가 정치적 대가를 치르더라도 반드시 원칙을 고수해야 한다고 믿었다. 그런가 하면 DSA 의제 대부분을 지지하고 의회에서 가장 왼쪽 자리를 차지하며 DSA의 지지를 얻어내기 위해 공개적으로 사회주의자라고 밝히기 시작한 흑인 정치인을 쫓아내면 팔레스타인에 힘을 실어주기는커녕 DSA와 함께 갈 잠재력 있는 정치인들을 밀어내는 악수일 뿐이라고 주장하는 이들도 있었다. 보먼 지역구에 있는 DSA 지부는 결국 보먼의 제명을 요청하지 않았고, 본부도 아직은 퇴출 요구를 거절하고 있다.

2020년 11월 DSA 시카고 지부는 시의원 안드레 바스케스에게 공식적인 견책 조치를 내리기로 결정했다. 바스케스가 시카고 지부의 지지선언을 받고 나서 DSA가 반대하는 시 예산안에 찬성표를 던졌기 때문이다.[38] DSA 사무총장 마리아 스바르트는 당시 인터뷰에서 내게 "권력에는 여러 복잡한 문제가 얽힌다"고 말했다. 스바르트는 시카고에서 일어난 일이 조직의 "실험"에 교훈을 주는 하나의 사건이라고 언급하며, DSA가 당선을 도운 정치인들과 어떤 관계를 맺어나갈지 계속 실험하는 단계라고 설명했다. 정치인들과 함께 권력을 일궈가는 작업과 단체가 독자적으로 권력을 행사하는 일, 공동목표를 달성하기 위해 정치인들을 돕는 행보가 어떤 의미인지 찾아가는 과정에 있다는 얘기였다. 스바르트는 DSA가 미국뿐 아니라 다른 여러 국가의 역사 속에서 찾아낸 다양한 모델을 놓고 고려하는 중이라고 설명했다. "이런 문제를 풀어가는 건 신명나는 일이죠." 그가 덧붙였다.

이에 비해 JD는 후원금을 모금하고 선거광고와 선거 전문 인력을 지원하는 형태로 지지를 표시한다. JD의 지원을 받아서 일단 당선되면, (특별히 재선에 영향을 미치는 우려사항이 없는 경우에) 정치인이 단체에 더 큰 부채감을 계속 느낄 이유는 없다. JD는 지지선언을 철회하는 문제를 논의하고 있는데, 아직 실행한 적은 없다. 만일 JD가 후보를 지지했다가 철회하면, JD의 활동을 속속들이 아는 좌파 유권자들에게는 해당 정치인이 더는 믿을 만한 진보 인사가 아니라는 강력한 메시지가 될 것이다.

그러나 영향력은 딱 거기까지다. JD의 능률은 상당 부분 후보 모집 절차에서 나온다. 애초 뜻이 맞는 사람을 제대로 골라서, 그가 대의명분에 꾸준히 헌신하기를 기대하자는 것이 JD의 방침이다. 여러 진보적인 정치활동위원회(political action committee, PAC, 정치자금을 모금하고 기부해서 특정 후보의 정책을 지지하기 위해 설립된 단체 – 옮긴이) 사이에서 JD가 지닌 가장 큰 강점은 (막강한 모금능력을 제외하면) 단체의 브랜드 정체성에 담긴 힘이다. 정치에 관심 많은 유권자층에는 JD의 지지선언이 큰 의미를 띤다. JD의 지지를 받는 후보자라면 당선될 경우 의회에서 좌파적 정치색과 상대적으로 젊은 연령, 노동계급 출신, 인종 및 젠더 다양성이라는 뚜렷한 특징으로 엄청난 지지자와 반대자를 동시에 거느리게 된 이른바 '스쿼드'의 일원 또는 동지가 된다는 의미이기 때문이다.

단체에서 퇴출하거나 지지를 철회할 일이 절대 없을 후보자를 골라내는 작업은 DSA와 JD 모두에 여전히 어려운 과제다. 초보 정치인은 검토할 수 있는 기존 원내 투표 기록이 없어 진정성을 확인하기가 특히 더 어렵다. 캘리포니아 북부에서 주의회 상원의원 선거에 나섰다가 결국 낙선한 26세 민주사회주의 활동가인 재키 필더에게 지역구 유권자들이 한 번도 공직에 종사한 적 없는 당신 말을 어떻게 믿을 수 있겠냐고 물었더니, 그는 진심으로 당황스럽다는 반응을 보였다. "제가 유권자들과 한동네에 살고 우리가 다 친구인데, 제게 책임을 묻기가 어려울 리 없죠." 그는 자신도 봉사하고자 하는 지역사회의 일원이라고 덧붙였다. 자신이 속한 지역사회를 배신하는 일은 꿈에도 떠올려보지 않은 듯했다.(여태껏 마주친 적도 없는 선택지가 눈앞에 놓였을 때 자신이 어떻게 행동할지 예상하기란 매우 어려운 일이기도 하다.)

로하스는 JD에서 후보를 선정하는 과정이 지역사회에서 폭넓은 지지와 신뢰를 받는 후보자들을 끌어내는 데 한몫한다고 설명한다. JD의 후보가 되고 싶은 사람은 스스로 출마를 선언할 수 없고, 지역사회 구성원에게 추천을 받아야 한다. "우리는 미국 각지에서 보통 사람들에게 출마 요청을 받는 후보를 원합니다." "불난 건물에서 인명을 구해 나오는 수준의 영웅"일 필요는 없지만, 지역사회에 이바지했다는 분명한 기록과 이를 보증해줄 동료가 반드시 있어야 한다.

로하스는 "활동가들만 공략해서는 그런 인물을 찾을 수 없고, 민주당처럼 출마할 여력이 있는 비영리 단체 수장이나 돈 많은 사람들만 만나본대도 소용없다"며 "백방으로 수소문해야 한다"고 덧붙였다. 일단 최대한 많은 후보자를 찾아내는 작업이 JD의 절차에서 큰 비중을 차지한다는 것이었다. 로하스가 추산해보니, JD는 지금까지 공공 추천 양식을 통해 1만5000건이 넘는 신청서를 접수했다. 신청서를 받아든 로하스와 동료들은 여러 자료를 고려해서 경쟁력이 있을 만한 지역구를 추려낸 다음 당선 가능성이 커 보이는 선거에 역량을 집중한다.

영원히 지금 자리에 눌러앉을 자격을 누리는 현직 의원은 없으며, 모두 유권자에게 더 큰 부채의식을 느껴야 한다는 것이 JD의 신념이다. 로하스에 따르면 JD는 지금껏 총 70개 선거에서 지지 후보를 냈는데, 경쟁력 있는 지역구에서만 활동하지는 않았다. 과거에는 공화당이 우세했으나 민주당 지지세가 점차 증가하는 지역에서도 여러 후보를 지원했다. 직전 선거에서는 "휠씬 더 까다롭게 후보자를 선정"했고, 2018년 선거에서 거둔 몇 안 되는 성과(여기에는 의회에서 '스쿼드'로 묶이게 된 AOC, 아이아나 프레슬리, 일한 오마, 러시다 털리브도 포함된다)로 물오른 에너지를 "어느 지역에 집중할지 더 의도적으로 선택했다"고 그는 설명한다. JD는 의회에 입성한 정치인들이 원내에서 진보세력을 한데 모으고 영향력을 발휘할 수 있도록 전략을 수립하는 일도 지원하고 있다.

로하스는 특정 공약을 지지하고 특정할 수 있는 운동에 참여하며 한 차례 선거보다 더 큰 목표를 추구하는 후보자를 선거에 내세우는 자세가 중요하고 또한 설득력 있다고 본다. "지금이 무척 중요한 시기라서 저는 다음 세대 리더십을 만들어내려면 무엇을 해야 할지 말고는 다른 것을 생각할 겨를이 없습니다. 우리는 정치구호가 아니라 근본적으로 문제를 해결할 방법이 필요하거든요." 로하스는 모든 관심이 집중되는 대통령 선거도 중요하지만 "시계추처럼 왔다 갔다 하는 대통령 자리에 정신을 빼앗기면 길을 잃기 십상"이라고 덧붙였다. 대선에 비해 의원을 뽑는 선거는 상대적으로 자원이 덜 들어가기에, 자원봉사자들의 역량을 집중 투입해 실망스러운 현직 의원을 낙선시키기가 비교적 수월하다는 얘기다.

2020년 로하스는 샌더스 열풍으로 달아오른 에너지를 다른 선거에 활용하기 위해 최선을 다했다. 비록 샌더스가 민주당 대선후보로 지명되지 못할 것이 분명해 보였지만, 케이블티브이 뉴스에 출연하는 '버니 샌더스 분석전문가'가 많아진 현상은 분명 하원의원 선거에 도움이 되겠다고 판단했다.(로하스 본인도 CNN과 출연 계약이 된 터였다.) 선거에서 이기는 일만큼이나 중요한 부분이 바로 진보세력의 인프라를 만들고 강화하는 작업이었다. 코리 부시를 당선시킨 미주리주 하원의원 선거에서, 로하스와 JD가 중점을 둔 지점은 "일하는 사람들이 의회로 진입할 수 있도록 기본적인 인프라와 생태계를 구축"하고 "지역사회가 진행하는 '흑인의 생명도 소중하다Black Lives Matter' 운동을 현장에서 지원하고 전국 단위 메시지를 낼 수 있도록 돕는 일"이었다. 잠재적 기부자를 찾아내서 연락하는 업무는 인프라 구축의 일환이다. 노동계급 후보를 의회로 들여보내기 위해 기꺼이 지갑을 열 사람은 누구인가? TV에 출연해 2020년 시위나 '흑인의 생명도 소중하다' 운동과 같은 특정 사안 이야기를 좌파 시각에서 쉽게 풀어내 전달할 수 있는 젊은 인재를 발굴하는 일도 중요했다.

비정통파 후보를 모집해서 선거에 출마시키는 데는 많은 어려움이 따른다. 민주당은 지원을 바라는 후보에게 대개 개인적으로 또는 업무적으로 연락할 수 있는 사람들 명단과 그들에게 받아낼 수 있는 기부금 액수를 정리해서 당에 제출해달라고 요청한다. JD에서 지원한 AOC나 자말 보먼, 코리 부시 등은 정치에 입문할 당시 보유한 자산이 많지도 않았고 사회적으로나 직업상 알고 지내는 부자 지인이 많지도 않았다.(AOC 특유의 카리스마와 스타성은 분명 인맥을 넓히는 데 도움이 됐고, 언론이 JD에서 미는 후보나 선출직 공직자를 우호적으로 다룰수록 정치 후원금 기부 행렬은 늘어났다.)

JD가 밀었던 후보 중에는 2020년 텍사스 남부 지역구 경선에서 8선 현직 의원인 헨리 쿠엘라에게 단 2700표 차로 아깝게 패한 제시카 시스네로스도 있다. 로하스는 해당 지역구 주민 30퍼센트가량이 빈곤층이라는 점은 넘어야 할 큰 산이었다고 설명했다. 이런 지역에서는 "세상에서 가장 훌륭한 사람"이라고 해도 하원의원 선거에 출마하는 데 필요한 자금줄을 알고 지내기가 어렵다는 뜻이다. JD와 시스네로스는 정치 후원금을 모으기 위해 "정말, 정말, 정말 열심히 뛰어다녀야" 했다. 2030년까지 탄소 배출량을 0으로 만들겠다는 '넷-제로'를 핵심 공약으로 삼은 시스네로스에게 환경운동가들이 보내는 지지가 큰 힘이 됐다. 그는 '선라이즈 무브먼트'는 물론이고 시에라클럽이나 자연보호유권자연맹League of Conservation Voters, LCV 같은 기성 환경단체에서 지지성명을 끌어냈다. 2020년 2월에는 임신중지권 옹호 단체인 '전국임신중지권행동연맹 프로-초이스 아메리카NARAL Pro-Choice America'와 친환경 정치인을 지원하는 'LCV 빅토리 펀드LCV Victory Fund', 진보 성향 정치행동위원회인 '무브온 정치행동MoveOn Political Action', 가족계획협회 정치행동위원회인 '가족계획협회는 투표한다Planned Parenthood Votes', 여성 정치인 지원 단체 '에밀리 리스트EMILY's List'의 독자 지출기구인 '여성이 투표한다!Women VOTE!'가 한데 뭉쳐 시스네로스 선거캠프에 120만 달러를 기부했다.[39]

후보가 아무리 자격을 갖췄다고 해도 승리할 가능성이 작아 보이는 캠프에 투자하라고 설득하기는 더욱 어렵다. 자말 보먼이 노동계급 "수천 가구"에 도움을 줬지만, 그들 중에 정치 후원금을 낼 만큼 여유 있는 사람은 거의 없었다고 로하스는 설명했다. 보먼 본인마저 생계 때문에 선거운동 기간 중반에 이르도록 본업인 중학교 교사 일을 계속해야 했다.

로하스는 JD가 이념에서도 그렇고 리더십 측면에서도 선라이즈와 근로가족당, DSA 같은 단체 리더들과 커뮤니티를 이루고 있다고 생각한다. 이들 단체를 이끄는 리더가 여성, 유색인종 또는 유색인종 여성이라는 점은 우연이 아니다. 로하스는 선라이즈 상임이사인 바시니 프라카시와 근로가족당 뉴욕 지부 대표인 소치 나메카를 언급했는데, 이들은 모두 로하스처럼 젊은 유색인종 여성이다.

보먼은 JD뿐 아니라 근로가족당과 DSA, 그밖에도 본인 지역구인 브롱크스와 웨스트체스터 지역사회 단체 연합에서 지지를 받았다. 이들 단체는 보먼을 중심으로 한데 뭉치기는 했으나, 추구하는 이념이나 구조적 역량이 서로 달랐다. JD는 다른 단체보다 더 신속하게 선거운동 지원에 나설 수 있는데, 로하스 말을 들어보면 그 이유가 "DSA식 회원 구조나 근로가족당 같은 연합체 모델이 아니기 때문"이다. 상대적으로 적은 스태프들이 후보 지지 여부를 놓고 최종 결정을 내릴 수 있기에, 여러 회원이 지지 의사를 모을 때까지 기다릴 필요 없이 특정 선거구에 집중해서 곧바로 선거운동 지원에 들어갈 수 있다. 일부 지역에서는 "버니 샌더스 열혈 지지자는 아니지만 신세대 지도자들에게 영감을 받은" '인디비저블' 몇몇 지부와 팀을 짜서 협력하기도 했다.

기존 "신세대" 정치인 중에는 이이제이以夷制夷 전술이나 가차 없는 공격광고를 동원해서 이름을 떨친 이들도 있다. 그러나 정치판의 치열한 전장에서도 로하스와 동료들은 따뜻하고 반듯한 태도를 고수한다. 비유하자면 시트콤 〈부통령이 필요해Veep〉보다는 〈팍스 앤 레크리에이션Parks and Recreation〉에 가깝다. 냉소나 험악한 공세보다는 '시민의 힘'에 진심으로 호소하는 편이고, 개인 사연을 나누거나 감정을 드러내는 데도 거부감이 없다. 2018년 샌더스와 AOC의 지지를 등에 업고 미시간 주지사 선거에 출마한 압둘 엘사예드 박사는 최근 전 국민 의료보험을 주제로 열린 간담회에서 이 정책을 호소할 때 상대가 아무리 비협조적으로 나오더라도 친절함과 배려를 잊지 말아야 한다고 강조했다. 그렇다고 이들이 현실감각 떨어지는 이상주의자인 것은 아니다. 추진하는 일을 누구보다도 진지하게 여기며, 계획이 빠진 열정에는 한계가 있다는 사실을 꿰뚫고 있다. 로하스는 여러 신좌파 단체와 협업하는 사안에 "다른 모든 일과 마찬가지로 어려움이 따를 수 있다"면서도 "가식적인 표현을 쓰고 싶지 않지만, 그보다 더 아름다운 일은 없을 것"이라고 덧붙였다.

로하스는 AOC가 경선을 치르기 한 달 전에 뉴욕으로 와서 문자 메시지를 보내고 전화를 걸며 선거운동과 자원봉사자 모집에 박차를 가했다. 2018년 당시 로하스는 나와 인터뷰하며, 후보와 "참호 안에서" 함께 일하고 퀸스와 브롱크스를 오가며 뉴욕 바깥에서 힘을 보태러온 자원봉사자들을 조직하는 일이 정말로 즐겁다고 말했다. 하루에 몇 시간이나 일하는지 까맣게 잊을 정도로 일에 푹 빠져 있다고 했다. JD에서 지지하는 후보가 늘어나면서 단체 연결망도 확대되는 상황이 그의 유일한 관심사였다. 얼마 안 가서 JD의 지지 후보와 JD 회원들은 동료 선거운동을 돕기 위해 미국 전역을 누비게 됐다. JD는 지원하는 후보에게 다른 JD 후보들을 지지해달라고 꼭 요구하지는 않았지만, 후보들은 대개 유기적으로 또 자발적으로 서로 지지성명을 주고받았다. 선거 하나를 마무리 지으면 자원봉사자들을 곧장 다른 캠프로 투입하는데, 이는 지속적인 참여를 유도하기 위한 전략이기도 했다.

JD는 조직의 정체성보다 쟁점에 더 관심을 둔다. 핵심은 특정 이념을 설득하기보다 참여자들을 북돋아서 "여러 거대한 구상을 아우르는 운동에 참여하고 있다"고 느끼게 한다는 점이다. 실제로 단체 리더 대부분이 특정한 정치적 정체성을 고집하지 않으며, 저변 확대가 우선이라고 생각하는 실용주의자다. "제가 이 일을 시작하면서 '나는 민주사회주의자야'라거나 '나는 선라이저 Sunrise-r야' 혹은 '나는 점령(Occupy, '월가 점령 시위'의 점령을 의미한다 – 옮긴이) 운동가야'라는 식으로 생각하지는 않았어요." 로하스는 말했다. "우리가 꿈꾸는 가치를 현실로 만들기 위해 필요한 일이면 뭐든 하겠다고 생각했어요." '사회주의'라는 단어를 쓰지는 않지만, JD 일원이 되려면 반드시 지지해야 하는 "매우 구체적인 정책 몇 가지"가 있다. 여기서 정책이란 지난 50년간 유지되어온 경제질서 속에서 고통받은 다양한 젊은이들이 생각하는 네오뉴딜neo-New Deal을 말한다.

나는 JD에서 '사회주의'라는 단어를 피하는 이유가 DSA와

JD의 의제를 차별화하고 싶어서라기보다 브랜드 이미지를 쌓기 위해서라는 인상을 받았다. 실제로 두 단체가 밀고 있는 정책 중에는 겹치는 지점이 많지만, JD는 미국 안팎에서 체계적이고 단계적으로 천천히 사회주의를 알려나가는 일보다 당장 이번 선거와 길게는 다음 선거를 통해 테네시와 텍사스, 웨스트버지니아 주에서 하원의원을 배출하는 데 더 관심이 많다.

내가 로하스의 천연덕스러운 사업가 기질에 충격을 받은 것도 한두 번이 아니다. 스타일이나 말투, 언론을 대하는 태도 등 여러 면에서 JD 리더들과 JD에서 지지하는 후보들은 지난 시대 급진파와 공통점이 거의 없다. 이들은 깔끔한 단색 정장 재킷에 옷깃이 달린 정장 셔츠나 소매 없는 정장 원피스, 바지 정장 등을 입는다. TV 화면이나 TV보다 더 자주 등장하는 줌 영상 속에서는 특히 더 갖춰 입은 차림새다. 이들이 쓰는 언어를 보면 좌파 선동가보다는 기업 프로젝트 매니저가 사용하는 표현에 가깝다.(효율, 측정 가능한 영향력, 실현, 시행과 같은 단어가 가끔씩 등장한다.) 대부분 대학에서 공부했고 간혹 독학한 이도 눈에 띄지만 인정사정없는 취업 경쟁을 대비하며 자라난 세대라는 점에서는 똑같다. 어린 나이와 정치관 때문에 지금은 아웃사이더지만, 나중에 어떤 단체에든 들어가 그곳을 장악하거나, 아니면 아예 새로운 조직을 만드는 모습을 얼마든지 상상할 수 있는 인재들이다.

JD 리더들은 다양한 배경과 출신의 사람들이 권력을 지닌 높은 자리에 올라야 한다고 이야기하지만, 다양성 자체를 위한 다양성 추구에는 관심 없다. 이들은 쟁점에 개인 경험을 잘 녹여내어 전달하는 능력, 출신배경과 개인 정체성을 더 큰 정책 목표에 연결하는 솜씨를 높이 산다. 이민정책 토론회에는 이민자 가정 출신 회원을 내세우고, 주제가 경찰 폭력이면 흑인이나 라틴계 부모인 리더를 투입하는 식이다.

다른 사람을 설득하는 방법을 배우려면 내가 어떻게 설득됐는지 파악하는 것이 중요하다. 로하스가 좌파운동에 참여하게 된 데는 샌더스와 샌더스 대선캠프의 역할이 컸다. 마르크스 저서를 많이 읽었기 때문이 아니다.(물론 유입 경로는 다양하다. 2021년 미국 민주사회주의 청년 콘퍼런스에 참석한 한 여성은 "마르크스 책을 잔뜩 읽고" 사회주의자가 됐다고 밝혔다.) 로하스는 샌더스가 "나에게 와닿는 언어"로 말을 해서 각성하게 됐다고 언급했다. 그가 이론만 지나치게 깊숙이 파고들기보다는 "우리 구상의 인기"를 끌어올리는 것이 중요하다고 생각하는 이유도 바로 여기에 있다. 4년 전까지만 해도 로하스는 "좌파의 학술적 측면"과 관련된 "섬세한 어휘나 용어"를 잘 알지 못했다. 로하스에 따르면, JD가 대중과 효과적으로 소통할 수 있는 비결도 "지루하고 복잡한 좌파적 관점"으로 이야기를 풀어가지 않기 때문이다.

로하스는 자신의 이념을 이렇게 정리했다. "저는 힘을 가진 리더로서 책무를 피하지 않는 사람, 우리가 마주하고 있는 위기의 규모와 범위, 위급함에 걸맞은 해결책을 실제로 이행할 사람을 원합니다." 그는 전 국민 의료보험이나 그린뉴딜(환경보호와 지속가능한 발전을 위한 구조개편과 전략을 통해 일자리 창출과 경제성장을 실현하는 정책 – 옮긴이)처럼 실행에 옮길 수 있는 정책이 이미 존재하며, 부족한 재료는 강력한 리더십과 정치적 용기라고 믿는다.

4년이 지난 지금, AOC가 2018년에 거둔 승리가 찻잔 속 태풍이며 더 큰 변화로 이어지지 못한 요행수였다고 주장하는 사람들이 여전히 우파와 민주당 내부 양쪽에 있다.

그러나 2018년 AOC와 함께 달렸던 이들과 2020년 선거 사이클에서 새롭게 떠오른 사람들처럼 기성 권력에 도전하는 후보 무리가 생겨났다는 사실을 부인하기란 점점 더 어려워지고 있다. 그중 다수는 여성이고 유색인종인 데다 선거에 처음 출마한 정치 신인이며, AOC와 미주리의 코리 부시, 펜실베이니아의 니킬 사발, 뉴욕의 자말 보먼과 몬데어 존스에게 영감을 받아 출마했다는 점을 부인하지 않는다. 이들 중 특히 AOC처럼 2018년 선거에서 승리한 후보들은 경선에서 현직 민주당 의원을 꺾기만 하면 본선에서 공화당 후보에게 패배할 가능성이 매우 적은 민주당 우세 지역에서 안전한 경기를 치렀다.

하지만 그중에는 최근 정치적으로 타협하는 자세를 보인다며 비난을 사고 있는 AOC에 비해 훨씬 더 진보다운 길을 개척해간 이들도 많다. DSA 일원은 아니지만 민주사회주의자인 샌더스와 마찬가지로, AOC 역시 이스라엘에 맞서는 비폭력적인 불매·투자 철회·제재 운동에 지지를 표명한 적은 없다. 2021년에는 하원에서 이스라엘 '아이언돔'에 예산을 지원하는 안건을 놓고 표결할 당시 강력하게 반대하는 대신 무효표를 던졌다는 이유로 일부 DSA 회원을 비롯한 좌파 진영 일각에서 분노를 사기도 했다. DSA에서는 AOC가 사회주의에 이념적으로 헌신하지 않으면서 권력을 잡은 비사회주의자들과 연합하는 데는 수상쩍을 정도로 열심인 기존 진보 성향 민주당 정치인들과 다를 바 없다는 주장도 나왔다. 그렇긴 해도 현재로서는 좌파 진영에서 AOC를 비난하기보다 지지하는 목소리가 여전히 더 크다. 미국 의회 기준으로 보면 AOC는 변함없이 '극좌'에 해당하는 인물이기 때문이다. 또한 그는 단 몇 년 만에 도저히 무시할 수 없는 존재감을 드러내는 정치인이 됐다. AOC 지역구 상황이나 앞으로 높은 연임 가능성을 고려할 때 (악의적인 게리맨더링이 없다는 가정에서) AOC에게 DSA가 필요한 것 이상으로 DSA에는 AOC가 꼭 있어야 한다.

좌파 정치활동위원회(PAC), 진보 성향 후보, 스태프 모집 및 연수 프로그램, 그리고 좌파 정치 신인들의 부상에 연료를 공급하는 청년 단체로 꾸려진 '유니버스'가 신경 쓰지 않을 수 없는 규모로 자라나고 있다는 사실도 이제는 부정하기 어렵다. 2008년 금융위기와 월가 점령 운동, 샌더스의 깜짝 돌풍, 2016년부터 급증한 DSA 회원 수, 새로운 단체의 부상, (대통령 트럼프는커녕 공화당 대선 후보 트럼프도 절대 없다고 예측했던) 주류 논객과 매체의 신뢰도 하락이라는 배경을 업고, 미국에서는 바야흐로 50년 만에 처음으로 '신좌파'가 부상하고 있다.

뉴키즈 온더블록

02

The Rise of a New Left

새로이 급진화한 젊은 유권자 무리는 도대체 어디서 나타난 것일까? 〈리버티 네이션 뉴스Liberty Nation News〉 같은 우파 사이트에 기고하는 보수 논객 앤드루 모랜에 따르면, 이들은 "부모 다락방에 갇혀 있던 괴물의 한 종류로… 얼굴 전체에 수염을 덥수룩하게 기르고 체 게바라 티셔츠를 입은 창백한 젊은 남성인데… 가이 포크스 마스크 뒤에 숨어 극악무도한 행동을 저지르며… 에너지 드링크 '레드불'과 소셜미디어의 키보드배틀, 정치쇼 〈더 영턱스〉 유튜브 영상을 먹고 사는"[1] 부류다. 2016년 2월 한 정치 후원금 모금행사에서 힐러리 클린턴은 샌더스 지지자들을 가리켜 "대침체가 낳은… 부모 집 지하실에 얹혀사는 이들"[2]이라고 빗대기도 했다. 당연한 이야기지만 그런 사람들도 있다. 2016년 10월 샌더스는 CNN 기자 제이크 태퍼와 인터뷰하며 클린턴 말에 동의한다고 밝혔다. "클린턴 후보가 한 발언이 제가 조금 전에 지적한 얘기입니다. 젊은이들이 좋은 교육을 받기 위해 큰 빚을 지고 열심히 일했는데, 학교를 마쳐도 괜찮은 일자리를 찾을 수가 없는 거죠. 이건 아주 큰 문제입니다. 이 청년들이 부모 집 지하실에 살고 있다는 점이 바로 사안의 핵심이에요…. 저는 개인적으로 정치혁명이 필요하다고 생각합니다. 사회를 철저히 개혁해서 괜찮은 임금을 주는 일자리를 만들고, 도널드 트럼프와 억만장자 친구들이 합당한 몫의 세금을 내야 한다고 생각합니다."[3] 2019년 경제지 〈비즈니스 인사이더Business Insider〉 보도에 따르면 "최근 조사에서 연소득 7만5000달러 이하인 사람들이 가장 선호하는 주요 후보는 샌더스"였는데, 이는 "나이 든 세대보다 소득이 낮은 경향을 보이는 젊은 유권자들 사이에서 샌더스 지지율이 매우 높은 현상에 한몫"했다.[4] 격주간지 〈뉴욕 매거진New York Magazine〉 기자 에릭 레비츠는 2020년에 "교육 수준이 지나치게 높고 고용상태는 불안정한 대졸자"가 밀레니얼 사회주의자의 전형이라고 썼다.[5]

부모 집 지하실에 사는지 여부를 떠나, 나도 취재를 해보니 (대다수 보수주의자들이 개인의 나태함을 보여주는 징표라고 여기는) 경제적 불안정이 이들의 핵심적 특징이었다. 수많은 대도시의 젊은 사회주의자들이 룸메이트와 함께 지내거나 부모 집에 살고 있지만, 이는 개인의 실패라기보다 경제상황을 보여주는 단면에 가깝다. 내가 취재하면서 만난 젊은이들의 절대다수, 그러니까 가망이 거의 없어 보이는 선거운동에 매진하거나 스스로 출마한 이들은 하나같이 빚에 허덕이고 있으며, 교육 수준이 높고 (또는 학위를 따기 위해 학교에 다니는 중이고), 어떤 형태로든 불안한 처지에 놓여 있었다. 이민자 가정 또는 노동자 가정 출신이거나, 경제적 안정을 얻기가 지금보다 수월했던 시절 미국에서 부모가 일군 풍요를 놓쳐버릴 위기에 맞닥뜨렸다는 점에서 그랬다.

〈더 네이션〉에 실을 AOC 기사를 쓰던 당시에 나는 샤니앗 차우더리를 만났다. 그는 해병대 출신에 화면발 잘 받는 잘생긴 럭비선수로, 2018년 AOC 캠프에서 일했고 2020년에는 퀸스 지역구 베테랑 현직 의원인 그레고리 미크스에게 직접 도전장을 내민 인물이다.(당시 경선은 미크스의 낙승으로 끝났다.)

2008년 금융위기는 AOC와 동년배들이 자아를 형성하는 데 결정적 영향을 끼친 사건이다. 방글라데시 출신 이민자 가정에서 태어난 차우더리는 당시 26세 청년으로, AOC 선거캠프에서 자원봉사자로 뛰고 있었다.[6] AOC와 차우더리의 인생 여정은 놀라우리만치 비슷하다. 차우더리 가족도 금융위기 직후에 집이 차압될 위기를 겪었다. 그의 아버지는 카지노 내 식당에서 일하다가 정리해고를 당하고 중병으로 앓아누웠다. "어머니가 일자리를 두 개나 구하셨어요. 그런데도 아버지가 아프셔서 돈이 부족했죠." 당시 차우더리와 형제들은 너무 어려서 돈을 벌 수 없었다.

AOC의 승리를 두고 차우더리는 이렇게 간단히 설명했다. "다들 얼마나 열심히 뛰는지 보셨다면 놀랄 일도 아니에요. 모두 밤낮없이 매달렸고, 새벽부터 일하고 싶어 캠프에서 자는 사람들도 있었죠." 등록 유권자 수를 늘리는 방침도 캠프 전략 중 하나였는데, AOC 경선캠프 초대 사무장인 버지니아 라모스-리오스에 따르면 캠프의 노력으로 40세 이하 등록 유권자 수가 11퍼센트나 늘어났다.[7] 시민권이 없는 이민자나 유권자로 등록하지 않은 젊은이처럼 당장 이득 될 것 없어 보이는 이들에게 시간을 투자하는 행보는 캠프의 전반적인 방향과도 일치하는 전략이었다. 이들은 선거 때만 나타나서 표를 요구하는 대신, 지역사회와 장기적인 관계를 형성해가는 정치를 목표로 삼고 있었다. AOC는 선거유세 당시 만난 벵골 출신 노부부를 떠올리며 이렇게 말했다. "영어를 한마디도 못 하셨는데, 그래도 누군가 동네 이야기를 하려고 집을 방문했다는 사실에 굉장히 기뻐하셨어요." 부부가 AOC를 집 안으로 초대해서 가족을 모두 만났는데, 그중 민주당 유권자로 등록한 사람은 기껏 한 명뿐이었다. 정치전략가라면 십중팔구 중요하지 않은 자리라고 판단했겠지만, 그는 이들 말에 귀 기울였다. 선거에서 이기는 것만이 전부가 아니었기 때문이다. 이런 이들과 함께 둘러앉아 이야기를 나누는 자세가 AOC 캠프의 진정한 목표인 "모든 이의 존엄을 중심에 놓는 운동조직"을 단적으로 보여준다.

2008년 금융위기가 닥치고 이민정책이 바뀌면서 온 가족이 위기를 겪은 신좌파 후보는 AOC와 차우더리만이 아니다. 2020년 필라델피아에서 만난 니킬 사발은 온화한 성격의 민주사회주의자이자 문예지 〈n+1〉 편집자 출신으로, 펜실베이니아 주의회보다는 윌리엄스버그 술집에서 마주칠 법한 인물이었다. 그는 가족이 처한 재정 형편이 정치에 눈뜨는 데 많은 영향을 미쳤다고 말했다. 그의 부모는 인도 출신 이민자로 LA에서 피자 가게를 운영했는데, 세 든 건물 주인이 바뀌면서 가족의 경제 사정이 크게 나빠졌다. 부모는 이미 오십 줄에 접어들었고, 장사도 예전만 못했다. 마땅한 대책을 찾지 못한 사발의 부모는 지니고 있던 집을 팔고 인도 벵갈루루로 잠시 돌아가기로 결정했는데, 전형적인 중산층 가정에서 자라온 사발은 이때 큰 위기감에 사로잡혔다. 부모가 외국으로 떠나야 했던 상황은 "매우 두려웠고", 미국 땅에 홀로 버려졌다는 심정에 그는 대학을 졸업하고 서둘러 취직해버렸다.

그렇게 들어간 곳이 출판계였다. 첫 직장은 여러모로 그에게 꿈의 자리였으나, 초봉이 2만8000달러밖에 되지 않았고 당시 살던 뉴욕 집 월세는 1000달러에 달했다. 책을 사랑하고 문학을 좋아하는 사람들과 함께하기를 꿈꾸긴 했지만, 출판계 역시 "다른 업계와 마찬가지로 착취에 찌든 분야"라는 사실을 깨달아가는 과정은 고통스러웠다. 회사가 연방준비제도이사회 전 의장인 앨런 그린스펀의 회고록을 850만 달러에 사들인 일은 사발의 분노에 기름을 부었다. 차근히 "성과주의적 경력"을 밟고 있다고 믿었던 사발은 이 길에 미래가 없다는 사실을 깨달았다. 마침 일터에 있는 노조 조직에 관심이 있던 터라, 노동조합에서 자원봉사를 하며 사회운동 조직 일을 배우기 시작했다. 그렇게 그는 사회주의자가 되어갔다.

AOC를 끌어올린 동력은 일하는 사람들이 안정되고 편안한 삶을 누리기가 이렇게나 어려워서는 안 된다는 신념이었다. 미국에서 현재 수백만 명이 경제적 불안과 주거 불안정, 반이민 법안과 정책에 시달리고 있다. 이들의 고통은 트럼프 임기 그리고

2020년 시작된 팬데믹 기간에 악화일로를 걸었다.

2019년 젊은 환경운동가들이 다이앤 파인스타인 상원의원의 샌프란시스코 사무실로 찾아가 그린뉴딜을 지지해달라고 요청했을 때, 그는 한 여성을 향해 냉소적인 말투로 이렇게 말했다. "당신이 나보다 더 잘 아는 것 같으니까, 언젠가 당신이 상원을 이끌어가면 좋겠네요." (젊은 활동가는 "좋아요. 그렇게 하겠습니다"라고 맞받아쳤다.)[8] "바꿔야 할 무언가가 있으면, 신발 끈을 고쳐 매고 조직에 나서세요." 2017년 고별연설에서 버락 오바마 대통령은 미국인을 향해 간곡히 부탁했다. "선출직 공직자에게 실망했다면 클립보드를 들고 나서서 서명운동을 벌이고, 직접 출마하십시오."[9] 2016년 미네소타에서 선거유세 중 만난 젊은 소말리아계 여성에게 과거 인종차별적 발언에 대해 질문을 받은 힐러리 클린턴은 이렇게 말했다. "저기요, 그쪽은 의견이 다르네요. 어떤 자리에라도 직접 출마해보는 게 어때요?"[10]

이 책에서 지금까지 나는 "직접 출마"하기로 결심한 좌파를 주로 다뤘다. 지난 몇 년간 집중 취재해온 이야기이기도 하거니와, 신좌파가 가장 눈여겨볼 만하게 권력을 확보한 방법이 바로 선거 출마였기 때문이다. 진보 성향 후보 대여섯을 의회로 진출시키는 활동보다 미국에서 노동운동을 되살리고 급진화하는 일이 훨씬 더 중요하다고 주장하는 좌파도 있다. 선거정치가 급진적인 사회 변화를 일으키는 데 전혀 효과가 없는 막다른 길이라고 보는 이들도 있다. 강력한 사회운동이 없는 채로 선거에서 이

겨봤자, 지속적인 권력이나 포괄적이고 오래가는 변화로 이어질 수 없다고 주장하는 사람들도 많다. 이들 주장에도 모두 일리가 있다. 이미 AOC 같은 젊은 정치인과 선라이즈 같은 청년 단체들이 자리를 지키기 위해 또는 더 많은 세력을 거느린 이들에게 영향력을 행사하기 위해 정책의 선호를 바꾸는 정도까지는 아니더라도 어조와 수사를 조금씩 누그러뜨린 것은 분명한 사실이다. 하지만 특히 젊은 활동가들이 보기에는 AOC 같은 인물을 의회로 들여보내는 작업이 노조를 되살리는 일이나 '흑인의 생명도 소중하다' 운동을 (지난 세대 활동가들이 일궈낸 수준의) 역사적인 입법으로 연결하는 사안보다 훨씬 명확하고 직접적인 과제다. 선거 결과에만 초점을 맞추는 태도가 얼핏 근시안적으로 보일 수도 있지만, 이렇게 접근하는 방법의 강점과 약점 그리고 거기서 끌어낼 수 있는 교훈이 더 큰 운동을 튼튼히 다지는 노력보다 단기적인 관점에서는 훨씬 명확하다. AOC를 모르는 사람은 없지만, 좌파 정치인을 의회로 보내는 방안 이외에 정확히 어떤 운동을 해야 하는지, 누가 그 운동의 일원이며, 그 운동을 더 효과적으로 키우려면 어떻게 해야 하는지 알기란 그렇게 간단하지 않다.

2016년부터 나는 민주당 지도부에 불만이 있지만 샌더스나 AOC의 성공에 감화되어 선거에 출마한 후보자를 여럿 만나 인터뷰했다. 영감을 준 인물로 버락 오바마가 몇 번 언급되기는 했으나, 힐러리 클린턴이나 다이앤 파인스타인의 이름은 한 차례도 등장하지 않았다. 2020년 경선에서 베테랑 현직 의원인 캐럴린 멀로니에게 도전장을 내민 에리카 블라디머를 만났을 때, 그에게 2016년 민주당 대선 경선에서 누구를 지지했는지 물었다. 블라디머는 "다른 많은 이와 마찬가지로 저도 2016년 경선 결과를 보고 정치에 참여하게 됐다고 할 수 있어요"라고 대답했다. 경선 선두주자였던 클린턴이 너무나 당연한데, 돌아보면 잘못된 선택이었다고 시사하는 답변이었다. 여성을 위한 공동 작업공간 겸 소셜클럽인 '더 윙the Wing' 창립자인 오드리 겔먼은 열렬한 힐러리 클린턴 지지자였는데도 2018년 비슷한 결론에 이르렀다고 밝혔다. 겔먼은 인스타그램을 통해 "2016년에 힐러리 클린턴을 지지하고 그의 패배를 보며 쓰라린 교훈을 얻은 사람들을 위해 자리를 만들어야 한다"면서 "AOC 같은 후보들이 미국 정치에서 무엇을 할 수 있는지를 둘러싼 나의 견해가 도전받게 됐다"고 언급했다. 2016년 이전까지 정치에 깊숙이 참여하지 않았거나 좌파 후보는 현실적인 선택지가 될 수 없다고 여겼던 이들한테 클린턴의 대선 패배는 중도파 기성 정치인의 한계를 실감하고, 시대가 완전히 새로운 유형의 후보를 요구하는지도 모른다는 점을 깨닫는 계기가 됐다.

진보 성향 후보와 민주사회주의자 후보들이 자신에게 영감을 준 정치인으로 꼽은 인물은 대개 샌더스, AOC, 엘리자베스 워런, 이렇게 셋 중 하나다. 나는 격주간지 〈더 네이션〉에 실을 기사를 쓰려고 2020년 DSA 뉴욕 지부가 지지한 후보 다섯 명을 모두 인터뷰했는데(그중 넷이 선거에서 승리했다), 이들은 하나같이 개인사와 가족사에서 고난을 겪은 경험을 공유했다. 다섯 명 모두 샌더스 캠프에서 자원봉사를 한 적이 있거나 대선에 도전한 샌더스에게 자극받아 출마를 결심했다고 답했으나, 이 후보들과 롤모델 사이에는 뚜렷한 차이점이 몇 가지 있었다. 가장 두드러진 점은 연령과 인종, 젠더였다. 모두 유색인종이었고, 이민자거나 이민자 자녀였으며, 출마 지역에서 태어났거나 성장했다. 인터뷰 당시 다섯 중 넷이 41세 이하였고, 셋은 여성이었다.

새로운 무리의 좌파 후보 그리고 (DSA에서 지지한) 사회주의자 후보들은 샌더스를 존경하되 그의 '스타일(꾸밈없고 소박한 모습도 스타일로 친다면)'보다는 그의 지향점을 실현하는 일에 관심을 두고 있었다. 적어도 이들이 샌더스에게 매력을 느낀 이유가 '스타일' 때문은 아닌 것이 확실해 보였다. 2020년 DSA에서 지지를 받고 뉴욕주 의회 선거에 출마해 당선된 파라 수프란트 포레스트는 크라운하이츠에서 나고 자란 간호사다. 그는 31세 흑인 여성인 자신이 접점 하나 없는 샌더스 같은 인물에게 끌린 이유를 웃으며 떠올렸다. "버몬트 출신인 이 남성을 보고 여기 브루클린에 있는 제가 '와, 버몬트에 살면서 브루클린 사투리를 쓰는 이 사람을 대통령으로 뽑아야겠구나.' 하고 생각했더랬죠. '그래, 그래! 최저임금 15달러는 내가 해야 할 말이잖아!' 하면서요."

아직도 생생한 샌더스의 경선 패배를 떠올리며 그는 잠시 말을 멈추기도 했다. "더 많은 연대, 더 많은 연대가 필요해…, 우리가 더 열심히 해야 해…, 버니한테 모든 걸 감당하라고 할 순 없어, 하고 생각했죠." 포레스트는 샌더스의 메시지가 사회에서 가장 취약한 계층에 좀 더 초점을 뒀더라면 좋았겠다고 생각한다.

"유색인종과 여성을 안고 갈 거라면, 새로운 체제가 이들을 염두에 두고 있는지 여전히 의심스럽다면, 다시 처음으로 돌아가 연대를 더 단단하게 만들어야죠. 공약은 훌륭했지만 연대는 더 손을 봐야 합니다."

포레스트는 이렇게 덧붙였다. "지역 단위에서 저 같은 사람이 나서서 '샌더스는 미친 사람이 아니었어'라고 말해야 하는 이유가 여기에 있는 거죠. 샌더스가 우리에게 무엇이 필요한지 이야기해줬고, 우리가 모두 같은 뜻을 품고 모이면 그때는 국가적인 차원에서 뭔가 할 준비가 되어 있을 겁니다. 의회에서, 주상원에서 같은 이야기가 나오기 전까지는 샌더스를 (전국 단위) 선출직에 앉힐 수 없을 거예요."

동성애자 흑인 남성이며 비건 채식주의자이고 사회주의자인 자바리 브리스포트는 2017년 녹색당과 DSA에서 지지를 받아 시의회 경선에서 현직 의원에게 도전장을 냈다가 패하고, 2020년 DSA의 지지를 받아 주의회 상원의원에 당선됐다. 그도 샌더스가 끌어모은 연대의 일원이었다. 2020년 브리스포트는 브루클린에서 현직 의원이 재출마하지 않은 공석에 도전했는데, 후보 총 세 명이 나선 선거에서 1만 표 이상으로 승리를 거뒀다. "언론에서는 DSA가 젠트리피케이션을 주도하는 단체처럼 그려지는데 그건 사실이 아닙니다." 브리스포트는 말했다. "DSA가 앞세우는 후보는 모두 해당 지역사회 출신이죠."

내가 DSA에서 목표로 삼는 단체 내부의 다양성 확대에 관해 물었더니 그는 이렇게 답했다. "뉴욕시는 소수 집단이 모여서 다수를 이루는 도시입니다. 말하자면 뉴욕시에 사는 사람들 대부분이 소수자인 거죠. DSA는 그렇지 않습니다. DSA 구성원 대다수는 소수자가 아니에요. 그러니까 아직 이 단체는 우리가 활동하는 도시의 다양성을 반영하지 못하고 있는 셈이죠. 하지만 우리는 시민들에게 다가서고, 집집을 일일이 방문해서 이야기를 나누는 식으로 단체를 키워가고 있습니다."

브리스포트는 사람들에게 깊이 있는 정치 질문을 던지고 단체에 가입해달라고 적극 권유해야 하는 순간이 있다고 덧붙였다. "제가 이런 농담을 자주 해요. 만약에 '길모퉁이에서 오늘 저녁 7시에 사회주의 모임이 있습니다'라고 안내문을 벽에 붙이면 그것을 보고 백인 50명 정도가 모일 거예요. 하지만 다른 집단에는 이런 홍보가 통하지 않습니다. 어디 '사회주의'라는 단어를 듣고 '그 모임에 한번 나가봐야겠어.' 하고 생각하는 사람만 있겠습니까? 다른 사람들에게는 다른 방법으로 접근해야 하는 거죠. 다양한 접근법이라고 하면 선거가 됐든 사회운동이 됐든 같이 투쟁하고 같이 활동하는 경험일 수도 있고, 지역사회 차원에서 구성원들과 함께 투쟁하는 참여의식일 수도 있고, 이미 존재하는 목소리, 이미 진행 중인 활동에 확성기를 다는 연대가 될 수도 있습니다."

브루클린 프로스펙트하이츠에서 자란 브리스포트는 DSA가 젠트리피케이션을 주도하는 백인들의 단체라는 비판에 특히 민감하게 반응했다. "이미 젠트리피케이션이 끝난 지역에 살면서 현재 젠트리피케이션이 활발하게 일어나는 동네를 지키기 위해 싸운다니 좀 이상하게 느껴지기도 하죠. 프로스펙트하이츠에 젠트리피케이션 바람이 불던 시절이 생생하게 기억납니다. 그때가 2000년대 중반이었는데, 말 그대로 길거리에 백인들이 늘어나는 걸 느낄 수가 있었거든요. 처음에는 '이것 참 흥미롭네, 백인들이 많이 보여.' 정도로만 생각했는데, 그다음에 가게들이 문을 닫기 시작했어요. 우리가 '그린스토어'라고 부르던 동네 식료품점이 있었는데, 어느 날 월세가 너무 올랐다며 문을 닫더라고요. 가게 주인이 아이티 사람이었는데 고향으로 돌아갔다고 들었습니다. 제가 가던 동네 영화관은 의류 체인점인 아메리칸 어패럴American Apparel이 됐어요. 동네 가게가 하나둘 문을 닫은 자리에는 좀 더 부르주아스럽고 좀 더 젠트리다운 상점들이 생겨났어요. 보고 있기가 참 힘들었습니다. 백인들이 들어오기 시작하니까 그제야 동네가 주목받는다는 것이 정말 괴롭더군요."

그는 달라진 동네 이야기를 하다 보니 씁쓸한 기억이 떠오른다고 했다. "언더힐/프로스펙트 광장에 언더힐 놀이터라고 부르던 동네 쉼터가 있었어요. 제가 어릴 때는 부모님이 거기서 못 놀게 하셨어요. 제가 친구들이랑 놀다가 모래 속에서 코카인 담배 파이프를 찾은 적이 있거든요. 그 정도로 방치된 공원이었죠. 말 그대로 코카인 중독자들이 어슬렁거리다가 물건을 떨어뜨리고 가는 그런 놀이터였는데, 젠트리피케이션이 휘몰아치고 나니까 온갖 돈이 모여들더니… 정말 모든 것이 다 보기 좋게 변하긴 했는데, 백인들이 엄청 이사 오고 나서 벌어진 일인 거죠."

브리스포트의 정체성과 평생 살아온 동네에 느끼는 애착, 흑인이라서 겪는 생생한 인종차별 경험을 알면서도, 정적들은 그에게 '인종 배신자'라는 낙인을 찍었다. 2020년 여름에 브리스포트와 시위대 200여 명이 시의회 다수당 대표인 로리 컴보 자택 앞에서 농성을 벌이자, 컴보도 브리스포트의 아파트로 사람들을 몰고 가 맞섰다.

전국행동네트워크(National Action Network, 1991년 알 샤프턴 목사가 설립한 민권단체 – 옮긴이) 북동부 지부장을 지낸 활동가 커스틴 존 포이 목사는 컴보가 이끈 시위에 참가해, 브리스포트가 선출직 공직자이자 어린 자녀를 둔 흑인 어머니인 컴보에게 "용납할 수 없는 태도"를 보였다며 그를 "깜둥이nigger coon"라고 비하한 것으로 알려졌다.[11] 포이는 "해리엇 터브먼(19세기 노예해방운동을 펼친 흑인 여성 – 옮긴이)이 총을 들고 다닌 데는 다 이유가 있다"며, 브리스포트와 시위대를 가리켜 "저런 인간이니 백인 린치 폭도를 데려온 것 아니겠냐, 흑인 여왕 집에 백인 무뢰배들을 몰고와 여왕과 아이에게 겁을 줬다"고 비난했다.[12]

컴보 의원도 페이스북에 "브루클린의 미래와 흑인 후보자를 트로이 목마로 활용해 다수를 몰아내고 백인 의제를 밀어 넣으려는 최근 일각의 움직임이 매우 우려된다"[13]고 썼다. 컴보가 일원으로 있는 뉴욕 시의회 흑인, 라틴계, 아시아계 의원 모임도 최근 트위터를 통해 DSA의 전술을 비판하고 나섰다. "우리 현실이 아닌 그들의 이념으로 우리 메시지를 독점하고 우리 운동을 젠트리화하려는 시도를 거부합니다. 흑인 어머니와 자녀를 위협하고, 주거 침입을 협박 무기로 삼아 동지이자 지역사회 리더인 이를 괴롭히는 행태를 규탄합니다." (여기서 말하는 "동지이자 지역사회 리더"는 2021년까지 뉴욕 시의원을 지낸 대니 드롬으로, DSA는 그의 집 앞에서도 시위를 벌였다.)[14]

며칠 후 '뉴욕 지역사회 활동가와 리더의 목소리Voices of Community Activists and Leaders, VOCAL-NY', DSA, '뉴욕시민행동Citizen Action of New York', 근로가족당, '뉴욕이민연합New York Immigration Coalition' 등 몇몇 단체에 소속된 유색인종 청년 십수 명이 경찰 예산 삭감을 외치며 기자회견을 열었다. 기자회견장에서 몇 블록 떨어진 곳에서는 경찰 폭력에 항의하는 시위대가 시청사를 점거하고 야영 중이었다. 그곳 앞을 지나는 차들이 응원의 의미를 담은 경적을 울렸고, 자전거를 타고 스쳐가는 젊은 흑인 남성들은 주먹을 높이 쳐들고 "흑인의 생명도 소중하다!"를 외쳤다.

"우리는 자랑스런 흑인 지역사회 리더로서 현재 진보주의의 방향과 교착상태에 분노해 이 자리에 섰습니다." 시민행동 뉴욕 지부 공동지부장인 자멜 헨더슨이 소리를 높였다. 다음으로 나선 연사는 DSA 뉴욕 지부 공동지부장 비앙카 커닝햄이었다. "저는 오늘 지역사회를 걱정하는 자랑스런 흑인 여성, 자랑스런 흑인 사회주의자로 여러분 앞에 섰습니다. 아무것도 행동으로 보여주지 않는 이곳 흑인 선출직 공직자들이 지긋지긋합니다. '흑인의 생명도 소중하다'는 말이 도대체 무슨 소용입니까? 경찰 예산 삭감을 포함하지 않은 예산안에 반대표를 던져서 행동으로 보여주십시오. 당신네 정체성 이야기는 꺼내지도 마십시오. 제가 수개월, 아니 수년 동안 길 위에서 사람들과 함께했고, 지난 7일간 시청을 점거한 채 시위를 벌였지만, 여러분 모습은 보이지 않았습니다. 여러분은 시민들에게 권한을 넘겨받은 만큼 책임에서, 비판에서 자유로울 수 없습니다."

어설프게 인종을 들먹인 컴보의 공격은 시청 점령 시위대의 의지에 오히려 불을 붙였다. 반면 떠오르는 좌파 세력을 깎아내리고 평판을 망치려 드는 이들에게는 다인종 연합을 인종주의로 낙인찍는 방식이 상당히 효과적인 전략이라는 점도 증명됐다. 2020년 10월 나는 하킴 제프리스 의원의 브루클린 자택 앞에서 열릴 선라이즈 뉴욕 지부 집회에 참석할 예정이었다. 이들은 오전 6시에 제프리스 의원 자택 앞에 모여 그린뉴딜을 지지해달라고 요구할 계획이었다. 그러나 실행을 불과 며칠 앞두고 집회가 취소됐다. 주최 측은 이메일을 보내어 "단체 내부에서 제프리스 의원이 흑인 정치인이라는 점을 지적했기에 (집회를) 취소할 수밖에 없다"고 밝혔다. 과거에도 흑인 정치인을 상대로 비슷한 집회를 열었다가 선라이즈는 흑인 정치인만 겨냥한다는 왜곡 보도가 나온 적이 있다고도 했다. 물론 사실이 아니지만, 이번 집회를 취소하고 대신 투표 독려 행사를 여는 것이 최선이라고 판단했다는 설명이었다.

이름에는 무엇이 담겼나

새로이 떠오르는 좌파에는 분명한 정책적 의지 그리고 과감한 입장 표명 의사가 이름표보다 더 중요하다. 선라이즈의 아루 샤이니아제이에게 선라이즈가 사회주의 단체인지 물었더니 그는 이렇게 답했다. "저희는 실제로 국민을 보살필 준비가 된 정부를 원합니다…. 스스로를 뭐라고 부르건 모든 이의 자유와 존엄이라는 기본 정신에 믿음이 있고, 그것을 제공하고 강화하는 일이 정부 책임이라는 점에 동의하신다면 선라이즈는 그런 분을 환영합니다."

나는 이 책을 쓰면서 자본주의를 아예 없애거나 배척하려 드는 대신 개혁하려는 엘리자베스 워런 같은 이와 민주사회주의자를 구분하려고 노력했다. 좌파 내부에서 이런 구분은 대선 경선 기간에도 중요하고 선거기간이 아닐 때도 의미가 있다. 그러나 대다수 주류 언론매체나 일반 대중이 보기에 '좌파'는 민주당 성향 유권자부터 워런, 샌더스, AOC, 녹색당 지지자, 심지어는 신념에 따라 투표를 거부하는 이들까지 모두 포함하는 폭넓은 (그리고 가끔씩 잘못 사용되는) 개념이다. 이 책에 등장하는 인물은 대부분 좌파인데, 여기서 좌파란 '민주당 당내 좌파와 뜻을 같이하는 이' 또는 '민주당 외부 왼쪽에 있는 사람'을 뜻한다. 미국 정치 맥락 속에서 모든 민주사회주의자는 왼쪽에 서 있지만, 모든 좌파가 민주사회주의자인 것은 아니다. 때로는 '진보progressive'와 '좌파leftist'를 구별하지 않고 사용하는데, 사회주의자가 아니더라도 민주당 공식 강령에 포함되지 않는 좌파적 정책이나 개혁을 지지할 수 있기 때문이다.

한편 '리버럴liberal, 자유주의자'이라는 용어 사용을 피하는 이유는 우파가 수십 년째 이 단어를 공격해서 리버럴에 해당하는 이들마저 이 이름표를 저버리기 시작했기 때문이다. 이제는 '리버럴'에 속하는 사람들도 (역사적으로 별개 개념인데도) '진보' 같은 표현을 선호한다. '리버럴'과 그 불길한 사촌인 '네오리버럴neoliberal, 신자유주의자'이 정치 스펙트럼 모든 영역에 걸쳐 불명예스러운 이름표가 되어버렸기 때문이기도 하다. 람 이매뉴얼 같은 민주당 보수파나 우파는 리버럴을 (이매뉴얼 본인 표현에 따르면) "빌어먹을 저능아"[15]라고 생각하고, 사회주의자들은 리버럴이 우파에 맞서 의미 있는 반대파를 형성하고 사회를 개혁하는 데 실패했다고 여긴다. 〈뉴욕타임스〉는 오히려 '리버럴'과 '민주사회주의자'를 같은 뜻으로 사용하는 듯이 보이는데, '사회주의자'라는 용어를 완전히 지워버린다는 의도 말고 이 방침에 어떤 의미가 있는지 알 수 없다. 사람마다 이 모든 용어를 서로 다르게 해석하고 받아들이기 때문에, 이 책에서 인물을 묘사할 때는 본인 입에서 직접 나온 말로 소개하겠다.

내가 샤이니-아제이에게 스스로를 사회주의자로 여기는지 물었더니 그는 망설이다가 이렇게 말했다. "그 점에는 중립적인 입장이에요. 솔직히 말씀드리면 '그래, 나 사회주의자 맞아'라고 하고 싶지만, 그 단어를 사람마다 워낙 다른 뜻으로 사용하고 있어서 '내 정체성이 이거야'라거나 '이게 아니야'라고 말하기 어렵죠. 분명한 건 이 사회가 구성원 대다수에게 제대로 작동하지 못한다는 점입니다."

본인을 사회주의자로 규정한 이들도 유권자나 기자와 이야기

나눌 때는 그 단어를 사용하지 않는 경우가 있다. 16선 의원이며 하원 외교위원장이었던 엘리엇 엥겔을 경선에서 꺾고 하원에 입성한 자말 보먼도 최종적으로 DSA의 지지선언을 받기는 했지만, 본인을 사회주의자라고 하지 않았다. 내가 2019년에 뉴욕시 지역 소식 사이트 〈고다미스트Gothamist〉 의뢰로 보먼을 인터뷰했을 때, 그는 지지하는 정책이 민주사회주의와 "완전히 일치"한다고 말하면서도 민주사회주의자라는 이름표를 받아들이지 않았다.

"제가 정책 이야기를 하면 사람들은 제게 민주사회주의자냐고 묻습니다. 저는 저 자신을 그렇게 부르지 않아요." 보먼은 이렇게 설명했다. "저는 교육자고, 세상을 교육자, 아버지, 남편, 지역사회 활동가의 눈으로 바라봅니다. 저는 이 땅 모든 여성, 남성, 어린이의 요구를 들어주는 일이 국가 구성원으로서 우리의 책무라고 생각합니다. 그걸 못하고 있다면 정의로운 나라가 아닌 거죠. 제 가치관이 이러니까 사람들이 저를 민주사회주의자라고 부르는데 저는 절대 그렇게 자칭하지 않아요. 저는 교육자입니다."

이 인터뷰 기사가 나가고 나서, JD 대변인인 왈리드 샤히드가 기사에 인용된 보먼의 발언을 확인하고 싶다고 요청해왔다. 보먼이 본인을 민주사회주의자로 부르지 않는다고 말했을 리가 없다는 뉘앙스였다. 내가 샤히드 대변인에게 인터뷰 녹음 파일을 보내줬더니 그가 감사인사를 하고 더는 문제를 제기하지 않아서 상황은 곧 종료됐다. 그러나 나는 온건하고 무난해 보이는 인터뷰 하나로 JD가 핵심 지지층의 반발을 우려한다는 사실에 적잖이 놀랐다. 인터뷰 당시 나는 보먼이 민주사회주의자를 떠나 더 폭넓은 유권자층을 공략하기 위해 전략적인 답변을 내놓고 있다고 받아들였기 때문이다. 내가 2020년 샤히드 대변인을 만나 이 일에 대해 다시 묻자, 그는 전혀 기억 나지 않는다며 "제가 걱정했던 인터뷰 발언이 하도 많아서요"라고 대답하며 웃었다.

내가 당시 상황을 설명했더니 그는 이렇게 말했다. "자말은 노동자 가정에서 자랐고 평생을 유색인종 노동자들과 일하며 보낸 인물입니다. 솔직히 말하면 사회주의라는 개념이나, 당신이 사회주의자냐는 질문 같은 건 자말의 레이더에 들어온 적도 없을 거예요…. 제가 처음 자말과 함께 일하기 시작했을 때 그분은 사회주의가 뭔지도 잘 몰랐어요. 비니 샌디스와 관계있는 단어 정도로 어렴풋이 알고는 있었지만요." 샤히드는 내가 목격하는 현상을 두고 이렇게 설명을 덧붙였다. "두 가지가 동시에 일어나고 있습니다. 첫째, 자말 같은 사람들이 진심으로 이념과 체제, 역사에 관심을 두기 시작했고요, 둘째… 특히 뉴욕 같은 곳에서는 선거구 주민들의 마음을 사야 하는데, (DSA가) 중점을 두는 부분 중 하나가 후보에게 공개적으로 사회주의자라고 밝힐 의지가 있는지 여부라는 것이죠."

보먼이 사회주의자라는 이름표를 받아들이지 않고 망설이는 것은 '빨갱이' 낙인에 담긴 오래된 공포증 때문일 수도 있다. 이런 낙인은 미국 정치에서 사회주의자와 공산주의자를 자처하는 미국인이 존재하던 시절부터 기나길게 이어 내려온 전통이다.

보면 지역구에서 사회주의자라는 이름표는 그다지 큰 약점이 아니기에, 그가 출마한 선거에서 빨갱이 몰이는 큰 쟁점이 되지 못했다. 그러나 사회주의자라는 이름표가 캠프에 치명적인 타격을 줄지는 그가 승리를 확정 짓는 순간까지 확실히 알 수 없었다. 2020년 대선 당시에는 사회주의자가 아니라고 공언한 이들조차 공격에서 자유로울 수 없었다. 공화당이 선거기간 내내 바이든을 급진적인 사회주의자로 몰아붙이지 않았던가. 이런 공격이 효과는 없었으나, 민주당 주류 당원, 특히 빨갱이 몰이가 먹혀들던 시절을 기억하는 이들에게 두려움을 안기기에는 충분했다. 바이든이 정말로 사회주의자가 아니라고 밝히는 '오해를 바로잡습니다' 같은 칼럼이 쏟아진 것도 이 때문이었다.[16]

반면 2020년 경선에서 텍사스 남부의 보수파 민주당 현직 의원인 헨리 쿠엘라에게 도전장을 던졌다가 아쉽게 패한 제시카 시스네로스는 JD에서 지지를 받으면서도 사회주의자를 자처하지 않았다고 샤히드는 설명했다.[17] "개인적으로 불편하다고 했어요. '특정 이념에 스스로를 끼워 넣고 싶지 않다, 사회주의가 내게 익숙한 개념도 아니다'라는 취지였죠."

샤히드는 현실 정치 차원에서 시스네로스 지역구에 DSA 지부가 없었다는 점도 언급했다. 당선 가능성을 진지하게 타진하는 후보라면 표와 자원봉사자가 걸린 지역구에 적합한 전략을 써야 한다는 뜻이다. 텍사스 남부에서 출마한 시스네로스로서는 애초 받아들인 적도 없는 이름표를 거부한다고 해서 잃을 것도 별로 없었다. 브롱크스와 웨스트체스터에 걸친 동네가 지역구인 보먼은 DSA의 지지선언을 받아야 하는 처지였고, 경선을 몇 주 앞둔 시점에 결국 DSA 로워 허드슨 밸리 지부와 전국 본부의 지지를 얻어냈다.(경선 초반 사회주의자라는 명칭에 보먼이 드러낸 거부감과 더불어, 이민 1세대 에리트레아계 미국인이자 특수교사 출신으로 DSA 마마로넥고등학교 지부에서 지지를 받는 DSA 회원 앤덤 게브레기오르기스가 경선에 출마한 점도 DSA가 보먼에게 지지선언을 늦춘 데 한몫했다.)

보먼을 만나고 몇 달 후에 나는 잡지 〈자코뱅〉에 실린 인터뷰를 보고 그의 태도가 달라진 것을 포착했다. 그는 전 국민 의료보험, 주거 인권, 공공교육을 위한 투자, 연방직업보장제를 이야기하면서 "사람들은 저를 민주사회주의자라고 부릅니다"라고 말했다. 그러고는 "그렇게 불려도 괜찮습니다. 현재 우리의 자본주의 모델이 대다수 미국인에게 제대로 작동하지 않는데도 '사회주의'라는 단어에 따라붙는 낙인이 있죠…. 저를 사회주의자라고 부르고 싶으면 그렇게 해도 좋습니다"라고 덧붙였다.[18]

비영리 뉴스매체 〈인터셉트Intercept〉에서 보먼에게 당신은 사회주의자냐고 질문을 던졌을 무렵에는 그의 답변이 기존 모든 대답을 아우르는 단계로 진화해 있었다. "네, 저는 교육자입니다. 제가 지지하는 정책이 마침 사회주의와 맞아떨어지더군요. 아마 제가 사회주의자인가 봅니다." 그는 웃으며 이렇게 덧붙였다. "저는 진보주의자고 좌파며 인권을 위해 싸우는 사람입니다. 저는 선거에 뛰어들 때부터 이름표에 연연한 적이 없습니다. 제 정체성은 교육자고, 미국에 사는 흑인 남성입니다. 하지만 제 정책이 사회주의자들하고 일치하니까, 그렇다면 저는 사회주의자인 셈이죠."[19]

보먼이 사회주의자를 자처하기 시작한 이후에 상대적으로 수는 적지만 핵심 지지층을 추가로 확보한 것도 사실인데, 지지자들이 그를 사랑하는 데는 또 다른 이유가 있다. 보먼을 지지하는 샌더스 그리고 AOC와 공유하는 그의 특징인 진정성 때문이다. 〈고다미스트〉 인터뷰 당시에 나는 교육자의 길을 택한 이유를 들으려고 매우 통상적인 질문을 던졌다가 그의 답변을 듣고 충격을 받았다. "솔직히 말씀드리면 대학교를 졸업하고 일자리가 필요했습니다. 기업에서 일을 알아봤는데 제게 어울리는 곳을 찾지 못했어요." 언론 인터뷰에 나선 정치인들에게서 들을 일이 거의 없는, 미리 연습한 티가 나지 않는 직설적인 답변이었다. 친이스라엘계 정치활동위원회가 보먼이 수천 달러(정확히는 2053달러 36센트) 세금을 미납했다고 광고를 내보냈을 때, 그는 이런 행태가 상대방이 얼마나 절박하고 대책 없는지를 보여주는 증거일 뿐이라며 의혹을 일축했다. 그는 브롱크스 선거구 주민 중 세금 미납액 2000달러 남짓을 문제 삼아 지지를 철회할 사람은 없다며, 이웃 주민의 말투를 장난스럽게 흉내 내어 이렇게 말했다. "꼬투리 잡을 게 그것밖에 없나 봐? 꽤 잘하고 있는 모양이지?"[20]

사회주의자라는 이름으로 출마한 후보들은 청중에 따라 특정 정체성을 강조하거나 또는 묻어두는 요령을 익히게 됐다. 일부는 전략적인 이유 때문이고, 또 일부는 유권자들에게 친숙한 언어로 다가서기 위해서다. 브리스포트는 유권자들과 대화를 나누는 자리에서 반드시 '사회주의'라는 단어를 쓰는 건 아니라고 말했다. "숨기는 건 아니지만, 그게 핵심은 아니니까요."

그는 2017년 시의회 출마 당시를 언급하며 이렇게 설명했다. "제 경험상… 사람들은 생각에 동의하면서도 용어는 낯설어합니다. 한번은 노인센터에서 만난 여성분이 제게 '반자본주의자'가 무슨 뜻이냐고 물어보신 적도 있어요. 관심은 있는데 한 번도 들어본 적이 없다면서요. 그 단어에 대해 더 알고 싶어하셨습니다. 제가 영리주택 산업이라든지, 이런저런 영리산업에서 탈피하는 거라고 말씀드렸더니 고개를 끄덕이면서 동의한다고 말씀하시더라고요."

사밀리스 로페즈는 DSA와 근로가족당, 버니 샌더스, AOC 정치활동위원회인 '변화를 위한 용기Courage to Change'의 지지를 등에 업고 2020년 하원의원 선거에 출마했다. 그는 브롱크스의 노숙자 쉼터에서 자랐다. 도미니카공화국 출신 재봉사였던 어머니는 파트너의 학대를 피해 가출했고, 자녀들을 키우기 위해 열악한 저임금 작업장에서 일했다. "저희 접근법은 매우 간단합니다." 로페즈는 이렇게 말했다. "생계와 직접적으로 얽힌 쟁점을 이야기하는 거죠. 사람들이 겪고 있는 일에 대해서요. '이 상황이 옳다고 생각하세요? 이런 일을 당하는 게 본인 잘못이라 생각하세요?'라고 질문을 던지는 겁니다. 그러면 대체로 '아뇨, 제 잘못이 아니에요. 저는 오로지 먹고살려고 매일 두세 개씩 일자리를 돌다가 늘 녹초가 되어 집에 옵니다'라는 대답이 돌아오죠."

로페즈에게 '민주사회주의'라는 말 자체보다 중요한 것은 민주사회주의자들이 만들고자 하는 사회가 어떤 모습인가 하는 문제다. "이 체제가 우리를 위한 것이 아니며, 우리는 다른 현실, 다른 패러다임을 원한다는 공감대가 지역사회에 형성되어 있다고 느낍니다. 그게 민주사회주의건 뭐건 간에 세상이 제대로 돌아가지 않으니 방법을 찾아봐야 한다는 점을 다들 이해하고 있다고 생각해요. 보편적 주거 보장이라는 개념, 보편적 보육과 의료라는 개념이 압도적인 지지를 받습니다. 지금 너무 많은 사람이 고통스러워하고 존엄한 삶을 영위하는 데 필요한 보살핌을 받지 못하고 있으니까요." 로페즈의 최우선순위는 그런 고통을 덜어주는 정책이다. 그는 현직 의원이 떠난 공석에 무려 10명의 후보가 도전장을 낸 2020년 선거에서 당선되지 못했지만, 베테랑 정치인이며 뉴욕 시의회 의장 출신인 멜리사 마크-비베리토를 3800표 차로 누르고 득표율 4위를 기록했다. 정치 초심자로서는 대단한 성과였다.

짧게 깎은 머리에 안경을 쓰고 타투를 드러낸 백인 남성 브라이언 노왁은 2016년 버니 샌더스 대선 경선캠프에 깊숙이 관여한 인물로 당시 33세였다. 샌더스가 정치 경력을 버몬트주 벌링턴 시장직에서 시작했다는 점에 영감을 받아서, 2017년 칙토와가 시의원 자리에 도전해 당선됐다. DSA 회원으로 버펄로 지부 부지부장을 지냈는데, 가족 중 처음으로 대학 학위를 땄으며, 버펄로 동쪽 교외에 있는 뉴욕주 이리 카운티의 작은 마을인 칙토와가에 15년째 거주하고 있었다. 그곳 주민 다수가 버펄로로 통근하는 소매업과 제조업 종사자 또는 공무원이다. 노왁은 칙토와가를 보수적이고 백인이 많은("폴란드계 주민이 많죠") 블루칼라 지역이라고 소개하며, 높은 집값과 생활비 때문에 버펄로를 등진 유색인종 주민들이 유입되고 있어 인구 구성이 달라지고 있다고 말했다. 뉴욕주 서부에서는 중위소득이 낮은 지역이라는 점도 덧붙였다.

2020년 버펄로에서 노왁을 만났을 때, 그는 DSA에서 권고를 듣고도 '공개적인 사회주의자'로 출마하기를 원치 않는다고 말했다.('공개적인 사회주의자'가 정확히 무엇을 뜻하는지에 대해 그는 나중에 이렇게 설명했다. "그러니까 사회주의 정당에 소속되어 있다든지, 사회주의 단체에만 충성을 바치는 '대문자 S가 붙은 사회주의자'라는 뜻이에요…. 저는 제 구상을 가지고 선거에 출마하고 싶었습니다. '소문자 s로 시작하는' 사회주의 가치들이 제 공약에 들어 있기는 해도, 사회적 의료보험제도 같은 정책이 실제로 시행되면 삶의 질을 높이고 자원 활용도도 늘릴 수 있다는 점을 설명하고 싶었어요.") 칙토와가 이웃들은 (그의 표현에 따르면) "자립 마인드가 강하고" 투철한 이념에는 반대하며 그네들처럼 독립적인 정치인에게 매력을 느낀다고 했다.

노왁은 칙토와가가 민주당 우세 지역으로 분류되지만, 민주당에 표를 몰아주지 않을 가능성도 여전하다고 설명했다. 칙토와가의 트럼프 지지자 대다수는 2016년 주의회 선거 당시 민주당에 표를 줬다. "이 지역은 민주당 지지자가 많지만 이념적인 스펙트럼이 아주 넓습니다. 투표가 끝나면 깜짝 놀라곤 하죠."

노왁을 DSA로 이끈 쟁점은 단일 보험자 의료보험single-payer healthcare(한국처럼 정부가 단일 보험 공급자가 되어 국민의 건강과 건강보험료를 관리하는 체계 – 옮긴이)이었다. 그는 이 문제가 지역 차원에서 "재정적 보수주의자와 DSA형 인간 들을 한데 뭉치게 했다"고 말했다. 이 지역에서 임신중지와 총기 규제는 좀 더 의견이 갈리는 사안이지만, '흑인의 생명도 소중하다' 운동(BLM)은 지지세를 늘려가고 있다고도 했다. 2020년 시위 당시에는 몇몇 주민이 길모퉁이에서 지지 팻말을 들고 서 있기도 했고, BLM 깃발이나 상징을 내건 집도 있었다. 이런 일은 BLM 시위를 백인에게 던지는 적대 표현으로 보는 주민이 많은 칙토와가 같은 동네에서 상당히 놀랍고 고무적인 사건이라는 설명이었다. "이곳 사람들이 받아들이는 영역은 최저생활임금, 노조를 조직할 권리, 그리고 의료보험입니다. 이 선은 반드시 고수해야만 합니다."

DSA 전 부국장이며 DSA 펀드 의장인 데이비드 듀할데는 전국 DSA에서 지지선언을 받으려고 하는 후보들이 갖추어야 할 요건의 틀을 잡고 정리한 인물 중 한 명이다. 그는 DSA에서 사회주의자가 아닌 후보에게도 얼마든지 지지선언을 하던 시절이 있었다고 말했다. 2006년에 DSA 정치활동위원회가 민주당 보수파인 조 리버먼 상원의원의 상대 후보에게 100달러를 기부한 일이 있었다. 상대 후보는 코네티컷주 출신 백만장자로, 현 주지사인 네드 라몬트였다. 일간지 〈뉴욕포스트〉가 이 일을 보도하자, 라몬트는 DSA에 기부금을 반납했다. 이 사건과 더불어 문제가 또 불거졌는데, 바로 2010년 오하이오주에서 연방상원에 출마한 사회주의자 댄 라 봇츠에게 DSA가 제대로 된 절차를 밟지 않고 지지선언을 했다는 논란이 일었다. 이 일을 계기로, 듀할데는 DSA가 전국 단위 지지선언을 할 때는 한층 더 구체적이고 엄격한 기준을 따라야 한다고 주장하게 됐다.[21] "DSA는 사회주의 단체입니다. 그러니까 사회주의자로 출마한 사람에게만 지지선언을 해야죠. 그게 우리 단체의 임무니까요." 반면 지역 지부는 "각 지부에서 희망하는 후보를 지지하는 데 아무런 제약이 없어야 한다"는 것이 듀할데 생각이다. 단 DSA라는 단체에서 전국 단위 지지를 받으려고 하는 후보는 반드시 사회주의라는 간판을 내걸고 출마해야 한다.

2017년 DSA가 발행하는 계간지 〈민주 좌파Democratic Left〉 온라인판에서 듀할데는 단체의 전국 단위 지지 기준을 다음과 같이 제시했다.

1. 사회주의자라고 공표할 것.
2. 메시지를 전하려고만이 아니라 이기기 위해 출마할 것.
3. DSA 지역 지부의 추천을 받을 것.[22]

듀할데는 이를 다음과 같이 설명했다. "후보가 우리 단체의 가치를 펼쳐나갈 의지가 있는지 확실히 알아야 합니다. 우리가 후보에게 시간과 자원을 쏟아부을 거라면 말이죠. 우리가 선거에 투입할 수 있는 시간과 자원봉사 인력이 매우 제한되어 있어서, '우리 혁명Our Revolution'이나 '인디비저블' 같은 단체까지 아우르는 폭넓은 가치관을 지닌 후보마저 지원할 여유는 없습니다."

듀할데는 노왁과 같은 후보 마음도 얼마든지 이해한다며 이렇게 덧붙였다. "남부 지부들 반발도 상당했습니다. 사회주의자라는 이름을 걸고 출마하기가 훨씬 더 어려운 지역이니까요." 그렇긴 해도 그는 DSA가 전국 단위 원칙을 세운 것은 옳은 결정이었다고 판단한다. 미국 최대 사회주의 단체, 그것도 수천 명을 동원할 수 있는 역량을 증명한 단체에서 상당한 규모의 자원봉사 인력을 끌어다 쓰고자 한다면 최소한 사회주의자 이름표를 달고 출마해줘야 한다는 뜻이다.

아이아나 프레슬리와 '스쿼드' 일원들

전 국민 의료보험, 그린뉴딜, 학자금 대출 탕감을 포함한 정책 의제 말고도, 신좌파는 권력을 사용하고 변화를 꾀하는 최선책이 무엇인지를 둘러싸고 구체적인 신념을 지키고 있다. 매사추세츠주 연방 하원의원인 아이아나 프레슬리는 유색인종 여성에 상대적으로 나이가 어리고 초선이며, 이른바 '스쿼드' 일원이라는 이유로 러시다 털리브, 일한 오마, AOC와 이념적으로 뭉뚱그려지곤 하지만, 자세히 들여다보면 뚜렷하게 구별되는 정치적 정체성과 이력을 보유하고 있다.

뉴스매체 〈인터셉트〉는 프레슬리가 2018년 민주당 경선에서 기업 후원금을 받지 않겠다고 선언하기 전까지, 보스턴 시의회 의원 신분으로 기업과 경찰, 로비스트 정치활동위원회에서 자금을 받았다고 보도했다. 프레슬리는 2016년 대선에서 힐러리 클린턴을 지지한다고 선언했고, 클린턴 선거운동을 도우면서 다음과 같은 말로 샌더스를 공격하기도 했다. "(클린턴은) 가격표가 붙지 않은 계획은 그저 대중에 영합하는 처사임을 아는 사람입니다." (프레슬리는 이제 전 국민 의료보험에 찬성한다.) 〈인터셉트〉 보도는 이미 프레슬리를 지지하기로 결정한 JD에 우려를 안겼다. 2019년 저서 《우리에게는 사람들이 있다We've Got People》에서 라이언 그림은 JD의 전담 인력이 턱없이 부족한 상황에서 기성 단체들이 일반적으로 진행하는 "절차를 밟아 심사할 시간이 거의 없었다"고 평가했다. 그림은 그래서 단체가 발 빠르게 규모를 키워갈 수 있었지만, 그 과정에서 곤란한 돌발사태가 발생하기도 했다고 지적했다. 프레슬리가 미심쩍은 후원금을 받았다는 기록이나 "가격표가 붙지 않은 계획"이라고 한 발언이 바로 그런 돌발사태에 해당한다.[23]

그림에 따르면, JD 지도부는 "격노"했다. 알렉산드라 로하스 상임이사는 "특히나 격분"했고 "배신감"을 느꼈다고 한다. 로하스는 JD 내부에서 지지 철회를 주장했다. 결국 JD는 프레슬리와 (그림이 표현한 대로) "긴장감이 감도는" 전화 통화를 했고, 여기서 프레슬리는 JD의 지원을 계속 받아야 하는 이유를 설명하며 진보적 가치를 향한 신념이 있다고 재차 강조했다. 경선을 치르고 나서 기업 후원금에 반대하는 성명을 다시 한번 발표하겠다고도 약속했다. "누군가 한번 일을 망쳤거나 말아먹은 역사가 있을 때

진보단체가 나서서 망신만 주면 영리하지 못한 전략이라고 생각합니다." 로하스는 그림에게 이렇게 설명했다. 또한 "JD 역시 아이아나처럼 이런 운동 공간을 처음 만나본 진보 성향 정치인들이 존재하는 새로운 시대를 파악해가는 처지이지만, 그래도 그들은 싸울 준비가 되어 있는데, 우리 같은 단체가 그들을 밀어서 그 자리에 올려놓았기 때문"이라고 덧붙였다.

2020년 가을에 로하스를 만나 프레슬리 건을 물었더니, 그는 JD가 프레슬리 곁을 지켜서 다행이었다고 말했다. 로하스 자신이나 JD가 일종의 리트머스 테스트를 강요한 결단이 틀렸다고 말하지 않은 것은 주목할 만하다. 그는 JD나 '지금이 아니면IfNotNow'과 같은 단체가 프레슬리의 눈을 뜨게 했다고 자평했다. '지금이 아니면'은 "이스라엘 점령을 종식하고 미국에 있는 유대인 커뮤니티를 변화시키기 위한 유대인들의 운동"이라고 스스로를 소개하는 단체다. "그 건에서도 그랬고 이전 다른 사안에서도 그랬지만, 아이아나 프레슬리는 특히 팔레스타인 인권 문제를 놓고 태도를 여러 차례 바꿨어요…. '지금이 아니면' 같은 단체의 주장에 귀 기울이면서 쟁점을 잘 이해하게 됐기 때문이죠. 이런 부분은 우리 단체의 큰 승리라고 생각합니다."

로하스는 사람들이 생각을 바꾸게 할 공간을 만들어내는 일도 중요하다고 덧붙였다. "아이아나 프레슬리는 2016년에 버니를 지지하지 않았어요. 힐러리 클린턴을 도왔죠…. 우리가 미는 정책에 지금 동의하고 있다면 그런 과거는 문제 되지 않습니다. 우리가 당시 지지를 철회하지 않아서 다행이다 싶고, 서로 원칙을 지키며 대화로 상황을 풀 수 있어서 좋았다고 생각합니다."

JD 후보가 구체적으로 어떤 정책을 지지해야 하는지는 단체가 출범한 초기보다 훨씬 선명해졌다. 현재 JD 사이트에는 단체의 정책 강령('정의를 위한 공약')이 올라와 있다. JD 공약은 크게 세 부분으로 나뉘고, 각각에 세세한 정책이 들어가 있다. '모두를 위한 경제' 부분을 보면 학자금 대출 탕감, 부자 과세, 공정무역, 사회보장 확대, 연방직업보장제, 무료 공립대학과 기술학교, 그린뉴딜, 전 국민 의료보험, 생활임금 사수 항목이 있다. '모두를 위한 사회' 부분 정책에는 제3의 재건, 총기 폭력 종식, 성소수자(LGBTQ+) 평등, 사법 개혁, 주거 인권, 재생산권이 있다. '모두를 위한 민주주의' 부분에는 망중립성 사수, 이민자 권리, 선거권, 민주주의 개혁, 진보적인 외교정책이 들어가 있다.

최근 몇 년 새 JD는 시야를 넓히고 지지 조건을 다듬으면서, 동시에 후보자 개개인이 JD의 강령 전반을 지지하되 논쟁이 될 만한 특정 정책이나 저항의 형태에 구애받지 않도록 여지를 허용하고 있다. JD 강령 페이지에서 '이민자 권리' 부분을 보면 '이민관세단속국 폐지'라는 항목이 있는데, 내용은 다음과 같다. "이민관세단속국은 2003년 9/11 테러에 대응하는 부서로서 신설됐고, 설립 이후 꾸준히 기본 인권을 침해하는 기구로 거듭났다. 서류를 갖추지 못한 이민자를 겨냥한 특수 집행기구는 필요치 않으며, 이민관세단속국은 해체되어야 한다." 반면 (아래에 있는) '진보적인 외교정책' 부분의 언어는 상대적으로 덜 구체적이다. '이스라엘'과 '정착촌'을 언급하고 있기는 하지만 '점령'이나

'BDS 운동'은 등장하지 않는다.

> 우리는 영원히 지속되는 전쟁을 끝내고 평화와 외교를 우선시해야 한다. 군비 지출을 줄여야 한다. 국제사회와 함께 모든 노동자를 드높이고 기후위기를 종식할 공정무역 거래를 촉진해야 한다. 다른 국가로 향하는 우리 원조는 우리 가치관과 함께 가야 한다. 미국은 사우디아라비아에 수십억 달러어치 무기를 제공했고, 이들의 악랄한 폭격으로 예멘에서 민간인 사망자 수가 늘어나는 상황을 지켜봤다. 이집트가 비폭력 평화 시위대를 가혹하게 진압하고 있는데도, 미국은 이집트에 계속 무기를 제공하고 있다. 이스라엘은 380억 달러에 이르는 원조금을 받고 즉시 새로운 정착촌 건설을 발표했다. 우리는 다른 국가에 가닿는 우리의 재정적 영향력을 활용해서 가치관을 공유하도록 꾀해야 한다. 우리의 참전용사들을 보살피고 재향군인국에 투자해야 한다.

아이아나 프레슬리와 나머지 스쿼드 멤버들 사이에 차이를 보여주는 또 다른 사례는 바로 프레슬리가 2020년 대선 경선에서 엘리자베스 워런을 지지했다는 사실이다.(나머지 구성원들은 샌더스를 지지했다.) 프레슬리는 이른바 '워런 민주당원Warren Democrat'인데, 이 점은 평균적인 사회주의자와 특정 사안에서 뜻을 함께하나 목표와 전략, 이념은 같지 않다는 걸 의미한다.

2019년 보스턴 지역 인터넷 언론인 〈보스턴닷컴〉 인터뷰에서, 프레슬리는 본인 관점을 "진보"라고 정의하되, 그 단어의 의미를 모호하게 남겨두려는 듯 이렇게 답변했다. "제 가치관은 언제나 진보적이었습니다. 제 진보적 가치를 실현하기 위해 저는 늘 연대를 구축하는 방법을 선택했습니다." 그는 "사람들이 '당신은 내부자입니까, 외부인입니까? 특권층인가요, 아니면 가난한가요? 급진적이세요, 제정신이세요?'라고 물으며 양자택일의 서사를 강요해" 문제라면서 "저는 일을 하고 있고, 아주 오랫동안 일을 해왔습니다"라고 말했다.[24]

이런 답변은 프레슬리와 워런의 지지자들에게 확실한 반향을 불러일으켰지만, 사회주의자 청년 유명인사이며 〈자코뱅〉 편집자인 바스카르 순카라의 반응은 차가웠다. 순카라는 2019년 〈가디언〉에 기고한 칼럼(제목은 '아이아나 프레슬리가 스쿼드 다른 멤버들과 갈라져 워런을 지지했다고 놀랐는가? 전혀 그럴 일이 아니다'이다)에서 〈보스턴닷컴〉 인터뷰를 언급하며 "나는 그 기사를 읽고 프레슬리의 프로젝트가 나하고는 매우 다르다는 점을 알게 됐다…. 수백만의 삶을 개선할 수 있는 변화를 이끌어내기 위해 적을 호명하고, 쟁점을 정치화하며, 대립을 만들어내는 활동은 떠오르는 신좌파가 하고 있고 해야 하는 일인데, 프레슬리 태도는 이와 정반대다."[25] 샌더스와 순카라의 왼쪽에 서 있는 사회주의자들은 어떤 갈등과 사안에서도 자신이 속한 편을 선명히 드러낸다는 점에서 자부심을 느낀다. '사회주의자'보다 '진보'라는 단어로 자신을 정의하는 이들은 후자에 담긴 유연성 혹은 관점에 따라 후자가 허용하는 어감과 실용성을 선호한다.

그래도 순카라는 나름의 관용적인 어조로 칼럼을 마무리한다. "프레슬리는 여러 투쟁에서 동지가 되겠지만, 그의 독자적인 믿음과 전술을 존중하는 차원에서라도 그와 우리의 전망을 하나로 뭉뚱그리지 말자."

트럼프의 나라에서 전 국민 의료보험을 지지하는 민주당원으로 살아가기

신좌파가 받는 가장 흔한 비판 중 하나는 이들의 정책이 인기 없고 이들이 미는 후보가 민주당 우세 도시를 벗어나면 절대로 당선될 수 없다는 말이다. 전 국민 의료보험과 대마초 합법화를 지지하며 공화당 우세 지역에서 두 번이나 하원의원에 도전한 네이트 맥머레이의 선거운동 과정을 살펴보면 그런 비판이 지금 당장은 아니어도 영원히 유효하지는 않으리라는 점을 알 수 있다.

이 지역을 잘 모르는 이들에게는 뉴욕주 서부에서 마주치는 MAGA(Make America Great Again, 미국을 다시 위대하게) 팻말과 남부연합군 깃발이 예상 밖 기습으로 느껴질 수도 있다. 뉴욕주는 생각보다 광활하고 정치 스펙트럼이 넓은 지역이다. 맥머레이가 2018년과 2020년 하원의원 선거에 출마한 뉴욕주 제27선거구는 말 그대로 거대하다. 71만3000명에 달하는 주민이 소 떼와 함께 살아가는 고장으로, 넓고 푸른 초원에 가족이 경영하는 목장과 쇠락해가는 상권이 자리 잡고 있으며, 나이아가라나 이리 Erie처럼 인구밀도가 높은 일부 도심 지역, 그리고 대형 식료품 체인점과 휘황찬란한 의료기업, 대형 은행 본사로 빽빽이 채워진 버펄로시가 있다.

2018년 제27선거구 등록 유권자의 42퍼센트는 공화당원이거나 보수였고, 3분의 1가량만 민주당원이었다.[26] 2016년 대선에서는 트럼프가 60퍼센트에 가까운 표를 쓸어가는 바람에, 뉴욕주에서 트럼프 지지율이 가장 높은 지역으로 기록됐다.[27] 나이아가라 카운티 주민들은 2008년과 2012년에 오바마에게 표를 줬지만, 2016년 대선에서는 트럼프가 무려 18퍼센트 차이로 앞섰다.[28]

농촌 지역인 리빙스턴 카운티에서 서의 평생을 살아온 진보활동가 앰버 헤이니는 이곳이 인종적 다양성은 부족하지만(약 92퍼센트가 백인), 사회경제적 다양성은 높다고 말했다. 주민 대부분이 농업과 서비스업(월마트와 식료품 체인점 웨그먼스가 가장 큰 일터다)에 종사하거나 지방정부에 고용되어 일하고 있다. 근근이 생계를 이어가는 빠듯한 형편의 주민들도 있는가 하면 건실한 중산층도 있고, 부유한 교외 지역 맥맨션스에 사는 이들도 있다.

2013년부터 2019년까지 제27선거구 하원의원은 공화당 소속 크리스 콜린스였다. 2016년 콜린스는 하원에서 가장 먼저 도널드 트럼프 당시 대선후보를 지지한다고 선언했다. 2019년 콜린스는 증권 사기 공모와 연방 조사관에게 거짓 진술을 한 혐의를 받고 1년 넘게 무죄를 주장하다가 결국 유죄를 인정하고 자리

에서 물러났다.[29]

맥머레이가 기세 좋게 콜린스에게 도전장을 내민 2018년 당시에 콜린스는 기소된 처지였지만 여전히 자리를 지키고 있었다. 맥머레이는 선거에서 단 1087표 차[30]로 아깝게 패했다. 맥머레이 지지자이며 은퇴한 심리학자인 실리아 스파콘은 공화당 경선 투표자의 60퍼센트가 연방에 기소된 사실을 알면서도 콜린스에게 우호적인 태도를 바꾸지 않았고 81퍼센트가 트럼프에게 호의를 보였다는 점을 고려할 때 이런 결과는 "놀라움 그 자체"라고 평가했다.[31]

확고한 트럼프 지지자이며 당시 이리 카운티 감사였던 스테판 미하일로우는 지역 라디오 진행자들과 공화당 지도부의 말을 되풀이하며 맥머레이를 가리켜 "AOC를 보수로 보이게 할 만큼 극단적인 진보주의자"라고 표현했다.[32] 내가 맥머레이를 만나 물었더니, 그는 이런 인식을 단호히 부정했다. "대마초 합법화는 모두 바라는 일이에요." 그는 의료보험에 대해서도 이렇게 말했다. "저를 미워하는 공화당원을 잔뜩 모아놓는대도 전 국민 의료보험 이야기로 다 넘어오게 만들 수 있습니다." 맥머레이는 사회주의자가 아니지만, 누구나 되도록이면 최대한 오른쪽에서 출마하라고 조언하는 동네에서 자랑스러운 진보주의자로 선거를 치러냈다. 그는 "엄청난 영감"을 준 이는 버니 샌더스지만 자신의 시각은 엘리자베스 워런과 더 비슷하다며 "자본주의를 고쳐서 살려내야 한다"는 워런의 믿음에 공감한다고 밝혔다.

콜린스가 의원직에서 물러나자, 공화당 지도부는 뉴욕주 의회 상원의원이었던 크리스 제이콥스를 콜린스 지역구에 지명하기로 결정했다. 제이콥스 가족은 수십억 달러 가치 기업을 운영하는 부유층이다. 공화당이 고려했던 후보 중에는 나중에 기각되긴 했으나 부패 혐의로 기소된 적 있는 또 다른 뉴욕주 의회 상원의원인 롭 오트와, 과격한 보수파이자 폭스뉴스 출연자인 베스 팔라토도 있었다. 크리스 콜린스가 기소되기 7년 전에는 바로 옆 제26선거구 공화당 의원인 크리스 리가 아내 아닌 여성에게 상의를 탈의한 사진을 보낸 일이 들통나 사임한 사건이 있었다. 크리스라는 이름을 가진 공화당원들이 이 지역에서 거둔 성적표를 생각하면 크리스 콜린스가 물러난 자리에 또 다른 크리스를 내보내기로 한 결정은 상당히 위험천만한 조치였다.

제27선거구 민주당 위원회 지부도 특별선거에 출마할 후보를 선정해야 했다. 많은 이가 보기에 맥머레이는 확실한 최선책이었다. 이미 지역구에 이름을 알렸고, 2018년 선거에서도 승리에 가까이 갔기 때문이었다. 2019년 말에 위원 8명 중 7명이 맥머레이 손을 들어줬고, 이로써 그는 민주당 후보가 되는 데 필요한 51퍼센트의 지지를 확보할 수 있었다. 선거구에서 이리 카운티가 차지하는 비중이 컸기에, 이곳 제레미 젤너 위원이 쥔 표가 나머지 49퍼센트에 해당했다.

젤너는 지역 언론인 〈버펄로 뉴스〉 인터뷰에서 "다른 카운티 위원들에게 휘둘리지 않았다"며 구체적인 언급을 피했지만, 맥머레이가 지난번 선거에서 (젤너를 포함한) 특정 인물들의 심기를 거슬렀다는 의혹이 제기됐다. 맥머레이는 젤너와의 관계에 대해 조심스러운 답변을 내놨다. 그는 민주당 평당원들과 시골 지역 카운티 위원들이 "대거" 자신을 지지해줬고, "정당 내부 정치라는 것이 대개 반지에 입을 맞추고 굽실거려서 위로 올라가야 하는 일"이지만 자신은 "반지에 입을 맞추는 사람도, 굽실거리는 위인도 아니"라고 말했다.

젤너는 나중에 가서 결국 맥머레이에게 지지를 표명했지만, 그가 진심으로 맥머레이를 껴안기까지 망설인 것은 본인의 정치적 야망 때문일 수도 있다. 지역 민주당 관계자들은 공화당 극우 당원들과 한목소리로 맥머레이를 좌파 선동가로 몰았다. 민주당 일부 당원은 전 국민 의료보험에 찬성하는 맥머레이 같은 진보주의자의 존재가 경합주에서는 같은 선거 투표용지에 나란히 이름을 올릴 다른 후보에게 피해를 줄 수도 있다고 우려했다.(젤너가 바로 여기에 해당하는 후보자로, 당시 뉴욕주 의회에서 은퇴를 선언한 민주당 보수파 로빈 쉬밍거 자리에 출마를 고려하고 있었다.)

크리스 제이콥스가 제27선거구 연방하원 선거 공화당 후보로 공식 지명되기까지 공화당 경선은 '트럼프에게 누가 가장 충성하는가'를 다투는 경쟁이었다. 트럼프의 재선 전망이 상대적으로 괜찮아 보였던 팬데믹 이전 시절에도 맥머레이는 크게 걱정하지 않았다. 이글스카우트(미국 보이스카우트 프로그램에서 달성할 수 있는 최고 등급 – 옮긴이)로 활동하던 소년 시절 모습을 그대로 간직한 채 마흔셋이 된 이 백인 남성은 자신 지역구를 "몇 년간 쇠락을 거친 노먼 록웰 그림"이라고 표현했다. 그는 뉴욕주 서부 상황이 "트럼프 지지세가 강했던 남부 동네들 같다"며, 이 고장 사람들이 트럼프를 지지하는 심정은 "최후의 방편"과도 같았다고 말했다. 어쨌거나 트럼프가 그럴듯하게 들리는 약속, 특히 제조업이 쇠퇴하고 일자리가 부족해진 지역 주민들에게 솔깃하게 들릴 만한 공약을 몰아서 하지 않았냐는 얘기였다.

그러나 한때 잘 먹혔던 트럼프의 쇼도 이제는 한물갔다고 맥머레이는 진단했다. "휘발유 차에 경유를 넣어도 몇 블록은 가겠지만 결국에는 차가 멈춰서고 말겠죠. 우리가 지금 처한 상황이 바로 그렇습니다. 트럼프가 거짓 희망을 잔뜩 떠안겼는데, 이제는 헛된 소망도 동나고 있어요."

전 국민 의료보험과 대마초 합법화와 더불어, 맥머레이는 공격용 총기 금지를 공약으로 내걸었다. 그를 지지한 지역 활동가 헤이니는 "하느님, 총기, 트럼프"가 쓰인 티셔츠를 입고 다니는 사람들로 가득한 동네에서 어떤 형태로든 총기 규제를 내세우면 잠재적 리스크가 된다고 설명했다. "어떻게든 규제해야 한다는 점에는 많은 사람이 동의합니다. 하지만 모든 규제에 반대하는 소수의 목소리가 크죠." 헤이니는 주민들이 대체로 민주당에 적대적이라면서도 이렇게 덧붙였다. "버니 샌더스는 이 동네에서 호응을 많이 얻었어요…. 아플 때 의료보험이 있어야 한다…. 공감을 살 수밖에 없는 얘기였죠." 후보로 출마했다가 사퇴한 자칭 중도 성향 민주당원 멜로디 베이커도 지역 주민들이 샌더스에게 보낸 열광적인 성원을 이렇게 언급했다. "의료보험을 말하는 샌더스의 의견이 특히 좋은 반응을 얻었습니다."

맥머레이와 베이커는 둘 다 제27선거구의 다양성이 사회 통념보다 훨씬 더 높다고 강조했다. 맥머레이는 "엄청나게 수가 많지만 통계에 잡히지 않은" 이주 노동자들이 있는데, 이들이 지역 낙농업에서 "꼭 필요한 역할"을 한다고 설명했다. 베이커도 "서아시아 출신 이민자들이 인구조사에서 백인으로 분류됐기 때문에 숫자가 보여주는 통계보다 훨씬 더 다양성이 높은 지역"이라고 지적했다. 당연히 그중에는 트럼프의 무슬림 여행 금지 정책으로 피해를 본 이들도 있었다.

맥머레이가 보기에 트럼프의 당선은 미국인들이 "이념보다 진정성과 진실성에 더 가치를 둔다"는 것을 보여준 사건이었다. "우리는 트럼프가 어떤 사람인지 알고 있죠. 저를 좋아하는 이들은 트럼프를 반기지 않습니다. 하지만 적어도 트럼프가 어떤 사람인지 분명히 알 수 있어서 그를 좋아하는 사람들도 있는 거죠."

지금은 종교가 없지만 모르몬교 가정에서 성장한 맥머레이는 "미국인을 정말 행복한 국민으로 만들었던 가치관들"에서 미국이 한참 멀어졌다는 사실에 진심으로 슬퍼하는 것 같았다. 그러나 그는 지역구의 보수 성향이나 어두운 방향으로 돌아선 국가 단위 정치에 낙담하지 않았다. 올곧고 투명한 태도로 다가가면 자신과 생각이 다른 사람들도 설득할 수 있다는 자신감이 그에게는 있었다.

"정치는 확신이죠." 맥머레이가 말했다. 그는 지역 총기클럽에 만나자고 요청하고 자신의 견해를 이렇게 설명할 계획이었다. "저는 여러분을 존중합니다. 여러분이 제 의견에 동의하지 않으실 수도 있는 줄 압니다. 그래도 여러분이 제 관점을 이해하실

수 있도록 제 생각을 말씀드려보겠습니다."

그는 애국이라는 단어를 우파에게서 되찾아오겠다는 의지도 드러냈다. "어떻게 했는지 몰라도 공화당은 친미국 성향 정당이라는 이미지를 쌓아올리는 데 성공했죠. 저도 성조기를 휘날리며 집회에 참여합니다…. 우리 깃발이니까요." 그는 미국의 가장 좋은 모습을 드러내 보여주는 데 강력한 힘이 있다고 덧붙였다. "진보주의자들이 그쪽에 더 초점을 맞추면 사람들이 다시 민주당으로 무리 지어 돌아올 겁니다."

나는 맥머레이의 계산법에서 보수 일각이 펼치는 좌파 비판을 떠올렸다. 좌파는 미국이라는 나라에 적대적이라는 지적, 여전히 이민자를 포함한 수많은 이가 소속감과 자부심을 느끼고 희망의 선봉이라 여기는 나라 미국을 깎아내리는 태도로는 유권자 마음을 살 수 없다는 쓴소리. 좌파가 사람들에게 우울감과 수치심을 안기지 말고 영감과 희망을 심어줘야 한다는 주장은 이론적으로 지극히 당연하고 현명해 보이지만, 실행에 옮기기는 말처럼 쉽지 않다. 사람들 심기를 거스르지 않고 기후변화 대응이나 경찰 폭력 종식이 시급하다고 알릴 방법이 과연 있을까? 2012년 코미디언 알 마드리걸은 〈더 데일리쇼〉에 출연해 투손 지역에서 멕시코계 미국인 연구 프로젝트가 금지된 사건을 두고 이렇게 말했다. "저는 흑인인데요, 백인들에게 분노를 느끼지 않고 노예제를 배울 방법이 있으면 절 한번 가르쳐보세요."[33]

결국 맥머레이가 꿈꾼 민주당 열풍은 그가 원하던 장소에서 그가 희망하던 정도로는 실현되지 못했다. 승리하지는 못했으나 깜짝 놀랄 만큼 많은 표를 확보한 2018년과 달리, 2020년 선거에서 그는 21퍼센트포인트 차이로 패배하고 말았다.[34] 뉴욕주 전체를 놓고 보면 민주당 대선후보 바이든이 큰 차이로 트럼프를 눌렀지만, 트럼프 역시 뉴욕주에서 2016년에 가져온 카운티들을 그대로 지켜냈다. 대선과 함께 실시한 연방하원 선거에서 민주당이 뉴욕주에서 받아든 성적표는 기대 이하였다.[35] 그 어떤 애국심에 호소하는 메시지도, 그 어떤 완벽한 후보도 선거 한두 번만에 보수적인 동네에서 트럼프 물을 쫙 빼낼 수는 없을 것이다. 그렇긴 하지만 힘 있는 민주당 지역 당원들의 발언이나, 특정 인물이 맥머레이를 전격 지지해주지 않았다는 사실이 그의 선거 운동에 얼마나 악영향을 미쳤을지 생각해보지 않을 수 없다. 민주당이 전 국민 의료보험이나 대마초 합법화처럼 인기 있는 정책을 힘껏 밀어붙이고 맥머레이 같은 유망한 진보에게 한목소리로 힘을 실어줬더라도, 제27선거구처럼 보수적인 동네에서 승리를 거두기는 어려웠을지도 모른다. 다만 확실한 것은 민주당이 지역 단위 인기에 추진력까지 고루 갖춘 후보와 그의 정책을 깎아내리고도 여전히 선거에서 졌다는 사실이다.

조 바이든으로 타협하기

버니 샌더스가 2020년 대선후보 경쟁에서 물러나자, 그를 지지하던 많은 청년이 몹시 낙담했다. 그러나 선거에 뜻을 둔 이들은 곧 대선과 함께 치러지는 다른 선거로 관심을 돌렸고, 뉴욕주의 단일 보험자 의료보험 법안처럼 특정 사안이나 정책 중심으로 운동을 계속 이어나간 이들도 있었다. DSA는 공식적으로 바이든 지지를 표명하지 않았지만, DSA 회원 다수가 총선을 앞두고 몇 달간 투표 독려 운동을 펼치기도 했다. 바이든 캠프에 가서 직접 선거운동을 돕는 방안에는 회원들 간에 의견이 갈렸지만, 내가 인터뷰한 이들 사이에서는 트럼프의 두 번째 임기가 존재론적 위협이라는 점에 이의가 없었다. 당파적인 민주당원들은 조 바이든 당선을 2020년 대선의 제1목표로 잡았다. 좌파 진영을 더 넓게 보더라도, 관건은 트럼프를 몰아낼 수 있느냐였다. 그러나 바이든이 민주당 대선후보로 공식 지명되자 그가 민주당의 얼굴이 됐고, 민주당 지지층은 대부분 기껏해야 미지근한 반응을 보였다.

코로나바이러스가 미국에 상륙하기 직전인 2020년 초반 10대들 사이에서는 "제발, 조 바이든을 뽑지 않아도 되게 해주세요!"라고 외치는 틱톡 영상이 돌고 있었다. 버니 샌더스와 엘리자베스 워런이 경선에서 중도 사퇴한 후에 그 지지자들은 진보 성향 유권자들에게 "바이든으로 타협하자"고 독려하는 캠페인을 펼쳤다. 강력한 지지선언이라고 보기는 어려웠다.

2018년에 조 바이든이 〈LA타임스〉 기자 팻 모리슨을 만난 자리에서 불쾌한 기색을 드러내며 "젊은 세대가 지금 저에게 요즘 세상이 얼마나 힘든지 이야기합니다…. 적당히들 좀 하세요!"라고 말하는 영상이 다시 인터넷에서 화제가 되었다. 객석에서 웃음이 터져나오자, 그는 손을 내저으며 "아뇨, 정말로!"라며 진지하게 말을 이어갔다. "저는 그런 말에 전혀 공감할 수 없습니다…. 여러분, 한번 보세요. 우리 세대는 세상을 바꾸기로 결심했습니다. 그리고 세상을 움직였죠. 우리는 민권운동 1단계를 완성했습니다. 그때 여성운동이라는 것이 탄생했고요. 제가 하고 싶은 말은 이것입니다. 참여하세요. 숨을 곳은 없습니다."

2020년 8월, 나는 온라인으로 열린 바이든 지지 청년회의 사전행사에 참석했다. 행사 주인공은 피터 부티지지로, 경선 사퇴 전까지 미국 최연소 대통령이자 정체성을 밝힌 최초 동성애자 대통령 타이틀을 노리던 인물이다. 그 자리에서는 친절과 겸손, 공감능력을 둘러싸고 따뜻한 대화가 많이 오갔지만, 트럼프를 누르고 승리할 필요성을 '운동'이라는 애매한 단어로 몇 차례 언급한 것 말고는 정치나 정책 이야기가 거의 없었다. 라틴계 미국인들의 정치 참여를 독려하는 비영리 단체 '보토 라티노Voto Latino' CEO인 마리아 테레사 쿠마르가 스크린에 등장했다. "여러분은 역사상 가장 진보적인 세대입니다!" 쿠마르가 외쳤다. "여러분은 기후변화가 현실이라는 것을 알고 있습니다!" (민주당 전국위원회가 당 공식 강령에서 화석연료에 따라붙는 지원금과 세제 혜택을 없애자는 내용을 조용히 삭제한 바로 다음 날 일이었다.) 그는 이런 말도 했다. "어떤 사람에게 시민권이 필요한가에는 관심이 없습니다." ('여러분은 이민자를 차별하지 않는다'라는 뜻으로 한 말인 것 같았다.)

채팅 참여자들이 화상으로라도 만나기를 고대한 피터 부티지지 시장은 나중에 알고 보니 '사전녹화된 영상'으로 행사에 '참석'하고 있었다. 부티지지가 녹화 영상으로만 등장한다는 사실이 드러나자, 채팅창의 흥분과 기대는 혼란과 실망으로 바뀌어 갔다. 영상 속에서 부티지지가 "호크아이 여러분"이라며 연설을 시작하자, 혼란은 더욱 커졌다. 주최 측이 튼 영상은 부티지지가 청년회의용으로 따로 준비한 것이 아니라 아이오와주 유권자를 위해 찍은 화면이었던 것이다.('호크아이Hawkeye'는 아이오와 주민을 가리키는 말이다 – 옮긴이)

뒤늦게 채팅에 참여한 한 청년이 호기롭게 부티지지를 향해 민주당이 어떻게 정치에서 돈을 몰아낼 것인지 물었을 때 다른 참석자들이 그에게 부티지지가 지금 실제로 행사에 참석한 것이 아니며, 우리는 실수로 잘못 틀어진 영상을 보고 있다고 그에게 부랴부랴 알려줘야 했다. 그날 맥 빠진 분위기는 컴퓨터 화면을 통해서도 생생하게 느낄 수 있었다.

좌파가 다 청년은 아니듯,
모든 청년이 다 좌파도 아니다

젊고 여성이며 유색인종인 신좌파 후보 다수가 자신의 정체성에서 비롯된 신선한 시각을 지닌 것은 틀림없지만, 버니 샌더스와 엘리자베스 워런, 바바라 리 같은 윗세대 정치인들에게 영감을 받은 것 또한 부정할 수 없는 사실이다. 2020년 민주당 경선에서 80세인 샌더스와 72세인 워런은 39세인 피터 부티지지보다 훨씬 왼쪽에 서 있었다. 샌더스, 워런 그리고 1946년생인 바버라 리 같은 인물들이 미국 정계에서 쭉 버텨왔다는 점은 신좌파의 부상이 오로지 세대 변화의 산물만은 아님을 보여준다. 동시에 대의명분을 향한 신념을 일관성 있게 지켜온 윗세대 리더들이 칭송받을 수 있었고, 또 더 왼쪽으로 움직이게 된 데는 미국 정치 전반에 걸친 더 큰 변화가 있었다. 최근 조 케네디 3세의 거센 도전을 물리친 75세 노장 에드 마키 매사추세츠주 상원의원도 시대와 함께 변화해온 인물이다. 도전자보다 무려 서른세 살이나 나이가 많은데도 마키는 '청년 후보'로 불렸다. 그린뉴딜 같은 정책을 공약으로 내건 덕분에 한참 나이가 어린 선라이즈 활동가들에게 지지를 받을 수 있었기 때문이다. 오늘날 20, 30대 좌파들이 가장 존경하는 미국 좌파 유명인사 중에는 버니 샌더스, 노엄 촘스키, 바버라 에런라이크, 앤절라 데이비스, 바버라 스미스, 바버라 필즈, 록산 던바-오르티즈 등 70, 80, 90대가 수두룩하다. 코넬 웨스트는 60대고, 선구적인 페미니스트 벨 훅스는 2021년 69세를 일기로 세상을 떠났다.

2019년 〈자코뱅〉에 기고한 칼럼 '반란의 진부함'에서 필자 라이자 페더스톤은 AOC가 승리한 덕분에 베테랑 진보주의자들을 상대하려고 배치한 기득권과 대결하는 "신선한 얼굴의 반란군"이라는 서사가 인기를 얻게 됐다고 썼다. 페더스톤은 "사회주의 또는 다른 어떤 진보적인 프로젝트라도 성공하려면 젊은 사람들이 있어야 한다"며 "현직 의원 다수가 떠나야" 하지만, "훈훈한 스토리를 위해 더 많은 네오 리버럴을 뽑는다거나 우리에게 필

요할 수도 있는 나이 든 백인 남성들을 내치는 일이 있어서는 안 된다"고 주장했다.[36]

미국 정치에서 왼쪽으로 움직이는 기류가 감지되자, 최근 미심쩍은 동기와 지나치게 유연한 정치관을 지닌 조 케네디 같은 기회주의자 무리가 떠오르기 시작했다. 이들은 진정성과 신념을 두루 갖춘 걸로 보이는 진보주의자들 바로 옆에 서 있다. 저널리스트 로스 바칸은 다이앤 모랄레스가 치른 뉴욕 시장 도전 실패담이 경고 메시지가 될 수 있다고 말한다. 1967년생으로 비영리단체장 출신 정치인 다이앤 모랄레스는 한때 좌파 성향 뉴욕 시민들이 선호하던 시장 후보였다. 그는 이따금 싱글맘이자 공공주택에서 살아온 유색인종 여성이라고 자신을 소개하며, 선거운동 기간에 좌파적인 발언을 여러 차례 반복했다. 그중에서도 가장 화제가 됐던 부분은 뉴욕 경찰 예산 300억 달러를 삭감하겠다는 계획이었다. 그러나 그는 2018년 뉴욕 주지사 선거에서 진보 후보 신시아 닉슨 대신 (이후 불명예스럽게 사임한) 앤드루 쿠오모를 지지했고, 차터스쿨(자율형 공립학교)에 찬성했으며, 뉴욕시 최대 저가 주택 개발업체이자 최악의 주택 임대업체로 꼽히는 핍스주택Phipps Houses의 사회 공헌 부서를 10년 넘게 이끈 인물이기도 했다. 핍스주택은 부실한 건물 관리와 부당한 노동행위, 잦은 세입자 퇴거로 비난받아온 기업이다. 핍스주택에 근무할 당시 모랄레스는 27만 달러가 넘는 높은 연봉을 받았다.

2021년 바칸은 이렇게 적었다. "모랄레스는 경력과 관계없이 누구라도 선거 전에는 조금도 신경 쓰지 않던 대의명분과 운동의 수호자로 자신을 꾸며내기가 얼마나 쉬운지 보여줬다."[37] 모랄레스 캠프는 선거를 몇 주 앞두고 직원들이 처우에 불만을 제기하며 노조 결성을 시도하면서 내분으로 무너지고 말았다. 모랄레스의 명백한 위선은 본인 선거캠프조차 제대로 관리하지 못한 현실과 합쳐져 정치적 몰락을 재촉했다. 이처럼 좌파는 물론 이거니와 정치에서 여성과 유색인종이 과소대표되고 있다고 믿는 이들도 후보의 나이나 인종, 젠더보다는 그가 지닌 사상의 진정성과 일관성, 도덕성을 우선시한다. 인생의 다른 선택들과 분리된 모랄레스의 정체성, 말하자면 '싱글맘', '유색인종', '푸에르토리코 출신 이민자의 딸'만으로는 뉴욕 좌파들을 설득하기에 충분하지 않았다.

버니 샌더스 이후,
신좌파의 새로운 우선순위

바이든이 대선후보가 되어 많은 젊은이의 가슴이 차갑게 식었을지 몰라도, 경선에서 활약하는 샌더스를 지켜보고 또 선거운동에 참여했던 경험은 새로운 세대 활동가들에게 미국 정치가 확장 가능하다는 이상을 심어줬다. 나아가 이들은 더 많은 것을 갈구하게 됐다. 2020년 대선 경선이 끝나고 곧바로 좌파들은 지면과 공론의 장, 비공개 회의실에서 질문을 던지기 시작했다. 샌더스의 실수는 무엇이었나? 우리가 샌더스의 패배에서 얻을 수 있는 교훈은 무엇인가? 전 국민 의료보험, 대학 무상교육, 학자금 대출 탕감, 임금 인상, 노조 강화, 그린뉴딜 등 샌더스가 제시했던 공약을 전국 단위 선거에 출마한 인기 있는 후보 없이도 지속해 추진하고 실현하려면 무엇을 어떻게 해야 하나?

이런저런 답이 쏟아져나왔다. 어떤 이들은 선거판이 샌더스에게 턱없이 불리하게 짜여 있어서 그가 무슨 짓을 해도 절대 승리할 수 없었을 거라고 주장했다. 샌더스가 인종문제를 더 자주 언급하고 흑인 유권자를 더 열렬히 공략했어야 한다고 지적하는 이들도 있었다. 당시 DSA에서 지지를 받은 주의회 상원후보였던 자바리 브리스포트는 샌더스가 사우스캐롤라이나주 하원의원인 제임스 클라이번의 지지를 (어차피 받기 어려웠겠지만) 더 적극적으로 구애하지 않았던 점이 아쉽다고 털어놨다.(클라이번은 샌더스에게 결정타가 된 사우스캐롤라이나주 경선에서 바이든의 확실한 승리를 이끌어낸 주역으로 꼽히는 인물이다.) 샌더스가 보여준 활약이 미국 좌파의 쇠락이 아닌 상승세를 상징한다는 주장도 있었다. 많은 좌파 진영 사람들에게 2020년 민주당 경선에서 가장 짜릿했던 순간은 엘리자베스 워런 그리고 뒤이어 샌더스가 아주 잠깐이었지만 선두주자로 나섰을 때였다. 반면 가장 괴로웠던 순간은 샌더스가 사석에서 여성은 대통령에 당선될 수 없다고 한 말을 워런이 폭로하면서 두 진보 후보 사이에 긴장감이 고조되고 두 캠프 간에 오랜 평화가 깨져버렸을 때였다. 워런이 경선에서 사퇴한 뒤에 샌더스가 아닌 바이든을 지지하고 나서자 크게 낙담한 이들도 있었지만, 두 사람을 지지하는 기반이 늘 달랐으니

우려할 일도 놀랄 일도 아니라는 반응 또한 없지 않았다.

민주당 중도파 당원까지 포함한 넓은 의미의 좌파 진영은 수많은 '사상 최초(주요 정당 대선 경선에 라틴계 후보, 동성애자 후보, 흑인 여성 후보 등이 출사표를 던진 사례는 처음이다)'와 다양성이 풍성한 후보군을 배출했는데도 결국 이번 경선이 1988년과 2008년, 2020년에 이미 패배한 이력이 있는 77세 온건파 백인 남성의 승리로 끝났다는 사실을 애석해했다. 자신의 후보가 어느 때보다도 바짝 승리에 다가갔다가 떨어지는 과정을 지켜본 사회주의자들은 더욱 상심이 컸다. 하지만 수많은 이가 선거 이후에도 투쟁을 멈추지 않겠다고 다짐하는 모습은 좌파 진영이 성숙해졌음을 보여준 장면이었다. DSA 회원들은 '버니를 넘어선' 운동을 어떻게 이어갈지를 두고 수없이 대화를 나눴다. 샌더스 캠프 선거구호도 '내가 아닌 우리'가 아니었던가! 정책에 초점을 맞추고 워런을 지지했던 이들 역시 경선 선거운동에 쏟아부은 에너지를 대선 이외 다른 선거와 투표 독려 운동으로 돌리기 시작했다.

민주당 공식 대선후보가 된 바이든은 초기부터 대규모 보편적 복지정책에는 이념에 비춰 반대한다는 뜻을 여러 차례 밝혔다. 바이든 지지자인 람 이매뉴얼은 CNBC 인터뷰에서 "행정부에 조언하고 싶은 사항이 두 가지가 있다"며 이렇게 말했다. "첫째, 그린뉴딜은 없다. 둘째, 전 국민 의료보험은 없다입니다…. 이 두 가지는 민주당 공식 강령에도 들어 있지 않습니다."[38] 바이든 인수위원회 위원장을 맡았던 델라웨어주 전 상원의원 테드 카우프먼은 연방 예산을 "텅 빈 식품 저장고"라고 비유하면서,

트럼프가 적자를 만들어놓은 탓에 곧 출범하는 바이든 정부에서 할 수 있는 지출에는 "한계가 있다"고 설명하기도 했다.[39] (이 발언을 두고 새 정부가 미국의 미래에 꼭 필요한 투자를 할 의지가 없다는 뜻으로 받아들인 좌파들은 격분했지만, 2021년 정치 전문매체 〈폴리티코〉는 오히려 카우프먼을 월스트리트에 적대적이며 바이든 경제팀에 "더욱 진보적이고 활동가다운 인재를 앉히려고 조용히 힘 쓰는" 인물로 평가했다.)[40] 2019년 뉴욕에서 열린 후원금 모금행사에서 부유한 기부자들을 앞에 두고 부유층을 "악마화"하지 않을 것이며 "누구도 삶의 질이 달라지지 않을 것이고 무엇도 근본적으로 변화하지 않을 것"이라고 약속했던 바이든을 떠올려보면, 많은 것이 뿌리부터 바뀌기를 간절히 바랐던 좌파와 바이든 정부 사이에 놓인 그야말로 엄청난 간극을 실감할 수 있다.[41]

바이든 정부, 또는 정부에 있는 특정 인물이나 자문들이 진보적인 의제를 추구하지 않으려 한 점은 분명하지만, 좌파 세력이 오바마 정부 시절보다 강해진 흐름을 보여주는 신호도 있었다. 월가 점령Occupy Wall Street 시위에서 2013년과 2016년 사이에 발생한 제1차 '흑인의 생명도 소중하다' 운동에 이르는 동안 미국 좌파는 이전 10년에 비해 조직력을 강화하고 존재감도 높였다. 2020년이 시작되면서 미국을 포함한 세계 각국이 지구 전역을 휩쓴 팬데믹 상황 속에서 공중보건은 물론 경제, 사회적 위기를 맞이했다. 팬데믹 직전에 좌파가 성장세를 보였고 여기에 팬데믹으로 상황이 급변하면서 바이든 정부는 당초 예상보다 왼쪽으로 움직이게 됐다. 2020년 12월 〈폴리티코〉 보도에 따르면,

람 이매뉴얼은 바이든 정부에서 교통부 장관직을 적극 노렸으나 실패했다. 노조와 민권단체, 진보 진영, 민주당 당내 좌파 사이에서 그가 장관 자리를 차지하기에는 "너무 해로운 인물"이라고 평가했기 때문이다.[42]

같은 맥락에서 뉴멕시코주 하원의원 출신인 데브 할런드가 내무부 장관에 임명된 일은 좌파의 승리로 여겨진다. 전 국민 의료보험에 찬성하는 할런드는 미국 역사상 최초인 원주민 출신 장관이다. 2016년 할런드는 스탠딩록에서 원주민 부족 지도자들과 함께 대형 송유관인 '다코타 엑세스 파이프라인' 건설을 반대하는 시위에 참여했다. 민주당 뉴멕시코주 의장을 지내면서는 지역에서 민주당 부활에 큰 역할을 했다는 평가를 받기도 했다. 공화당과 민주당 보수파가 우려를 나타냈지만, 할런드는 바이든 정부 첫 내무부 장관으로 임명됐다.

좌파는 바이든이 클린턴의 단점을 두루 지녔으되 클린턴의 강점은 찾아볼 수 없는 실망스러운 후보라고 여기긴 했지만, 2020년 대선에서 2016년 대선 때보다 더 민주당의 승리를 위해 노력했다. 트럼프와 공화당에 반대하는 이들한테는 2020년 대선의 의미가 더없이 명확했기 때문이다. 근로가족당을 포함한 여러 좌파 단체는 중대한 이념과 정책적 의견이 일치하지 않는데도 (특히 바이든 러닝메이트인 카멀라 해리스가 검사 출신으로 젊은 좌파 활동가들의 요구와 맞지 않는 경력을 지닌 인물이었는데도) 바이든을 지지한다고 성명을 내고 선거운동에 전념했다.

좌파가 바이든을 신뢰할 수 있는 영원한 동맹으로 여기지 않았다는 점이 오히려 여러 의미에서 좌파를 키웠다. 오늘날 좌파 진영 내부에서 바이든을 대통령 자리에 앉히기만 하면 어떤 사안에서 진보를 이룰 수 있다고 믿는 이는 아무도 없다. 바이든에게 기회를 주면 그가 마법처럼 프랭클린 루스벨트가 재림한 듯 변신해서 진보의 영웅이 되리라고 기대한 사람은 거의 없다. 오바마 시절과 달리, 시민단체들이 인내심을 가지고 바이든에게 시간을 줘야 한다고 주장하는 이는 많지 않다. 바이든이 오바마처럼 역사적 의미를 지닌 대통령이 아닌데다가 오바마와 같은 수준의 개인적인 인종차별 공격을 정통으로 받고 있지 않기 때문이다. 더불어 이미 인내심이 바닥났고 시간이 부족하다는 점을 활동가들이 줄기차게 표현해왔기 때문이기도 하다. 많은 젊은이가 이제 자신들을 구하러 올 사람이 아무도 없는 현실을 실감하고 있다. 이들로서는 선거정치 안팎에서 의미 있는 변화를 촉구할 방법을 알아내는 일이 어느 때보다 시급해졌다.

지금 신좌파는 아직 미국에서 확실한 정치권력을 확보하지는 못했지만, 회복력과 견고한 성장세를 바탕으로 그 흔적을 선명히 드러내고 있다. 민주당 대선 경선에서 샌더스 캠프가 보여준 활약과 함께, 미국인 다수가 지지할 만한 크고 대담한 구상을 상식의 문제로 돌려놓은 전략은 좌파는 물론이고 이른바 중도층이라 불리는 유권자들 마음까지 사로잡았다. 그 과정에서 미국 사회 담론도 재정렬됐다.

이런 변화 속에는 인구의 99퍼센트를 위한 나라로 미국을 영구히 바꿔나갈 잠재력이 웅크리고 있다. 2020년 대선은 하나의 전환점이었다. 트럼프가 패배했을 뿐 트럼프주의가 사라진 건 아니라고 하지만, 국가 단위 선거만이 중요한 전환점이 될 수는 없다. 2016년 트럼프 당선에 가린 그늘에서 강력한 신진보주의 운동이 싹텄듯이, 오늘날 신좌파가 큰 그림에 집중한다면 바이든 정부가 성공하건 실패하건 조직이 강화되고 끊임없이 성장할 수 있다.

지난 4년간 겪은 실패를 들어 민주당을 비난하기는 쉽다. 그러나 당 바깥에서 힘을 쌓아가는 동시에 당 안에서 권력을 얻어내기는 훨씬 어렵다.

청년이 운영하고 운동이 이끄는 단체들

03

The Rise of a New Left

미국 좌파는 지금 50년 만에 처음으로 다양한 지역과 여러 층위에서 더욱 진지하게 권력투쟁에 나서고 있다. 기성 정치권이나 주류 언론도 이제는 JD(정의를 추구하는 민주당원들)나 DSA(미국 민주사회주의자들) 같은 단체가 선거에서 거둔 성과를 인정한다. 하지만 좌파가 권력을 잡았을 때 통치할 능력이 있는지를 놓고는 여전히 부정적으로 생각하는 사람이 많다. 불명예 퇴진한 전 뉴욕 주지사 앤드루 쿠오모의 대변인 리치 아조파르디는 공격적인 언사로 악명 높은 인물인데, 한때 내게 "팩트는 팩트고, 범퍼 스티커는 범퍼 스티커다. 범퍼 스티커로 정부를 운영할 수는 없는 노릇(미국에서는 많은 자동차들이 정치 구호가 적힌 범퍼 스티커를 붙이고 다닌다 – 옮긴이)"이라고 말하기도 했다.

정작 유권자들은 좌파가 일단 선출되면 일을 잘하리라고 믿는 듯하다. AOC를 포함한 '스쿼드' 구성원들은 큰 득표율 차이로 재선에 성공했고, 여전히 그네들 지역구에서 높은 인기를 자랑한다. 하원의원 95명과 상원의원 1명으로 구성된 민주당 당내 분파 의회진보모임Congressional Progressive Caucus, CPC은 하원에서 가장 규모가 큰 이념 분파 중 하나지만, 지난 몇 년간 상대적으로 힘을 쓰지 못했다. 구성원들이 원내 투표 시 뜻을 하나로 모으지 못한 것이 한 이유였다. 2020년 대선 경선에서 잠시나마 샌더스와 바이든이 1대1 구도를 만들었을 때 바이든은 CPC 회원 20명의 지지선언을 추가로 확보한 반면,[7] 샌더스는 1명밖에 보태지 못했다. '스쿼드' 구성원들마저도 손발을 맞추지 못했다.

로하스는 "우리가 단체로서 통치하는 데는 경험이 없었다"고 인정했다. '스쿼드' 일원들이 재능 있고 똑똑하긴 하지만, 의회에 처음 들어간 사람이라면 누구나 '가파른 배움의 곡선 기간'이 있을 수밖에 없다는 얘기였다. 로하스는 "'스쿼드'가 소속된 기구가 수십 년 전에 만들어진 만큼" 몇십 년 동안 워싱턴DC 정치판에 스며든 민주당식 "장치와 사고방식"이 있다고 지적했다. 그래서 특히 백악관과 상하원을 모두 공화당이 장악하고 있을 때는 역학관계에 어려운 점이 있을 수밖에 없다는 것이었다. 로하스는 조 바이든이 대통령이 되고 상하원을 민주당이 장악하면 기업 후원에 매이지 않은 JD 정치인들이 진보 의제를 밀고 나가는 데 "더없이 중요한" 역할을 하게 되리라고 예측했고, 그 전망은 현실이 됐다. 어떤 걸림돌은 밖에서 지켜보는 비전문가 눈에도 선명하게 드러났고, 어떤 어려움은 내부에서만 볼 수 있는 종류였다. 2018년 AOC는 초선의원 오리엔테이션에 기업 CEO들만 초청하고 노조 대표는 아무도 오지 않은 사실을 포함해 내부

자만 알 수 있는 부정적인 단면을 솔직하게 소셜미디어에 공개해 칭송받기도 했다.[2]

2020년 당시 CPC 공동대표였던 프라밀라 자야팔과 마크 포칸은 내부 절차를 개혁하고 '인디비저블' 같은 외부 단체와 협력해서 CPC를 강화하고자 했다. '인디비저블'의 리아 그린버그와 에즈라 레빈은 CPC가 세력을 확장하는 움직임에 기대감을 키워가고 있었다. 두 사람은 2020년 사설에서 CPC가 원년 '스쿼드' 멤버에 "마리 뉴먼, 코리 부시, 몬데어 존스, 자말 보먼 같은 새로 선출된 진보 반란군"은 물론이고 프라밀라 자야팔, 나아가 로 카나와 로이드 도겟 같은 "헌신적인 진보주의자"까지 보유하게 됐다고 썼다.[3] 또한 CPC가 규정을 고쳐서 "진보적인 개정이나 위험 조항을 삭제하기 위한 특정 안건에 단일 블록으로서 협상하고 투표하기가 수월해졌다"고 설명했다.[4] 궁극에는 여전히 당내 지배세력인 온건파만큼 강력한 진보 분파를 형성해서 민주당 지도부가 주요 법안을 통과시키려면 진보 분파 표가 꼭 필요하도록, 나아가 이들 표를 얻기 위해 타협할 수밖에 없도록 만드는 것이 목표다.

나는 오바마 대통령 집권 당시 민주당이 상하원 양쪽에서 더 큰 다수였는데도, 몇 가지 주요한 진보 의제를 법안으로 통과시키는 데 실패했다고 지적했다. 여기에 로하스는 오바마식 우파 유화정책은 "끝내 실패하기 마련이고 우주가 우리에게 가져다준 모든 자원을 낭비하는 셈"이라며, 그런 일이 일어나지 않도록 "죽어라 싸우는 것이 모든 이에게 책임을 다하는 길"이라고 덧붙였다. "공화당이 모든 것을 고려하고 있으므로, 우리도 뭐든지 살펴봐야 한다"고도 했다. 특히 민주당이 백악관과 하원을 장악하고 있는 이때 곁다리나 만지작거리며 망설이지 말고 이민이나 의료보험 같은 사안을 싹 정리해야 한다는 뜻이었다. 2021년 의회는 2009년 의회와 "완전히 다르"며, 바이든은 역사적으로나 정치적으로나 오바마와는 사뭇 다른 입지에 서 있으므로 반드시 바이든에게 압력을 넣어야 한다고도 주장했다.

따지고 보면 로하스와 동료들이 투쟁해서 이루고자 하는 가치는 급진성과 거리가 멀다. 이들이 원하는 나라는 모든 어린이가 수준 높은 교육을 받고, 정부는 시민이 건강하고 안전하게 살 수 있는 방안에 전념하며, 우리가 모두 "계속 살아갈 수 있도록" 기후위기에 대응하는 계획을 세우는 공동체다. 로하스가 표현한 대로 JD는 "이런 목표를 이루기 위한 수단"일 뿐이다.

최근에는 진보 성향 정치활동위원회(PAC)가 여럿 새로 등장했다. AOC 본인도 2020년 초에 '변화를 위한 용기'라는 PAC를 설립했다. AOC는 이번 행보를 민주당 의회선거운동위원회Democratic Congressional Campaign Committee, DCCC를 겨냥한 좌파의 대응이라고 규정했다. DCCC는 2019년 JD처럼 민주당 경선 도전자를 지원하는 이른바 '정치 상인political vendor' 블랙리스트를 만들겠다며 출범한 단체였다. AOC는 현직 기성 정치인에게 도전장을 내미는 이들을 위해 "평평한 운동장"을 만들겠다며 직접 PAC를 만들었고,[5] DCCC는 결국 JD 같은 단체 그리고 AOC 같은 선출직 공직자들의 압력을 견디지 못하고 2021년 블랙리스

트를 접었다.[6]

JD처럼 '변화를 위한 용기' 역시 "일하는 사람들의 대변자"를 의회로 보내는 것이 목표다. 2020년 2월 '변화를 위한 용기'는 전원 여성으로 구성된 첫 지원 대상 명단을 발표했다. 여기에 이름을 올린 인물 중 두 사람이 11월 선거에서 결정적인 승리를 거뒀고, 한 명(텍사스주 제시카 시스네로스)은 경선에서 2700표 차로 떨어졌으며, 또 다른 한 명(네브래스카주 카라 이스트먼)은 경선에서 크게 이겼으나 본선에서 1만5000표 차로 낙마했다.[7] '변화를 위한 용기'는 2020년 선거 사이클을 통틀어 후보 총 14명을 지원했는데 미주리주 코리 부시, 일리노이주 마리 뉴먼, 뉴멕시코주 테레사 레거 페르난데스, 뉴욕주 몬데어 존스와 자말 보먼, 이렇게 다섯 사람이 연방하원 입성에 성공했다.[8]

컴백이라 불러야 할까, 미국 사회주의의 부활

최근 몇 년간 미국에서 사회주의의 부활이라고 부를 만한 현상이 일어나고 있는 것도 사실이지만, 미국 역사를 살펴보면 공직에 올라 활약했던 사회주의자들(또는 활발한 좌파 진영)이 여러 시대에 존재했다. 미국사회당US Socialist Party은 한때 강력한 제3당이었다. 미국사회당 창립자인 유진 뎁스는 1920년 당시 반전연설을 한 죄로 수감된 상태였는데도 100만 표 가까이 끌어모았다. 1900년부터 1920년까지 텍사스주, 미시시피주, 앨라배마주를 포함한 여러 지역에서 1000명 넘는 사회주의자들이 선출직에 올랐다. 연방하원의원이 둘, 주의회 의원이 수십 명이었고 시장은 미국 전역에서 130여 명에 달했다.[9]

20세기 초반에 전성기를 보낸 미국 민주사회주의는 시대를 거치며 요동치는 인기를 경험했다. 1960년대와 70년대에 반짝 부활했을 때는 캘리포니아주 출신 아프리카계 미국인 론 델럼스가 1970년 하원의원 선거에 사회주의자로 출마해 당선되기도 했다. 사회주의자를 자처하는 이가 하원에 입성한 일은 2차 세계대전 이후 처음 있는 사건이었다.[10]

그 뒤 미국에서 사회주의가 다시 부상한 것은 최근 10년간 이야기다. 사회주의가 정치세력으로서는 휴면기를 보내던 시절에도 사회주의를 인기 있는 미국 국내 정책이나 사회적 평등과 연결 짓는 이들은 많았다. 1949년 갤럽 여론조사를 보면, 응답자의 12퍼센트가 사회주의는 평등권이나 부의 공평한 분배처럼 평등을 의미한다고 답변했다.[11] 응답자의 약 50퍼센트는 사회주의를 진보적인 정책과 연관 지어 생각했다.[12] 2019년 갤럽 여론조사에 따르면, 미국인의 43퍼센트는 사회주의가 나라에 이로울 것이라고 답했고, 민주당원들은 사회주의를 자본주의보다 더 긍정적으로 바라봤다.(사회주의를 긍정적으로 본다는 답변이 57퍼센트, 자본주의를 그렇게 생각한다는 답변이 47퍼센트였다.)[13] 비슷한 시기 또 다른 갤럽 조사에서는 미국인의 47퍼센트가 사회주의자를 대통령으로 뽑을 수 있다고 답했는데, 게이나 레즈비언, 무슬림이나 무

신론자를 대통령 자리에 앉힐 수 있다고 응답한 사람에 비해 상당히 낮은 수치였다.[14]

DSA라는 단체는 1982년부터 존재했다. 내가 태어난 해이기도 한 그 시기에 민주사회주의자 조직위원회Democratic Socialist Organizing Committee와 신미국운동New America Movement이 합쳐져 오늘날 DSA가 탄생했다. 2015년 DSA 전국대회 당시 회원 수는 6000명이었는데, 2021년 현재 회비를 내는 회원이 무려 9만 명이나 된다. DSA는 회원 중 약 2만2000명이 미국 북동부에 거주하며 2만 명가량이 하와이, 알래스카 및 서부에, 1만3240명이 중서부에, 9416명이 남동부에, 6615명이 오클라호마와 텍사스, 로키산맥 8주(몬태나, 아이다호, 와이오밍, 네바다, 유타, 콜로라도, 애리조나, 뉴멕시코 – 옮긴이)에 살고 있다고 밝혔다. 오늘날 오클라호마와 텍사스, 로키산맥 8주에서 생활하는 DSA 회원 수는 단 7년 전 미국 전국 회원 수보다 많다. 2020년 후반에 DSA는 회원 수 10만을 달성하기 위해 가입 독려 운동을 벌이기도 했다. 1942년 당원 수 약 8만5000명을 자랑했던 미국 공산당에 견줄 만한 규모가 된 것이다.[15]

최근 다시 인기를 얻고 있는 사회주의는 무엇보다도 전 국민 의료보험이나 학자금 및 의료비 대출 탕감 같은 특정 사안과 긴밀하게 얽혀 있다. 샌더스나 AOC 같은 정치인, DSA 같은 단체가 주장하는 것으로 잘 알려진 정책이자, 오늘날 특히 시급하다고 여겨지는 사회문제다. 인기인들과 파티를 벌이며 유명인 대접을 받는 대통령(빌 클린턴과 크리스티나 아길레라, 버락 오바마와 비욘세)을 보고 자란 청년세대에게 겸손하고 도덕적으로 진지한 태도를 지닌 신좌파 리더들은 무척 호소력이 강하다. 많은 젊은이가 다가가기 힘든 엘리트라기보다 평범한 공무원처럼 행동하는 정치인에게 우호적으로 반응하고 있다. 뉴욕주 의회 선거에 출마한 조란 맘다니 캠프에서 자원봉사를 하고 있던 퀸스 아스토리아 출신 16세 소년 오마르 아부하마마에게 왜 이 선거사무소에 마음이 끌렸는지 물었더니, 그는 여기서 불우이웃을 위한 식료품과 식사를 포장하고 배달하는 일이 즐겁다고 대답했다. "직접 거리로 나와서 사람들을 도와주는 정치인은 잘 없잖아요." 후보를 향한 존경심이 느껴지는 말투였다.[16] 윗세대에 비해 종교조직이나 시민단체에 소속되어 있을 가능성이 낮은 젊은 세대에게 DSA는 강력한 동지의식을 심어줬고 소속감을 느낄 수 있는 기회를 제공했다.

DSA 사무총장 마리아 스바르트 또한 오바마를 겨냥한 우파의 '빨갱이 몰이'가 DSA 부활을 앞당겼다고 생각한다. "오바마가 사회주의자라면, 사회주의자가 그렇게 끔찍한 건 아닌가 보네, 하고 생각한 사람이 꽤 많았던 거죠. 물론 사회주의자인 우리는 오바마가 네오리버럴인 걸 알지만요." 오바마가 대통령에 당선되는 데 큰 힘을 보탠 이들을 포함해 많은 젊은이가 대통령직을 수행하는 오바마에게 만족하지 못했다. 스바르트는 평균적인 미국인들이 점점 더 "국가가 제공하는 혜택이" 충분하지 않다고 느끼게 됐다고 설명했다. 스바르트는 힐러리 클린턴이 민주당 대선후보가 됐을 때는 사람들이 "불만을 느꼈고", 트럼프가 대통령에 당선됐을 때는 공포에 사로잡혔다고 말했다. 2016년 이후 DSA에 들어온 이들은 몇 가지 가입 동기가 있었다. 스바르트의 설명에 따르면 그 계기는 트럼프에게 느끼는 두려움, 민주당 기득권을 향한 분노 그리고 "민주당 당내 리버럴들이 진심으로 트럼프에게 맞서는 데 무능하거나 무관심하거나 둘 다일지도 모른다는 불안"이었다.

스바르트는 DSA의 확장하는 흐름이 미국인들의 깊어가는 무력감을 반영한다고 본다. 미국 사회에는 제한적인 노동법 탓에 노조 가입이 여의찮은 사람도 많고, 이미 노조에 들어갔더라도 지도부에 회의를 느끼는 이들이 수두룩하다. 1965년에는 미국 노동자 중 3분의 1가량이 노조 소속이었지만,[17] 55년 후에는 그 비율이 10.8퍼센트로 떨어졌다.[18] 국가 단위 정치에서만 민주당을 향해 분노를 느끼는 것이 아니다. 스바르트는 많은 미국인이 지역 민주당 지부에 참여하는 데도 어려움을 호소하는데, 그 이유는 해당 지부가 "매우 부패했거나", "고장 난 채 굳어 있기" 때문이라고 지적했다. 또한 민주당이 여러 지역 모든 단계에서 "이미 부유한 사람들에게 돈을 더 몰아주기 위해 존재하는 전략가와 당 관계자 무리"로 전락했다고 주장한다. 거기에 "시민사회가 지난 수십 년간 약해진 현실"이 더해지니, 젊은 사람들이 소속감과 더불어 실질적인 변화를 만들어낼 기회를 제공하는 단체로 몰려들 수밖에 없다고도 했다.

정치학자 로버트 D. 퍼트넘 역시 2000년에 펴낸 저서《나 홀로 볼링Bowling Alone》에서 비슷한 주장을 펼쳤다. 미국인들이 점점 이웃이며 지역사회, 가족과 단절되어왔기 때문에 볼링마저 혼자 치는 신세가 됐다는 주장이었다. 이런 고립은 과거 20년 동안 더욱 심화하며 속도가 빨라졌고, 지난 2년간 팬데믹이 여기에 기름을 부었다. 오늘날 DSA 지부들은 해당 지역에 특화된 활동을 진행하고, 이 기간이 끝난 뒤에는 볼링이나 가벼운 술자리 같은 사교모임을 이어가기도 한다.

2019년 〈워싱턴포스트〉 기자 데이브 와이겔이 지적한 대로, 우파는 DSA를 미국식 삶의 방식을 위협하는 대상으로 규정하고 싶은 마음(그 생각이 얼마나 간절했던지 트럼프가 2019년 연두교서에서 미국은 절대 사회주의 국가가 되지 않을 것이라고 공언하기까지 했다)과 한심하고 하찮은 상대로 취급하고 싶은 심정 사이에서 갈등을 겪고 있다. 와이겔 말마따나 "사회주의자들이란 상황에 따라 어떨 때는 정부를 당장이라도 전복할 법한 무시무시한 세력이었다가, 또 어떨 때는 조롱받아 마땅한 '눈송이(특권의식과 피해의식에 사로잡힌 예민하고 유약한 사람을 조롱하는 속어로, 우파가 좌파를 가리킬 때 주로 사용해 정치화된 용어다 – 옮긴이)' 집합이 되어"버린다.[19]

보수 성향 온라인 잡지 〈퀼레트Quillette〉는 2019년 'DSA는 끝이다'라는 기사를 실었다. 퀸스 출신 건설 노동자가 DSA의 위선을 널리 알리려고 썼다는 해당 기사에는 DSA 회의에서 허세 넘치는 대학생 회원들을 만났는데 노동계급 백인 남성인 필자를 깔보듯 대했다는 이야기를 비롯해 본인이 직접 겪은 다채로운 일화가 포함되어 있었다. 그러나 이 기사는 나중에 거짓으로 드러났다. 필자 '아치 카터'는 퀸스에 사는 건설 노동자가 아니라

일리노이주에 사는 24세 '좌파 포퓰리스트'였는데, 〈퀼레트〉가 기고자 신원을 확인하려는 노력조차 하지 않은 것이다.[20]

2019년 뉴욕에 있는 유대인역사센터Center for Jewish History는 '오늘날 사회주의 부상의 양극화, 역사적인 성공과 참담한 실패 그리고 한 세기 전 변화의 길을 닦은 뉴욕 유대인 중심 사회주의 운동'을 주제로 패널 토론회를 개최했다. 토론회에는 DSA 전 부국장 데이비드 듀할데를 포함해 〈워싱턴포스트〉 칼럼니스트와 역사학자, 〈뉴욕포스트〉 기자인 캐롤 마코위츠 등이 참석했다. 객석은 대부분 70대로 채워졌고, 30대와 어린이들도 몇몇 있었다.

마코위츠 가족은 그가 어릴 때 구소련을 떠나 브루클린에 정착했다. "사람들은 사회주의를 두려워하지 말라고 하지만, 저는 섬뜩합니다. 여러분도 겁을 내셔야 합니다." 그는 자리에서 몸을 돌려 객석을 정면으로 바라보며 외쳤다. "두려움을 가지세요!"

객석은 웅성거렸고, 일부는 진지하게 동감하며 고개를 끄덕였다. 젊은 사람들은 어이없다는 듯 눈을 굴렸다. 냉전시대를 겪은 사람이나 압제정권을 피해 도망친 사람과 달리, 40세 이하 미국인 대다수가 보기에 사회주의는 그렇게 무서운 단어가 아니다. 2019년 AP 기사에 따르면, 마코위츠와 비슷한 경험과 시각을 지닌 쿠바 이민자 가정 출신 젊은 마이애미 주민들도 오늘날 민주사회주의에 점점 더 매력을 느끼고 있다.[21] 이런 현상은 퍼트넘과 스바르트가 언급한 사회적 고립에 대응한 결과이기도 하다. DSA에서 수행하는 사교적 기능은 나이가 젊고 가족과 멀리 떨어져 있으며 생각이 비슷한 동료를 찾는 이들 또는 새로운 동네로 처음 이사 온 사람들에게 무척 매력적이다.

사회주의 좌파를 바라보는 주류 언론의 시각은 엇갈린다. 〈뉴욕타임스〉는 가끔씩 우려했다가 때로는 무시하고, 약간은 동정하는 태도를 보이기도 한다. 이 신문은 '미국의 젊은 민주사회주의자들Young Democratic Socialists of America, YDSA 오하이오주립대 지부' 공동지부장 말을 인용해서 YDSA의 "공격적이고 포괄적인 의제를 다루는 데 들이는 노력은 극좌의 어마어마한 에너지를 보여주며… 오늘날 민주사회주의가 지닌 호소력은 일군의 거대한 목표를 세워 일회성 항의시위나 집회를 넘어서는 운동으로 발전시켜가고자 하는 데 있다"고 전했다.[22] (일부 DSA 회원들은 '극좌'라는 표현에 거부감을 드러냈다.) 〈뉴욕타임스〉는 많은 진보 성향 청년들이 보기에 "민주사회주의가 민주당 의제보다 훨씬 더 그네들 야심을 잘 대변한다"고 평가하면서, 이들은 민주당을 "기업 이익과 거액 기부자, 온건한 전통주의자들에게 지나치게 휘둘리는 조직"으로 보고 있다고 썼다.[23] 2019년 〈뉴욕타임스〉는 DSA 전국대회를 보도하면서 "특정한 주류 리버럴 일부"는 "좌파적 순수성(즉, 샌더스를 제외한 민주당 대선후보는 누구도 지지하지 않겠다는 DSA 결정)" 때문에 "트럼프 대통령을 끌어내리지 못할 수도 있다는 불안감"에 휩싸여 있다고 썼다.[24] 나아가 다음 선거 사이클에서 어떤 결과가 나오든 DSA가 "일정 정도 규모를 갖춘 진정한 운동으로 거듭났다는 사실은 명백하다"고 결론 내렸다.[25]

2015년에 출범한 사회주의 잡지인 〈커런트 어페어스Current Affairs〉 창업자이자 편집장인 네이선 J. 로빈슨은 2019년 DSA 전국대회 소식을 전하며 DSA 회원들과 함께하는 시간이 자신에게 "인간적이고 강력하며 유용한 무언가의 일부가 된 느낌"을 준다고 썼다. 그는 DSA 전국대회를 두고 "좌파 행사치고는 인상적일 만큼 잘 조직된 이벤트"라며 "(좋은 의미에서) 치과의사협회 콘퍼런스에라도 온 듯하다"고 덧붙였다.[26]

나처럼 DSA 회원으로 브루클린에서 열리는 모임에 가끔 참석하는 저널리스트인 더그 헨우드는 잡지 〈뉴리퍼블릭The New Republic〉에 기고한 글에서 오늘날 DSA가 "주로 젊은이들이 모인 집단"으로, "서로 존중하고 동지로 대하며 본인들이 하는 일을 진지하게 고민하고 이야기 나누려고 하는 이들"이라고 썼다.[27] 언론은 DSA의 사회적 측면이나 새로 부각된 특징에 초점을 맞추는 경향이 있어서, 이 단체가 의도한 진지함은 보도에서 간과하거나 축소되곤 한다. 〈뉴욕매거진〉은 2019년 기사 '언제 다들 사회주의자가 됐나? 빨갱이들이 더 재미있게 산다'에서 사회주의를 "AOC 명함이자 트럼프의 최신 말싸움 병기, 브루클린에서 데이트를 즐기는 새로운 방식"이라고 묘사했다.[28] 〈뉴욕매거진〉은 2021년 기사 '엉덩이를 내밀어주오, 동무여 (최소 6피트)'[29](이 기사 제목은 래퍼 주버나일의 1999년 히트곡 'Back That Azz Up'을 패러디한 것이다 – 옮긴이)에서 사회주의자들은 사회성이 부족하고 몸치인 데다 이들이 생각하는 즐거운 파티 대화 주제는 오늘날 미국이 보유한 임신중지 관련 의료 수준을 둘러싼 불평이라고 전했다.(내가 모든 사회주의자를 대표할 수는 없지만, 나에 대해서라면 정확한 묘사라고 인정할 수밖에 없었다.)

이런 기사는 많은 DSA 회원들 신경을 건드린다. 그런 묘사가 조롱이나 오해라고 느끼는 이들도 있고, 이와 같은 보도 때문에 운동 자체가 하찮게 취급된다고 투덜대는 이들도 있다.(실제로 그런 영향도 있다.) 그러나 DSA가 갑작스럽게 성장한 배경에는 '래디컬 시크radical chic'의 유행이 작용했다는 점을 부인하기는 어렵다. 특정 장소와 집단에서는 사회주의를 "쿨하다"고 여기기 때문에 DSA에 가입한 사람도 있다는 얘기다. 그 자체가 잘못된 일인지는 또 다른 문제다. 세상 모든 대의명분과 마찬가지로, 곧 흥미를 잃고 멀어질 사람들이 당연히 있다. 그런가 하면 어떤 사람들은 점점 더 마음이 끌려 깊숙이 참여할 것이다. 한 대의명분에 진심으로 헌신하면서 그것이 가져다주는 사교모임이나 데이트 기회, 춤추고 술 마시러 가는 유흥을 즐기는 것도 얼마든지 가능하다. 사실 여부는 확실하지 않지만, 해방운동가며 무정부주의자이자 사회주의자고 페미니스트였던 엠마 골드만도 "내가 춤을 출 수 없다면 나는 너의 혁명에 끼고 싶지 않다"고 하지 않았던가! (정확히는 "나는 우리 대의가 내게 수녀가 되기를 기대해서도 안 되고, 운동이 수도원이 돼서도 안 된다고 생각합니다. 나는 그런 대의를 원치 않습니다"라고 말했다.)[30]

헨우드와 로빈슨이 DSA를 긍정적으로 묘사하긴 하지만, 단체가 앞으로 해결해야 할 과제를 놓고는 현실적인 시각을 견지한다. "갑자기 회원 수가 10배 늘어난 조직이 어떻게 손발을 맞춰갈 것인가?" 로빈슨이 전국대회 기사에서 던진 질문이다. 이제는 지부가 무려 200개에 달하는 큰 단체에서 "개념 자체도 논란이 분분한 '민주사회주의'를 어떻게 발전시킬 것인지 풀어야 한다"는 지적이었다.

로빈슨은 DSA가 다양한 구성원과 관점을 아우르는 '빅 텐트 big tent' 단체라는 점도 언급했다. "마르크스주의자, 무정부주의자, 샌더스식 좌파 사민주의자가 한데 모여 같이 일하려는" 조직에서는 전략과 지향점을 놓고 의견이 갈릴 수밖에 없다는 뜻이다. DSA 회원 중에는 이념에서 샌더스나 AOC보다도 훨씬 왼쪽에 선 사람들도 있다. 대다수는 놀랄 만큼 실용주의적이며, 최근 4년간 새로 가입한 회원들은 더욱 그렇지만 오래된 구성원들도 마찬가지다. 이들은 논쟁에서 이기고 싶다기보다는 권력을 원한다. 선거에서 승리하고 싶고, 호화로운 개발을 멈추게 하고 싶고, 이웃에게 음식과 약품을 나눠주는 활동을 돕고 싶어 한다. 바랜 현수막과 휴면상태인 페이스북 페이지만 남기고 알코올처럼 휘발해버리는 무엇이 아니라 세력을 불리고 영향력을 키워가기를 희망한다. 로빈슨은 기사에서 DSA가 여전히 고심하는 몇 가지 중요한 문제를 정확히 짚었다. "노조 조직에 초점을 맞출 것인가, 아니면 선거정치에 주안점을 둘 것인가? 중앙집권형 조직을 추구할 것인가, 아니면 분권화된 조직을 만들 것인가? 민주당원이 사회주의자들에게 지지를 얻기 위해 갖춰야 할 조건은 무엇이어야 할까? 이들 쟁점을 둘러싸고 서로 의견이 다르면 어떻게 함께 할 수 있을까?"

이런 문제는 여전히 과제로 남았지만, DSA는 이미 선거에서 작지만 확실한 성과를 냈다. 일례로 미국 제3의 도시인 시카고 시의회에서 민주사회주의자가 차지하는 비율은 12퍼센트에 달한다.[31] 연방의회에도 DSA 소속이거나 DSA에서 지지를 받은 의원이 현재 5명(하원에 AOC, 러시다 털리브, 자말 보먼, 코리 부시, 상원에 버니 샌더스)이나 된다. 또 다른 현직 연방 하원의원인 대니 K. 데이비스는 2008년 선거 당시 DSA 시카고 지부에서 지지를 받았는데, 2019년에는 경선에서 DSA 회원의 도전을 받기도 했다.[32] 스바르트는 DSA가 회원 본인에게 명시적으로 허락을 얻지 않으면 회원 이름과 명부를 공개하지 않지만, 자말 보먼과 코리 부시, AOC와 러시다 털리브는 현재 DSA 소속이 맞다고 확인해줬다. 또한 사회 통념과 달리 샌더스는 DSA에 가입한 적이 없다고 밝혔다. "샌더스 의원은 DSA 친구고 DSA 대회에 연사로 참석하기도 했습니다. DSA도 당연히 샌더스를 지지하죠. 하지만 그분은 어디 단체에 가입하고 그런 스타일이 아니에요." 스바르트가 웃으며 덧붙였다.

젊은 민주사회주의자들이 오래된 기술을 익히다

정계 이력에 관심 있는 젊은이들 사이에는 요즘 다음 두 가지 중 하나가 성공을 보장하는 매력적인 경로로 각광받고 있다. 하나는 트럼프주의에 박차를 가해 달리는 길로, 오늘날 공화당에서 경력을 쌓아가는 이라면 대개 적어도 부분적으로는 채택하는 전략이다. 2021년 AOC에게서 최연소 하원의원이라는 타이틀을 가져간 25세 극보수 정치인인 매디슨 코손이 대표적인 사례다.[33] 두 번째 방법은 AOC 그리고 AOC의 민주사회주의자 동료들과 함께 민주당을 왼쪽으로 끌어당기는 투쟁에 참여하는 길이다.

DSA 청년부는 '미국의 젊은 민주사회주의자들', 곧 YDSA로 알려져 있다. 인생에서 에너지와 시간이 넘치는 단계에 있는 이들에게 사회주의 운동을 소개하는 역할을 하기에, YDSA야말로 DSA에서 가장 중요한 임무를 맡은 단체라는 의견도 많다. YDSA는 풀타임 또는 파트타임으로 학교에 다니는 학생과 겸임교수, 조교, 비전형적 학생 등 다양한 구성원을 포함하는 학내 노동자인 DSA 회원이라면 누구나, 그 밖에도 DSA의 목표와 구성, 결의, 결정에 동의하는 모든 청년에게 열려 있다. 30세 이상 회원은 YDSA에서 선출직 간부가 될 수 없다. 오늘날 YDSA에는 소속 학교와 주변 학교에서 운동을 조직하는 대학생과 고등학생이 주로 모여 있다. 현재 미국 내에는 다트머스대학교, 조지아공과대학교, 오하이오주립대학교, 사우스플로리다대학교, 웨스턴켄터키대학교 등 119개 대학교와 고등학교에 YDSA 지부가 꾸려져 있다.[34]

라비바 차우더리는 전국 YDSA 공동의장으로, 2018년 뉴욕의 공립대학인 뉴욕시립대학교 시티칼리지에 다니던 중 YDSA에 가입했다. "진정한 변화가 필요하다고 생각하며 민주당에 환멸을 느끼다가 YDSA에 마음이 끌렸어요." 차우더리는 당시 학내에 YDSA 지부가 있는 줄도 몰랐지만, 어디가 됐든 전국 차원에서 전 국민 메디케어(고령자를 위한 의료보험제도 – 옮긴이)와 보편적 주거 복지를 추진하는 단체에 가입하려고 마음먹은 터였다. "대학 무상교육과 전 국민 메디케어로 더 나은 세상을 만들자는 이상을 품은 사람이라면 YDSA로 오게 될 겁니다. 바로 그런 가치를 공유하는 공간이고, 그것을 현실로 바꾸기 위해 실천하는 사람들이 있는 곳이니까요."

방글라데시 출신 이민자 딸인 차우더리는 뉴욕 퀸스에서 나고 자랐다. 5년에 한 번씩은 방글라데시를 방문하기도 했다. "집 밖으로 차를 몰고 나가는 순간 아이들이 몰려들어서 그야말로 자동차 유리창을 두들기며 음식을 구걸하죠. 그 광경을 지켜보는데, 동시에 이 세상에는 빌 게이츠 같은 사람도 존재한다는 것을 아니까 정말이지 극단적인 경험이더라고요. 저는 이런 일을 겪으며 세상이 이대로는 안 된다는 것을 깨달았습니다." 더 어렸을 때는 그도 자신이 소망하는 세상을 만들기 위해 무엇을 어떻게 해야 할지 몰랐다. "YDSA가 멋진 점이 바로 그거예요. 마침내 답을 찾아낸 기분이 들거든요."

그렇게 차우더리는 이념적 고향을 발견했다는 인상을 받았지만, 처음에는 몇 가지 구조적인 걸림돌 때문에 단체 활동에 깊숙이 관여하지 못했다. 고학생 처지였기에, 가입 초기에는 일을 하느라 모임에 참석할 수 없을 때가 가끔씩 있었다. 그러나 2018년 가을 무렵 일정이 바뀌면서 정기적으로 YDSA 모임에 갈 수 있게 됐고, 이후로는 한 번도 활동에 빠진 적이 없다.

2020년 초에 차우더리는 DSA가 지지하는 뉴욕 시의원 후보

마르셀라 미타인스 선거사무소에서 부소장직을 맡기 위해 휴학계를 냈다. 후보 4명이 맞붙은 경선에서 미타인스는 26년간 자리를 지킨 현직 시의원을 꺾으며 민주당 후보가 됐고, 같은 해 11월 뉴욕 시의원에 당선됐다.

"미타인스는 사회주의 세입자 활동가였어요. 저는 그전까지 이런 선거캠프, 아니 어떤 선거사무소에서도 일해본 적이 없었죠. 제게는 새롭고 신나는 경험이었고, 후보의 배경과 활동 이력을 알아갈수록 여기서 일하는 것이 더욱 즐거워졌습니다."

짧은 기간에 배워야 할 일이 엄청나게 많았지만, 차우더리는 AOC 선거캠프와 뉴욕주 의회 줄리아 살라자르 상원의원 캠프에서 일했던 DSA 회원들에게 다양한 지식과 경험을 공유받을 수 있었다.

미타인스가 다른 후보들(자바리 브리스포트, 파라 수프란트 포레스트, 조란 맘다니, 사밀리스 로페즈)과 팀을 이뤄 출마한 전략도 선거를 치르는 데 엄청난 도움이 됐다. "다 같이 한배를 타고 새로운 구상을 시험해가면서 다음 단계를 함께 생각해나갈 수 있었죠." 브리스포트를 제외하면 모두가 첫 출마였기에, 자원과 지식을 모으고 직접 일하면서 배우는 자세가 핵심이었다. 이름이 널리 알려진 경쟁자를 포함해 후보가 여럿인 경선에 뛰어들었던 로페즈 말고는 모두 승리를 거뒀다.

차우더리에게 급여는 괜찮게 받았는지 물었다. 23세 청년 차우더리는 부모 의료보험에 피부양자로 등록되어 있어서 아직은 그에 대한 걱정이 없었다. 그는 "밥 사 먹고 월세 낼 정도는 받았다"며 이렇게 덧붙였다. "우리가 하는 운동에서 중요한 부분이니까요. 저는 큰 그림을 봅니다…. 애초 하루 12시간에서 15시간씩 뛰어 다니고 주말에도 쉬지 못하는 일인 걸 알고 들어오기도 했고요. 어떤 각오를 해야 하는지 파악하고 시작했죠."

차우더리의 이야기를 듣다 보니 2008년 1년이 채 안 되는 기간에 주의회 의원 보좌관으로 일하던 시절이 떠올랐다. 내 상사는 여러 면에서 훌륭한 의원이었지만, 확실히 공공에 봉사하고 있다거나 어떤 '운동'에 기여하고 있다는 느낌은 주지 못했다. 아니, 애초 힘도 없고 조직력도 부족한 비영리 진보단체가 몇 군데 있었지만, 그 수준을 초월하는 '운동'의 존재는 아예 느낄 수 없었다. 내 상사가 돋보이고 책잡힐 일 없도록 하는 것이 나의 최우선 업무라는 사실만은 분명했다.

"의원 한 명 잘 뽑는다고 우리가 원하는 일을 다 이루는 건 아니거든요." 차우더리가 말했다. "문제는 공직에 좋은 사람들이 충분하지 않은 것이 아니라, 시스템 자체가 망가졌다는 사실입니다. 그래서 대규모 노동계급 운동이 필요하고, 투표 이상의 참여를 끌어내야만 하는 거죠…. 지름길은 없습니다."

샌더스 지지자를 포함해서 내가 만난 젊은 활동가들 중 나와 내 또래가 오바마를 보듯 샌더스를 바라보는 사람은 거의 없었다. 나는 오바마가 구원자라고 믿고 싶었다. 오바마가 미국이라는 나라에서 부시 왕조를 몰아내고 희망과 변화의 새 시대를 가져다주기를 바랐다. 나는 오바마의 대통령 취임식을 할렘 아폴로극장에서 생중계로 지켜봤다. 헬리콥터가 조지 W. 부시를 태우고 백악관을 떠나는 모습이 화면에 잡혔을 때 극장이 떠나가라 울려 퍼지던 열광적인 함성과 박수 소리를 나는 영원히 잊지 못할 것이다. 오바마가 처음 대통령에 출마했을 때 나는 내가 듣고 싶던 말을 들었다. 듣지 못한 것은 그냥 넘겨짚었다.

샌더스를 그렇게 봤다가 비슷하게 실망한 사람들도 있었다. 내 파트너는 브루클린에서 "버니 샌더스, 우리를 도와줘, 당신이 우리의 유일한 희망이야"라고 적힌 스타워즈 티셔츠를 입은 여성을 봤다고 했다. 샌더스가 2016년에, 그리고 2020년 경선에서 중도 사퇴했을 때 수백만 명이 깊은 실망감을 감출 수 없었다. 샌더스가 힐러리 클린턴과 조 바이든 선거운동에 적극 나서자, 좌파 진영에서는 분노를 금치 못한 이들도 있었다. 그러나 지난 4년간 내가 만난 이들은 대부분 맹목적인 충신과는 거리가 멀었다. 이들이 9/11 테러와 끝나지 않는 미국의 점령에서부터 계속되는 기후재난, 줄어들 기미가 보이지 않는 총기 폭력, 두 차례 경제위기, 전 지구적 팬데믹으로 이어지는 충격적이고 불안정한 시대에 성년이 된 세대라는 점이 일부나마 그 원인일 것이다. 이들은 샌더스가 됐건 누가 됐건, 누군가 나타나서 자신을 구원해주리라고 믿지 않는다. 2020년 선라이즈 회의에서 애틀랜타 출신 18세 흑인 청년은 제 또래가 '선라이즈'를 알기 전에는 정치를 어떻게 생각했는지를 두고 이렇게 표현했다. "우리는 오바마건 힐러리건 다른 광대들이건 그냥 다 싫었다고요."

2021년 2월 앨라배마, 캘리포니아, 코네티컷, 플로리다, 인디애나, 미네소타, 뉴욕, 텍사스, 웨스트버지니아 등 미국 전역의 YDSA 활동가들을 한자리에 모으는 연례 동계대회가 열렸다. 팬데믹 때문에 대회는 온라인으로 진행됐다.

나는 첫날 분과회의와 몇몇 강연 및 패널회의에 참석했다. 내가 들어간 패널회의 중에는 보수적인 한 대학 캠퍼스와 고등학교에 YDSA 지부를 조직하는 문제를 논의하는 자리도 있었다.

참석자 대부분은 대학교 1, 2학년 학생이었지만 고등학생들도 제법 있었다. 모두 지원금 신청방법이나 콜센터 운영 요령, 더 많은 사람을 모임에 끌어들이고 한번 왔던 이들을 다시 돌아오게 하는 수단 등 실질적인 활동 실무를 배우고 익히려는 의지가 대단했다. 버니 샌더스와 YDSA 활동이 인생을 완전히 바꿔놨다고 이야기하는 이들도 많았다. "지는 멍칭한 10대가 좌익사상에 빠지는 전형적인 과정을 밟았습니다. 바로 팟캐스트죠." 한 학생이 눈을 굴리며 말했다. 플로리다에서 온 한 젊은이는 몇 년간 '빨갱이'라는 말을 듣다 보니 그럴 바에야 차라리 그 정체성을 확고히 다지고 싶었다고 말했다. 기후위기 문제나 자기 동네에서 벌어지는 송유관 건설 반대운동을 언급하는 이들도 있었다. 한 아시아계 청년은 자신에게 재산 형편을 털어놓는 아버지 이야기를 듣고 사회주의자가 됐다고 고백했다. 이 사연을 들은 다른 청년이 채팅창에 썼다. "그 얘기가 참 와닿네요. 저도 아버지에게 비슷한 이야기를 듣고 급진파가 됐습니다."

줌 화면만 봐서는 확실히 알 수 없으나 회의 참석자 대부분이 백인으로 보였다. 물론 유색인종 참석자들은 존재감이 뚜렷했다. 이들은 단순히 참가만 하지 않고 워크숍을 운영하기도 했다. 대규모 패널회의 토론자나 연사도 대개 유색인종 회원들이었다. 흑인 남성과 백인 여성이 연례 동계대회 공동운영위원장을 맡고 있었다. 참석자들의 젠더는 일반화하기 어려웠다. 자신을 성性과 무관한 대명사 '그들(they/them)'로 지칭해달라고 밝힌 사람도 꽤 있었고, 전체적으로 남성이 더 많아 보이기는 했지만 '그녀(she/her)'로 불리는 이들이 워크숍을 열거나 연사로 나선 경우도 수두룩했다. 내가 참석한 모든 워크숍에서 진행자가 기록을 부탁하면 젊은 남성이 서기로 나섰다. 개회사는 역사학자며 활동가이고 작가이자 1998년 흑인급진주의회의Black Radical Congress 공동주최자인 바버라 랜스비가 맡았다.

동계대회는 마치 고립감(온라인 회의가 한 공간에 모이는 경험을 완벽하게 대체할 수 없다는 점에서)과 친밀감(줌 배경화면으로도 많은 것을 알 수 있다는 점에서)의 기묘한 합작품 같았다. 한 예일대 학생은 비교적 깔끔하고 넓은 기숙사 방에서 참석하고 있는 것 같았으나, 학자금 대출 탕감 파트 진행을 맡은 젊은 여성은 나이 든 남성 가족과 한방을 쓰는 듯했다. 가족이 일어나서 맥주를 가져오고 캔을 따서 다시 소파에 앉는 모습이 그대로 중계되는데도 진행자는 놀라우리만치 침착하게 집중력을 발휘했다. 진행자 룸메이트는 회의 도중 큰소리로 웃음을 터트리기도 했다.

많은 참석자가 무관심이 가장 큰 장벽이라고 말했다. "사람들이 DSA에 들어오기 싫어하거나 우리 의견에 동의하지 않는 게 아니에요. 문제는 가입하겠냐고 물어본 사람이 아무도 없었다는 거죠." 한 참석자가 말했다. 그러나 앨라배마나 플로리다, 인디애나, 웨스트버지니아처럼 보수적인 주州에서 학교를 다니는 학생들이 마주하는 어려움은 무관심을 넘어섰다. 이들의 캠퍼스에서는 공화당 청년단체인 '젊은 공화당원Young Republicans', 억만장자 코크 형제가 자금을 대는 자유지상주의자libertarian 단체, 2019년 트럼프 당시 대통령이 직접 언급했을 정도로 공화당 거액 기부자들과 인연이 깊은 극보수 단체 '터닝포인트 USATurning Point USA, TP USA' 등의 지부가 활발하게 활동하고 있다. 10대와 20대 초반 사회주의자들에게는 매우 적대적인 환경인 것이다.

나는 나이 어린 사람들이 때로는 감정적이고 격하게 반응하며 전투적인 태도를 보이기도 하니 공개적인 충돌 일화도 많으리라고 예상했다. 하지만 실제로 만난 회의 참석자들이 어찌나 하나같이 상냥하고 도덕적으로 진지한지 충격적일 정도였다. "저는 일삼아 보수 성향 친구들에게 다가가서 제 소개를 해요." 한 참석자가 말했다. "그 애들이 나눠주는 '사회주의는 구려' 배지를 잔뜩 받아왔죠. 우호적으로." 이렇게 상대가 무장해제 할 수밖에 없도록 접근하는 방법에는 그네들을 혼란에 빠뜨리고 기세를 누그러트리는 이중 효과가 있다고 그는 설명했다.

좀 더 장난스러운 접근법을 선택하는 이들도 있다. "'TP USA' 애들은 겁쟁이거든요. 제가 드센 척하니까 실제로 마주치면 겁을 먹더라고요." 인디애나주에서 온 퍼듀대 학생이 말했다. "그러니까 여러분도 세게 나가보세요!" 그가 겸연쩍게 웃으며 덧붙였다.

지부를 설립하고 회원을 모집하는 일을 놓고 YDSA 활동가들이 서로 주고받는 조언은 상식적인데 감동적이었다. "상대를 소중한 사람으로 대하세요. 그 사람이 와줘서 내가 엄청 기쁘다는 사실을 알려주세요. 네가 오지 않으면 내가 바로 알아차린다, 이런 느낌을 받을 수 있게요." 한 참석자가 말했다. 사람을 돌아오게 만드는 계기는 정치관만이 아니라 소속감이라는 설명이었다.

'선라이즈',
환경운동을 되살리다

미국에서 여전히 팬데믹이 극성을 부리던 2020년 8월, 사슴같이 커다란 눈망울에 강단 있는 27세 청년인 '선라이즈' 집행위원장 바시니 프라카시는 JD 미디어국 국장 귀도 지르젠티와 공동편집한 책《그린뉴딜 실현하기: 왜 해내야 하는가, 그리고 어떻게 해내야 하는가Winning the Green New Deal: Why We Must, How We Can》를 홍보하는 온라인 행사를 개최했다.(AOC와 목소리가 놀라울 정도로 비슷한) 프라카시는 우리가 딛고 있는 땅과 "백인 정착자들이 저지른 집단학살" 전후로 이 터를 지켜온 원주민들을 기리는 말로 행사의 문을 열었다.(보수 진영의 통념과 달리, 비원주민에게 땅을 빼앗긴 원주민들을 기리는 의식이나 대화를 시작하기에 앞서 각자 선호하는 대명사를 밝히는 절차는 좌파 사이에서도 논란의 대상이다. DSA 내부도 사정은 마찬가지여서, 사람들 대부분이 따르기는 하지만 이런 행태가 지루하고 남을 가르치려 드는 태도며 학계와 비영리 단체의 최신 문화에 익숙하지 않은 이들을 잠재적으로 배제한다는 의견도 있다.)

프라카시는 수천 명에 이르는 코로나19 사망자 수, 대량 실업과 경제 파탄, 허리케인과 산불, 흑인과 시위대를 향한 가차 없는 경찰 폭력 등 지난 몇 주 동안 일어난 충격적인 사건을 되짚으며 참석자들에게 환영인사를 건넸다. "현재 세상 돌아가는 판도를 보고 여러분이 느끼시는 감정이 절망이건 분노건 사랑이건 희망이건 무감각이건 준비된 마음이건 고립이건 연결감이건 … 모든 분을 환영합니다. 이 자리에 모시게 돼 기쁩니다."

그는 참석자들에게 채팅창을 이용해 서로 사정을 공유하자고 제안했다. "지금 상황에서 얼른 마음속에 떠오르는 생각이 무엇인가요? 이번 주 여러분을 버티게 해준 힘은 어디서 나왔나요?"

전국 각지에서 답변이 쏟아져 들어왔다. "충격의 강도가 감당하기 힘들 정도예요." "할머니가 코로나에 걸리셨어요. 저는 부모님과 자전거를 타며 마음을 달래고 있습니다." "강아지요!!!!" "숨쉬기 운동." "기후변화로 절망감이 드는데 친구들과 마음을 나누고 있어요." "명상이요." 모두의 슬픔이 화면을 뚫고 전해졌다.

"모두가 연결된 세상이라서 우리의 고통과 위기도 맞닿아 있습니다. 그러니 해결책과 회복력도 함께 찾아야 합니다." 프라카시가 말했다. "그것이 바로 그린뉴딜의 궁극적 가치고, 나아가 모든 이를 위해 작동하는 사회, 정부, 세상의 목표입니다." 그가 세운 '선라이즈'가 트럼프 시대를 대표하는 환경단체가 된 것은 우연이 아니다. '선라이즈'가 〈뉴요커〉 기자 에밀리 위트의 표현대로 "중산층 백인 애팔래치아 산악클럽 회원들로 꾸린 환경단체의 지루한 스테레오타입"이 아닌 점도 마찬가지다. 젊음과 다양성 말고도 '선라이즈'가 지닌 또 다른 강점은 활동가들의 뛰어난 소통능력이다. 대개 공허한 마케팅 용어로 치부하기 십상이지만, '선라이즈'는 개인마다 사연을 나누는 일이 중요하다고 강조한다. 한 기후변화 활동가가 최근 회의에서 지적했다시피, 탄소 배출에 관해 설명을 늘어놓다 보면 듣는 사람은 금세 지루한 표정이 되고 만다. 사람들이 좀 더 본능적으로 반응하는 주제는 기후변화로 타격을 입은 가정이나 지역사회 이야기다.

'선라이즈' 활동가들은 특히 청년층을 대상으로 '정체성 정치identity politics'나 '교차성Intersectionality'처럼 어렵고 생소한 개념을 활용해 그곳 대의명분을 강화하는 데도 능숙하다. 이들은 다양한 사회적 분류와 정체성이 어떤 방식으로 겹치는지 직관적으로 이해하며, 기후변화 최전선에 있는 공동체의 경험을 중심에 놓아야 한다는 원칙에 진심을 다한다. 바로 이 점이 프라카시가 공동편집한 책의 설득력을 높이는 요소다. 이 책은 탄소 발자국을 들어서 무미건조한 훈계를 늘어놓는 대신 활동가들이 직접 겪은 기후변화를 생생하고 자세하게 묘사한다.

사람들이 두려움과 불안을 털어놓을 수 있는 자리, 또 그런 감정이 덜한 세상을 상상할 수 있는 공간을 만들어내는 능력은 신좌파가 쥔 강력한 도구다. 내가 팬데믹 이전에 마지막으로 참석한 연회 중 하나는 '친공산주의, 안티발렌타인데이 파티'라는 이름을 달고 있었는데, 2020년 DSA 뉴욕 지부가 지원하는 후보군을 위한 기금 마련 행사를 겸한 자리였다. 눈에 확 들어오는 스팽글 칵테일드레스를 입은 파라 수프란트 포레스트 뉴욕주 의회 의원도 그곳에 있었다. 그가 입을 열자 떠들썩하던 행사장이 순식간에 조용해졌다. 포레스트 의원은 사람들에게 해변에 갔을 때나 가족과 함께하는 식사 자리처럼 마음이 행복하고 평화로웠던 순간을 머릿속에 그려보자고 했다. 그는 눈을 감고 얼굴 가득 햇살이 쏟아지는 모습을 상상하고 있다고 말했다. 그러고는 우리가 더 나은 세상을 만들기 위해 함께 노력한다면 이런 행복하고 평화로운 감각을 언제나 느낄 수 있을 거라고 덧붙였다. 우리가 결핍과 초조함, 불안, 분투 대신 풍요로움과 평화, 안전, 안락을 선택할 수 있다는 얘기였다. 나는 그의 말을 따라서 잠깐 눈을 감았다가 살짝 눈을 뜨고 행사장을 둘러봤다. 포레스트 의원이 하는 말을 듣지 않고 서로 대화를 주고받는 이들도 있었지만, 몇몇은 그의 이야기에 푹 빠진 것 같았다.

애덤 서워는 2018년 시사지 〈디애틀랜틱〉에 기고한 글에서 트럼프 지지자 일부가 "자신과 다르다고 판단한 이들의 괴로움에서 즐거움을 찾는" 공동체를 만들었다고 지적하며, 이들은 잔혹함에서 현대 사회의 "외로움과 원자화를 푸는 해답"을 찾았다고 썼다. 서워가 지칭한 잔혹함의 공동체는 미국 사회에 언제나 존재했다. 트럼프가 재정립하고 되살린 그 잔혹함이 최근 몇 년 사이 우파를 확장하고 강화하는 데 한몫한 것도 사실이다. 그러나 포레스트나 프라카시 말을 들어보면 좌파 역시 팬데믹으로 증폭된 그네들 외로움과 원자화를 해결하는 방책을 구하는 과정에서 나름으로 힘을 얻었다는 것을 알 수 있다. 이들이 찾은 해법은 정의와 인간 존엄, 생명체가 살아갈 수 있는 지구를 위해 함께 헌신하는 길이다.

'선라이즈' 뉴욕 지부 청소년 모임에서 활동하는 17세 코트니 비-더너와 16세 사나야 레온을 만났을 때도 나는 이 고교생들의 차분함에 충격을 받았다. 비더너는 자신감이 넘치면서도 침착하고, 레온은 더 부드러운 말투에 내성적인 타입이었다. 둘 다 한눈에도 정치에 관심 많은 우등생처럼 보였는데(마른 체격에 안경을 썼고, 깔끔하고 편안한 복장에 화장은 거의 하지 않은 모습이라는 뜻이다), 이야기를 나눠보니 유독 생각이 깊고 통찰력이 뛰어났다.

두 사람이 '선라이즈'에 가입한 이유 중에는 단체 내부에서 유색인종의 발언권을 키우겠다는 생각도 있었다. 비더너 말마따나 '선라이즈'는 여전히 백인 중산층이 중심에 선 단체이기 때문이다. 그는 '선라이즈'가 내세우는 변화의 이론을 "시민의 힘, 정치적인 세력, 함께 가는 사람들"이라고 표현하며, 이런 원칙에 깊이 공감했다고 말했다. 특히 "대규모 계급운동과 인종운동"에 보탬이 될 수 있다는 점이 마음에 들었다고 했다.

나도 90년대 말에 고등학교를 다니면서 포스터를 만들고, 영화 시사회를 열고, 학교 신문에 사설을 쓰고, 인종문제를 조심스럽고 진지하되 피상적으로 다루는 토론에 참여하곤 했다. 베트남전쟁 반대운동에 참여한 부모의 자식으로서, 나는 60년대를 꿈꾸며 90년대를 보냈다. 나와 같은 생각을 품고 사회 변화를 위해 함께 나아갈 또래들에게 둘러싸이면 어떤 기분일까 늘 궁금했다. 하지만 당시에는 이런 에너지를 어디에 쏟아야 할지 도통 몰랐다. 인종차별과 성차별, 환경 파괴에 분노하는 젊은이는 주변에 얼마든지 있었지만, 정치적인 세력을 어떻게 키워나갈지 진지하게 구상하는 사람은 거의 없었다.

비더너와 레온이 단체 가입을 결심했을 때는 이미 청년들이 주도하는 운동이 여럿 있었고 모두 신입 회원을 적극 모집하고 있었다. 왜 DSA나 다른 정치단체가 아닌 '선라이즈'를 선택했는지 물었더니, 비더너는 그에게 썩 어울리는 직설적인 말투에 어깨를 으쓱하는 이모티콘 같은 표정으로 이렇게 대답했다. "시기와 장소가 잘 맞아떨어졌죠. 젊은 사람들이 중심이 돼 참여하는 단체라는 점이 좋았습니다. 진정으로 포용하는 조직이라는 느낌이 들었어요." '선라이즈' 회의와 행사에 처음 참여했을 때는 "내 또래가 아닌 어른들과 함께 있는 자리가 조금 부담스럽기도 했지만" 그런 거리낌은 이내 사라졌다고 했다. "어른들이 저를 동등한 상대로 대해줬거든요."

레온은 '선라이즈'가 급부상하는 데 트럼프가 한몫 톡톡히 했다고 생각한다. 트럼프가 떠오르자, 수백만 지지자뿐 아니라 반대파까지 행동에 나섰기 때문이다. 레온은 코로나19 위기 역시 많은 이가 정치에 적극 참여하는 계기가 됐다고 생각한다. 실업이나 부진한 임금 인상, 부실하거나 부재하는 의료보험과 같은 기존 사회문제가 팬데믹으로 "부각됐기" 때문이라는 주장이었다.

레온은 관심 있는 사안이 진전을 이루는 데 무엇보다도 정치인들이 걸림돌이라고 생각한다. "상원의원이 대부분 백인 공화당원인 건 상당히 문제 있다고 생각합니다. 미국의 실제 인구 구성을 제대로 반영하지 못하니까요. 권력을 잡은 자들이 '국민'이 아닌 자신과 기업을 위해 자본주의와 돈 때문에 일하고 있는 거예요…. 권력자들이 변하지 않으면 실제로 아무것도 바뀌지 않으니 유감스럽죠."

비더너는 트럼프 임기를 가리켜 4년이라는 시간을 낭비한 셈이라고 표현했다. 트럼프가 2020년 대선에서 재선에 실패해 다행이지만 "트럼프는 완전히 사라지기는커녕… 변함없이 영향력을 행사하며, 여전히 문제"라는 것이 그의 의견이다. 인터뷰 당시 그는 조지아 주의회 상원 결선 투표 결과를 걱정하고 있었다.(해당 선거가 민주당 승리로 끝나면서, 민주당이 상원에서 가까스로 다수당 지위를 차지하게 됐다.)

비더너는 잠시 말을 멈췄다가 이렇게 말했다. "우리가 바이든을 밀어주면, 우리가 변화를 이끌어내고 또 바이든이 '선라이즈'에 한 약속을 이행하도록 감시해서 더 진보적인 기후 법안을 만들어낼 수 있으리라는 희망은 아직 남아 있습니다. 하지만 쉬운 싸움이 아니에요. 트럼프가 대통령 자리에서 물러났어도 계속 싸워야 합니다."

기존 환경단체에 비해 '선라이즈'는 권력을 기민하게 이해하는 자세를 보인다. 2018년 에밀리 위트가 기사에 썼다시피, '선라이즈'의 첫 연좌시위 이후 AOC가 상정한 그린뉴딜 결의안에 지지를 표명한 민주당 소속 하원의원은 의회진보모임 의장단, 러시다 털리브, 일한 오마, 조 케네디를 포함해 40여 명에 달한다. '선라이즈'는 누구를 표적으로 삼고 어디에 압력을 넣어야 하는지 제대로 파악하고 있다. JD 대변인이자 '선라이즈' 후원자인 왈리드 샤히드 말처럼, 법안을 통과시키는 데는 바로 하원의장의 지지선언이 가장 중요하다. 더불어 '선라이즈'는 개별 정치인을 상대로 물밑작업을 벌이기보다 조직을 키워가는 데 우선순위를 둔다. 프라카시가 《그린뉴딜 실현하기》에서 설명한 대로, 숱하게 많은 젊은 활동가가 제 주장을 뒷받침할 수 있는 가장 강력한 논거를 수집하고 "정장 입은 사람들을 공략해야 한다"는 조언을 들으며 사란다. 프라카시는 이런 충고보다 더 효과적인 방책이 바로 운동을 살려나가는 일이라며, "정장 입은 사람들이 우리 요구를 거절하더라도(실제로 수없이 거절당할 터이다), 우리가 민중의 힘을 충분히 모아나간다면 승리로 가는 길 위에 계속 머무를 수 있기" 때문이라고 주장한다.

'선라이즈'는 공을 굴리며 앞으로 나아가는 방법을 알았기 때문에 최근 몇 년 새 무시할 수 없는 세력으로 성장할 수 있었다. 기존 환경단체들이 하지 않는데 '선라이즈'가 나서는 활동이 있다면, 바로 민주당을 비판하는 일이다. 이 문제는 단체가 어디서 어떻게 자금을 지원받는지와도 관련 있다.

2018년 '선라이즈'가 낸시 펠로시 하원의장 사무실에서 연좌시위를 벌였을 때 AOC가 참여해서 또한 전국적인 관심을 받았다. 기사 제목이 '어린애들이 낸시 펠로시를 열받게 하다'에서 '초선의원이 당내 최고 권력자에게 공개적으로 도전장을 내밀다'로 바뀌었기 때문이다. 라이언 그림은 2019년에 펴낸 저서 《우리에게는 사람들이 있다》에서 당시 상황을 묘사했는데, 잔뜩 화가 나서 얼굴이 붉어진 펠로시의 수석 부보좌관 드루 해밀이 그림에게 "저 사람들이 항의하는 내용, 우리가 하나도 빠짐없이 다 지지한다고 얘기 좀 해줄래요?"라고 말했다고 한다.

그림은 해밀에게 당신 말이 "거의 사실"이지만, 시위대가 요구하는 구체적인 사항은 2020년 3월 법안 통과를 목표로 그린 뉴딜 전담 위원회를 만들어달라는 것이라고 대답했다. 시위대는 또한 민주당 주요 인사들, 특히 기후변화 관련 위원회 간부들이 화석연료 기업 후원금을 거절해야 한다고 주장했다. 해밀은 의원들에게 특정 업계 후원금을 받지 못하게끔 강요하면 하원의장의 권한을 넘어서는 일이라고 답변했다.[35] 그림이 지적한 대로 의원들이 기업 후원금을 받지 못하도록 강제할 수 있는 법적 수단이 펠로시에게 없는 것은 맞지만, 본인이 마음만 먹으면 정치적 방법을 얼마든지 동원할 수 있는 것 또한 사실이다.

펠로시 의장 사무실을 점거하기 몇 달 전부터 '선라이즈'는 당시 펜실베이니아 주지사 선거에 출마한 공화당 후보 스콧 와그너의 발목을 잡을 준비를 치밀하게 하고 있었다. 18세 '선라이즈' 활동가인 로즈 스트라우스가 와그너에게 기후변화 문제를 손 놓고 있는 것이 화석연료 기업과 로비스트, 정치활동위원회에서 받은 후원금 20만 달러와 관련 있냐고 물었을 때, 와그너는 그를 "어리고 순진하다"고 얕잡아 보며 "우리가 주지사를 뽑으러 모였습니까, 아니면 과학자를 뽑으러 모였습니까?"라고 반문했다.

스트라우스는 이런 일을 겪고 나서 잡지 〈틴 보그〉에 글을 기고하고 〈뉴욕타임스〉와도 인터뷰했는데, 결론적으로 선라이즈에는 호재, 와그너에게는 악재였다. 거만한 부패 정치인처럼 보였기 때문이다. 스트라우스와 벌인 설전 말고도 이런저런 이유로 와그너는 선거에서 큰 차이로 패배했다. 스트라우스는 〈뉴욕타임스〉 인터뷰에서 이렇게 말했다. "우리 세대는 소셜미디어라는 힘을 누리고 있습니다…. 이 모욕적인 답변을 가져다가 그 사람이 이 질문에 답할 깜냥이 없었다는 점을 보여주는 데 활용할 수 있죠."[36]

2019년 '선라이즈'는 다시 머리기사를 장식했다. '선라이즈', '청년 대 대재앙Youth vs. Apocalypse', '베이 지역 지구방위대Bay Area Earth Guardians'를 포함한 몇몇 기후정의 단체 소속 청년과 어린이들이 당시 86세였던 캘리포니아주 연방 상원의원인 다이앤 파인스타인을 만나 왜 그린뉴딜을 지지하지 않는지 따져 물었다. 한 어린 소녀가 "정부는 국민을 위한, 국민에 의한 것이어야 합니다"라고 말하자, 파인스타인은 이렇게 대답했다. "여기 모인 분들, 참 재미있군요, 저는 이 일을 30년 동안 해왔습니다. 제가 하는 일에 대해 잘 알고 있죠. 여러분이 이렇게 찾아와서 '우리 방식을 따르지 않겠다면 떠나라'고 한다면 저는 할 말이 없습니다…. 저는 얼마 전 선거에서 거의 100만 표 차로 당선된 사람입니다. 일을 잘하는 사람이라는 말이죠."

한 활동가가 자신은 열여섯 살이라고 하자, 파인스타인은 이렇게 말했다. "나한테 투표 안 했겠군요." (최근 보도에 따르면 파인스타인은 몇 년간 인지력 저하를 겪고 있다고 한다. 그의 거만하고 멸시적인 태도는 병 때문일 수도 아닐 수도 있다. 2017년 샌프란시스코에서 열린 한 타운홀 미팅에서도 파인스타인은 발언을 방해하는 반전시위대를 향해 "당신이 내가 하는 일을 나보다 더 잘 안다고 생각하면 어디 한번 해보세요"라고 말했다. 나중에는 "소리를 참 잘 지르시네요…. 여기 앉아서 그렇게 주먹질하고 있으면 제가 이제까지 한 일을 보여드리죠"라고 덧붙였다.)[37]

펠로시 그리고 파인스타인과 충돌을 겪으며 환경단체들은 정치적으로 소중한 주류 언론의 관심을 끌 수 있었다. 그린뉴딜 인지도를 높였을뿐더러, 권력을 지닌 민주당 의원들에게 맞서는 모습을 보여줘서 '선라이즈' 같은 신생 단체들이 (심지어는 오랫동안 동지로 여겨졌던 정치인을 상대로도) 강경한 전술을 마다하지 않는다는 점을 널리 알린 것이다. 또한 친기업 성향 민주당 의원들이 과거 효과적으로 사용한 전술로는 이제 활동가들을 달래거나 침묵하게 할 수 없다는 메시지도 두루 퍼졌다. 일례로, 파인스타인 의원은 "현실적"인 대안이라며 환경단체들의 요구에 미치지 못하는 법안을 추진하려 했으나, 사무실에서 환경단체와 대치한 후 압박에 못 이겨 법안을 보류하고 말았다. '우리가 우리 미래를 위해 필요하다고 판단한 일을 추진하지 않으면 당신 사무실에 나타나 망신을 주겠다'는 식으로 실천 가능한 위협을 곁들인 세력 과시로 '선라이즈'는 입지를 굳혀갈 수 있었다.

파인스타인처럼 늘 스스로를 '이 구역 어른'이라 부르는 친기업 성향 민주당 정치인들은 이런 상황을 전혀 예상하지 못한 것 같았다. 프라카시는 당시 〈인터셉트〉 인터뷰에서 이렇게 말했다. "우리가 원하는 규모와 범위로 행동에 나서게끔 양쪽 정당 정치인을 모두 압박해야 한다는 점은 분명합니다…. 어떤 정치인이 기후과학을 믿고 이름 옆에 '민주당'을 달고 있다고 해도 그것만으로는 우리 기준을 통과할 수 없습니다…. 민주당 정치인에게 압력을 넣으면 그들이 더 효과적으로 일하겠죠."[38]

그러나 실제로 법안을 통과시키는 일이나, 심지어는 그린뉴딜처럼 구속력 없는 건의안에 표를 요구하는 활동에서조차 '선라이즈'는 성공을 일궈내지 못했다. 펠로시는 기후변화 대책을 연구할 위원회를 구성했으나, 그린뉴딜을 투표에 부치겠다는 약속은 하지 않았다. 2019년 3월 미치 매코널 공화당 원내대표가 상원에서 민주당의 분열을 부추기려고 그린뉴딜을 투표에 부쳤을 때, 공화당 의원 전원과 민주당 의원 3명, 무소속 의원 1명이 반대표를 던졌고, 민주당 의원 43명은 기권했다.[39]

워싱턴DC 인사이더가 알려주는 우파와 싸우는 법

2016년 대선이 끝나고 한 달이 지났을 무렵, 의원 보좌관으로 일하던 리아 그린버그와 남편 에즈라 레빈은 트럼프 그리고 트럼프의 의제에 저항하는 방법을 담은 안내서를 펴냈다. 이 가이드북은 곧 입소문을 타고 빠르게 퍼져나갔다. 그러고 나서 몇 달 뒤에 두 사람은 진보 성향 정치인을 의회로 보내고 민주주의를 재건하며 트럼프의 의제를 좌절시키겠다는 목표를 세우고 단체 '인디비저블'을 창립했다. 현재 '인디비저블'은 워싱턴DC에 본부를 두고, 미국 전역에 6000개 넘는 지부를 거느리고 있다. 일부 지부는 규모가 크고 조직력도 상당하다. 브루클린 지부는 척 슈머 민주당 상원 원내대표의 브루클린 자택 앞에서 여러 차례 집회를 열어 트럼프가 추진하는 정책 중 최악을 막아내고 진보 진영의 우선순위를 추진하도록 압박하는 활동을 펼쳤다. 더 규모가 작은 지부는 해당 지역 진보 성향 정치인들의 선거운동을 돕고 주의회 차원의 진보 입법을 촉구하는 활동에 초점을 맞추고 있다. 이 글을 쓰는 현재, 네브래스카 커니 '인디비저블' 지부는 네브래스카 주의회에서 주도하는 선거구 조정을 모니터링 중이다.[40]

"제가 의회에서 일하는 친구들에게 받은 피드백은 이런 거였어요. '이 안내서 진짜, 진짜 잘 만들었다. 내 인생이 훨씬 더 고달파지겠어. 너 나한테 왜 이러니?'" 그린버그가 웃으면서 털어놓은 이야기다. "실제로 의원실 직원의 하루를 고생스럽게 만들려면 이렇게 해보세요, 라고 알려주는 내용이었거든요."

성실한 인사이더가 알려준 비교적 온건한 투쟁법, 그러니까 '지역구 의원에게 전화 걸기', '의원실에 찾아가기' 같은 지침들이 보수적인 워싱턴DC에서는 어마어마하게 급진적인 행동으로 여겨졌기에, 이 가이드북과 공개적으로 얽히기를 거절하는 이들도 있을 정도였다. "우리가 이 가이드북을 만들 때 도와준 사람이 20명가량 돼서 다 공동저자로 올리려고 했거든요. 그런데 의회에서 일하는 사람들은 대부분 '좋은 책이지만 엮이고 싶지 않아, 이 바닥에서 계속 먹고살아야 하니까'라고 하더군요."

'인디비저블'은 건전한 시민의식의 기운을 풍기면서도, 동시에 연좌농성과 의원실 점령, '새 사냥(선출직 공직자가 스스로에게 치명적일 수 있는 발언을 하도록 몰아가거나 대립 상황을 연출하고, 이를 기록으로 남기는 활동을 뜻한다)' 등 지나간 시대 급진주의자들이 즐겨 쓰던 전술을 재유행시킨 주역이다. 또한 민주당 의원실 관계자들이 만든 단체이지만, 민주당 의원들에게 맞서기를 주저하지 않는다. 그린버그는 이렇게 설명했다. "반드시 완벽한 정책적 대안을 쥐고 있어야만 지금 벌어지는 상황에 거세게 저항할 수 있는 것은 아닙니다. 민주당은 이 점을 명심해야 하고, 평소 하던 대로 타협적인 태도에 안주해서는 안 됩니다." 그는 잠시 말을 멈췄다가 이렇게 덧붙였다. "모두가 찬성한 전략은 아니었어요."

민주당 대부분 당원들처럼, 그린버그도 트럼프를 매우 독특하고 존재론적인 위협으로 여긴다. 그러나 한편으로는 "이런 결과를 만들어낸 제도 역시 우리를 저버린 셈"이라고 생각한다.

2020년 대선 경선에서 '인디비저블'은 특정 후보를 지지하지 않았다. 특정 후보 지지선언이 단체를 분열시킬 수도 있다고 지부 관계자들이 우려했기 때문이다. 그러나 그린버그는 엘리자베스 워런이 경선기간 내내 "'인디비저블' 지도부와 이메일 수신 명단에 이름을 올린 회원 다수가 선호한 후보"였다고 말했다. 경선 기간에 '인디비저블'은 회원들에게 "경선이 건설적인 과정이 되도록 힘쓰고, 승자를 응원하며, 트럼프를 물리치기 위해 일하겠다"는 내용의 서약서에 서명해달라고 요청했다. DSA와 달리 '인디비저블'은 본선에서 조 바이든을 지지한다고는 성명을 냈다.

각 지역 '인디비저블' 지부는 경찰 폭력에 항의하는 집회에 참여하고 DSA, 교사연맹United Federation of Teachers 평교사모임 Movement of Rank and File Educatiors, MORE 등 다른 단체 활동을 지원하기도 한다. 일부 지부는 2020년 여름 2주에 한 번 자원봉사자들을 모아서 '공화당의 투표 억압으로 유권자 명부에서 삭제됐을지도 모르는 핵심 주州 유권자들에게 엽서 쓰기 모임'을 열었다. "상원을 되찾고, 투표와 우편투표를 독려하고, 2020년에 승리하자!"는 내용의 문자, 전화 홍보도 이어나갔다.

'인디비저블'은 게리맨더링이나 선거권 보호, 법원 개혁, 선거자금법 개혁과 같은 구조적인 문제를 강조한다. "간단하게 정리하면 공화당이 지난 40년간 줄곧 승리하면서 권력을 유지하기 위해 규칙을 바꿔왔다는 거죠." 그린버그의 설명이다. "이렇게 조작된 게임을 계속해서는 안 됩니다. 구조를 바꿔서, 날조되지 않은 진정한 의미의 대의민주주의를 만들어야죠. 그게 바로 우리 단체의 북극성이자, 2021년도 중점 과제입니다."

지지를 표명할 후보자를 선택하는 '리트머스 테스트'가 무엇인지 물었더니, 그린버그는 '인디비저블'에 공식 강령은 없지만 지지선언을 바라는 후보들이 작성해야 하는 심사 양식이 있다고 소개했다. 여기서 좋지 않은 답변이 나오면 "협약이 성사되지 않는다"고 한다. 그밖에도 '인디비저블'에서 지지를 얻으려면 기업 정치활동위원회 후원금을 거절해야 하고, 트럼프 감세안 전면 철회에 동의해야 한다.

그린버그는 정치에 활용하는 '리트머스 테스트'를 비난하는 사람들이 정직하지 못하다고 생각한다. "사실은 민주당 안에서도 모두가 어디서든 리트머스 테스트를 진행하고 있거든요. 그 선이 어딘지를 놓고 논쟁하는 것뿐이죠." 이를테면 민주당 상원 선거대책위원회에서 임신중지에 반대하거나 기후변화를 부정하는 후보를 지지할 사람은 단 한 명도 없다는 얘기다.(2022년에는 어떻게 될지 알 수 없지만, 최근에 몇 건 반례가 있기는 하다. 2017년 벤 레이 루한 민주당 하원 선대위원장은 척 슈머, 낸시 펠로시와 함께 민주당 후보에게 임신중지 문제를 '리트머스 테스트'로 사용하는 일은 없다고 못 박았다. "하원을 되찾아오려면 큰 가족을 이뤄야 한다"는 것이 명분이었다.[41] 2014년에는 앤드루 쿠오모 뉴욕 주지사가 기자에게 이렇게 말하기도 했다. "지금 당장 기후변화 원인 등을 가리는 정치 논쟁에 뛰어들고 싶지 않습니다. 원인은 접어둡시다. 지구온난화 때문인가? 화석연료 의존도가 높아서인가? 이렇게 원인을 따지는 일은 덮어둡시다. 논쟁의 여지가 없는 부분은 원인이 아니라 결과죠."[42])

좌파가 특정한 꼬리표를 피해야 하는지, 아니면 구체적인 정체성을 당당하게 주장하는 것이 나은지, 특정 후보에게 지지선언을 하는 것이 좋은지 아닌지, 전 국민 의료보험에는 찬성하지만 임신중지권은 부정하는 정치인을 동지로 받아들일지 말지는 매우 중요한 문제고, 여전히 논쟁의 주제다. 보수적인 지역에서는 더욱 그렇다. "공화당 우세 지역이나 비도심 '인디비저블' 지부는 민주당 우세 지역과 감정적으로 다른 단계에 있을 수밖에 없습니다. 스스로 진보라고, 민주당 성향이라고 생각하는 사람들조차 지역사회에서 단체 활동을 처음 해보는 경우가 대부분이거든요." 그린버그가 말했다.

"지역사회에서는 몇 사람이 조금만 목소리를 내도 대개 영향력이 엄청납니다. 저도 앨라배마주 작은 마을 출신인데, 고향에는 아직도 '인디비저블' 지부가 없어요. 어딜 가도 보수 색채가 짙고 목소리를 높여 다른 주장을 하려는 사람이 별로 없는 동네에서는 '진보란 무엇인가'라는 주제조차 폭스뉴스나 싱클레어(미국 우파 방송 그룹)의 필터를 거쳐서만 듣게 되죠." 그런 곳일수록 몇몇 사람이라도 손을 들고 일어나 "안녕하세요, 저는 간호사/교사/당신의 이웃인데요, 저는 의료보험을 이렇게 생각합니다"라고 발언하는 용기가 중요하고, 또 강력한 힘을 발휘한다고 그린버그는 주장했다. 아주 작은 노출이 큰 차이를 만들어낸다는 뜻이다. "'인디비저블' 지부가 동네에서 최초로 동성애자 프라이드 행진을 벌이거나, 동네 퍼레이드에 동성애자 프라이드 깃발을 들고 참여했을 때 그 영향력이 얼마나 컸는지, 비슷한 이야기를 숱하게 들어서 단순한 일화로 치부할 수 없을 정도예요."

신좌파 유니버스에서 일익을 담당하는 '인디비저블'은 민주당에 강한 소속감을 드러내되 민주당이 더 과감하고 더 효과적으로 일하며 지지층에 책임감을 지녀야 한다고 믿는 이들에게 확실한 고향 같은 곳이다. '인디비저블' 회원들이 보기에 제1의 적은 힘 있는 공화당 정치인이고, 그다음 상대는 조 맨친 상원의원처럼 의사를 방해하는 민주당 정치인이다. '인디비저블'은 개혁적인 진보단체이지만, 사회주의나 급진주의를 표방하지 않는다. 이들의 '리트머스 테스트'는 다른 신좌파 단체의 기준보다 덜 명확하고 덜 구체적이다. 미국 전역에서 100만 회원을 모집하고 수천 명 단위 지도부를 구성할 수 있는 원동력은 이런 유연성이다. 그린버그에 따르면 '인디비저블'은 "사회, 경제, 인종 정의 부문에서 민주당을 왼쪽으로 움직이도록 하는 일 전반"에 관심을 둔다. 2020년 트럼프가 재선에 실패하자 단체를 떠난 회원들도 있지만, 뉴욕 같은 대도시 도심 지역을 중심으로 여전히 민주당의 좌클릭을 위해 활발히 활동하고 있다.

민주당과 논객들이 반응하다

이들 진보단체는 지난 수십 년간 좌파 진영에서 찾아보기 어려웠던 현실감각과 전략적 진지함을 두루 갖추고 있지만, 성과를 살펴보면 희비가 엇갈린다. JD와 DSA가 선거에서 상당한 성과를 거두고 의회 안에 작지만 주목할 만한 세력을 일군 것은 틀림없지만, 민주당은 결국 조 바이든을 대선후보로 선택했다. 바이든이 전 국민 의료보험이나 학자금 대출 전면 탕감 같은 정책에 반대한다는 점은 공공연한 사실이다. 한편 언론매체와 민주당 안에서도 권력을 잡은 인물들이 좌파의 부상을 의식하고, 거기에 반응하기 시작했다.

민주당 기득권을 겨냥한 비판이나 명백한 도전을 민주당 고위 관계자들이 늘 우아한 태도로 정중하게 받아들인 것은 아니다. 2019년에 민주당 지도부 베테랑인 람 이매뉴얼은 시카고 시장 재선을 위해, 경찰이 10대 흑인 청소년을 살해한 증거를 묻으려 했다는 의혹을 받고 있었다. 이매뉴얼은 AOC 수석 보좌관 출신으로 진보 성향 싱크탱크 대표를 맡고 있는 사이캇 차크라바티를 공개 석상에서 "건방진 애송이"라고 비하했다.[43]

그러나 이매뉴얼과 낸시 펠로시 같은 이들이 좌파의 도전을 폄하와 무시로 일관하는 중에도 시대 변화를 감지하고 시각을 바꾼 사람들이 있다. 70대인 에드 마키 매사추세츠주 상원의원은 이라크전쟁에 찬성표를 던진 지극히 리버럴다운 민주당원이지만, '선라이즈' 같은 단체의 "급진적인" 의제를 수용해서 이들의 지지를 확보하고 경선 도전자들을 물리칠 수 있었다. 에드 마키는 승리연설에서 기세 좋게 외쳤다. "머뭇거릴 시간이 없습니다. 점진주의 시대는 끝났습니다."[44]

〈뉴욕매거진〉 정치 칼럼니스트이자 1985년 민주당 우클릭을 추진하기 위해 설립된 단체인 민주당리더십위원회Democratic Leadership Council 정책국장을 지낸 에드 킬고어는 2019년 '민주당 중도파의 새로운 역할: 좌파가 승리할 수 있도록 돕기'라는 글을 발표하고 이렇게 주장했다. "민주당 지도부가 변해야 할 때다.

오랫동안 억눌려온 좌파가 마침내 실질적인 정치 처방을 내보일 기회를 얻는 것은 미국이 원하고 또한 필요로 하는 일이다."[45]

클린턴 정부 재무부에서 경제정책 담당 부차관보를 지낸 UC 버클리 소속 경제학자 브래드 드롱도 비슷한 시기에 〈복스〉와 인터뷰했다. 여기서 드롱은 민주당 정치와 정책이 실제로는 결코 민주당으로 오지 않을 보수표를 끌어오기 위해 생각해낸 편협하고 시장 친화적인 구상보다 좌파가 보유한 폭넓고 인기 있는 가치를 동력으로 삼아야 한다고 주장했다.[46]

2016년 대선에서 샌더스 캠프에 대고 "한 여성을 겨냥한 혐오 사절단"이라고 맹비난하며 가장 큰 목소리로 힐러리 클린턴을 지지했던 피터 다우조차 2019년에는 샌더스가 "진정한 운동을 이끌어낸 유일한 후보자"라며 샌더스 지지로 돌아섰다.[47]

2021년 4월 민주당 뉴욕주 지부 제이 제이콥스 위원장은 현직 민주당 하원의원 캐럴린 멀로니를 지지하는 성명을 발표했다. 여기서 제이콥스는 2022년 민주당 경선에 출마하겠다고 발표한 DSA 회원 라나 압델하미드를 지지한다는 이유로 JD를 맹비난했다.(2022년 4월 현재 DSA는 해당 경선에서 아무에게도 지지선언을 하지 않은 상태며, 계획도 없다고 한다. DSA 뉴욕 지부 대변인은 내게 보낸 이메일에서 "우리는 현재 이번 경선에 관여하지 않고 있으며, '절대'라는 표현은 쓰는 게 아니라지만… 올해 (멀로니 지역구에서) 아무도 지지하지 않을 거라고 꽤 자신 있게 말씀드릴 수 있습니다"라고 밝혔다.) 제이콥스는 성명에서 "착각하지 말라"며 "압델하미드의 도전은 진보적인 대의명분 차원이 아니다. 오로지 한 가지, 바로 권력 문제다.

멀로니에게 권력이 있고, DSA는 그 권력을 원한다"고 썼다.[48] 좌파들은 트위터를 통해 기꺼이 응수에 나섰다. DSA 회원인 혼다 왕은 이렇게 트윗을 올렸다. "제이 제이콥스가 하나는 제대로 맞췄다. DSA는 지난 반세기 동안 미국 좌파가 해온 대로 고통받기만 하거나 누구를 훈계하는 데는 관심 없다. 우리는 권력을 원한다."[49]

아직은 사회주의자들이 민주당을 점령하지 못했다. 그러나 그들이 민주당 내부에서 권력투쟁을 벌이고 있는 것은 분명하다. 그리고 순순히 권력을 내줄 정치인은 거의 없다는 점 또한 확실하다.

04

샌더스식 포퓰리즘, 펜실베이니아에 상륙하다

신좌파의 제1목표가 정부를 완전히 개혁하는 데 있다면, 펜실베이니아 같은 격전지에서 권력을 얻고 지지자를 만들어내야 한다. 조너선 스머커는 펜실베이니아주 랭커스터 카운티에서도 아미시파와 메노파 교도가 많이 사는 작은 노동계급 시골 마을인 버드인핸드Bird-in-Hand 외곽에서 자랐다. 보수적인 동네 메노파 가정 출신이지만(본인 표현에 따르면 "일주일에 최소 세 번은 교회에 가서 교회를 중심으로 돌아가는 삶"이었다고 한다), 스머커는 17세에 이미 좌파가 됐다.

소탈한 성격과 상냥한 태도 뒤에 굳건한 신념을 숨기고 있는 40대 백인 남성 조너선 스머커는 부드럽고 사람 좋은 말투로 어떻게 본인 세계관을 정립하게 됐는지 인내심 많은 교사처럼 설명해줬다. 공적인 자리에서 그는 양손을 앞으로 모으고 말하다가 강조할 점이 생기면 마주잡은 손을 움직인다. 고향을 떠난 뒤 90년대 중반에는 상대적으로 규모가 작고 세력도 크지 않은 활동가 공동체에 몸담았다가 1999년 세계무역기구WTO 반대운동에 참여했는데, 그 과정에서 좌파의 패배주의적 편협함을 느끼고 실망감을 맛봤다. 비슷한 시기에 그는 지난 50년간 주요 정당 정치인은 물론이고 대규모 비영리 기구 수장과 노조 대표까지 미국 정치 지도자 대다수가 상위 10~20퍼센트에 해당하는 부유층이라는 사실을 깨달았다. 민주당과 민주당 지지층인 노동계급 사이의 연결고리가 한때는 튼튼했으나, 이제는 가느다란 실로 전락해버린 것이다.

스머커는 본인 고향이 이런 현상을 잘 보여주는 사례라고 생각한다. 힘이 빠진 좌파는 펜실베이니아주에서 한때 친노동 진보주의자들의 본고장이었던 필라델피아와 피츠버그 사이 넓은 지역을 상당 부분 떠오르는 우파에 빼앗기고 말았다. 좌파만 탓할 문제는 아니라는 점을 스머커도 인정한다. 탈산업화와 세계화같이 커다란 경제적 변화도 한몫했기 때문이다. 그러나 스머커와 아내 베카 래스트(같은 동네 출신으로 현재 JD에서 간부직을 맡고 있다)처럼 교육받은 진보주의자들이 무리 지어 고향을 떠나고 있는 것만은 부정할 수 없는 현실이다. 민주당과 여러 진보단체가 그런 동네에서 철수하는 실상도 마찬가지다.

스머커는 펜실베이니아로 돌아가 대도시에서 배운 조직화 기술을, 외면당하는 시골 지역에 적용해보기로 결심했다. 그렇게 스머커와 래스트 부부는 2016년 1월 펜실베이니아주 랭커스터 카운티로 돌아왔다. 당시 부부는 전국 규모 진보단체에서 일하며, 언젠가는 지역과 주 단위에서 운동을 조직해보고 싶다는 희망을 안고 있었다. 트럼프의 대통령 당선이 큰 자극제가 됐다.

스머커와 래스트는 '선라이즈'나 JD 리더들, 또 월가 시위나 2016년 샌더스 캠프에 참여했던 활동가들과 함께 조직화 이론을 만들어왔다. 이들은 미국이 "포퓰리즘적 순간"에 와 있다고 내다봤고, 자기네 조직화 모델이 바로 그 기세를 동력으로 삼기를 기대했다. 이 이론을 발판으로 해서 스머커는 카운티에 '랭커스터가 일어나다Lancaster Stands Up, LSU'라는 진보단체를 공동설립했고, 이 단체는 '펜실베이니아가 일어나다Pennsylvania Stands Up'라는 이름 아래 '필라델피아 되찾기Reclaim Philadelphia' 등 여러 회원 단체를 아우르는 조직으로 성장했다.

스머커가 공동설립한 또 다른 단체인 '합창단 그 너머Beyond the Choir'는 '모멘텀Momentum'이라는 곳과 함께 '선라이즈', JD, '펜실베이니아가 일어나다' 등의 일원이 될 리더를 교육하고 전략 짜는 일을 거들었다. 스머커는 단체에서 배출한 리더들이 "한마음 한뜻"이고 "같은 성향"을 지녔다고 설명한다. 이들은 월가 점령 시위와 2016년 대선 사이 기간에 여러 차례 전략 연수를 거쳤다. "이 계열에서 사회주의자가 아닌 사람은 아무도 없습니다." 스머커가 덧붙였다.

이들의 목표가 DSA와 상당히 겹치고 리더들도 대개 사회주의자이지만, 스머커가 언급하는 조직들은 대외적으로나 공개적으로 사회주의 단체를 표방하지 않았다.(스머커가 속해 있는 DSA 회원들을 포함해서 오늘날 좌파 진영에는 자신을 사회주의자라고 부르지 않는 이들도 많다.) 그 점에 대해 스머커는 가까이 협력하는 단체들이 모두 "실용성에 초점"을 두기 때문이라고 말한다. 핵심은 진보에 희망이 없는 동네로 치부되는 지역에서 진보적인 정책에 동의하는 지지층을 넓히는 것인데, 그러기 위해서는 "특정한 단어에 얽매일 수 없다"는 설명이다. 스머커는 사람들이 특정 사상으로 돌아서도록 이끌기보다는 "자신만의 이념을 형성할 수 있는 교육 과정"을 밟아가도록 돕는 일이 본인 역할이라 여긴다. 그는 정치 분석이 "권력을 만들고 행사할 수 있는 실천적인 정치기술"과 결합할 때 훨씬 더 가치 있다고 믿는다.

스머커는 DSA가 해온 일에 감사하고, DSA 펜실베이니아 지부에 시간을 투자할 여력이 있으면 더 좋겠다고 생각한다. 특히 단체의 "전략적이고 권력을 지향하는" 경향과 관련해서 할 일이 많다고 느낀다. 그래서 DSA 랭커스터 지부가 초기에 LSU와 "같이 할 일이 전혀 없다"고 했을 때는 마음이 상했다. LSU 리더 대다수가 DSA 회원이었기에 더더욱 화가 났다. DSA 일각에서는 "사회주의를 앞세우지 않는다"는 이유만으로 LSU를 "리버럴 취급"했다.

이후 DSA 회원 일부가 LSU와 적극 협력하는 쪽으로 마음을 돌렸고, 스머커도 이를 받아들였다. 그러나 여전히 그의 우선순위는 DSA 지부를 키우기보다 "대중 조직을 만들어가는 데" 있다. 많은 DSA 지부가 조직을 강화하면서 특정 쟁점을 위한 캠페인과 선거운동도 함께하고 있다는 점은 스머커도 잘 알고 있다. 그는 DSA의 가치를 기꺼이 인정하지만, DSA 그리고 〈자코뱅〉 같은 사회주의 잡지들이, 실천할 수 있는 실용적인 운동기법을 개발하는 일은 소홀히 하고 분석에만 지나치게 집중하는 경향이 있다고 생각한다. DSA가 현실세계에서 권력을 쌓기보다 "독서모임 버전 사회주의"를 홍보하는 데만 열을 올리는 모습을 보고 좌절을 느꼈다고도 했다.

스머커는 자신이 특정 단체나 리더들만 비난하는 것은 아니라고 강조했다. 맞서 싸워야 할 더 큰 경제, 역사적 세력이 있다는 점을 잘 알고 있다는 뜻이다. 그는 한 발짝 물러서서 이렇게 말했다. "이건 누구의 잘못도 아니에요. 좌파 진영에서 리더를 키워내고 운동기법을 개발해온 체제가 지난 40년간 꾸준히 쇠퇴했습니다. 그러니까 지금 세대는 이런 상황을 알아서 헤쳐가야 하는 정치적 외톨이인 셈이죠." 사정이 여의찮은 줄은 알지만, 스머커는 좌파가 최대한 서둘러서 "민주당 기득권을 압도할 수 있는" 기술과 후보자, 캠페인, 활동가, 전략을 뽑아내고, 생사가 달린 문제로 역량을 집중해서 승리를 이끌어내야 한다고 말한다. 시간이 많지 않다는 것이다.

물론 이 부분이 양자택일의 문제가 아니라는 점은 스머커도 잘 알고 있다. "DSA나 〈자코뱅〉도 내부에 이렇게 실천 가능한 접근법 요소를 갖추고 있다고 생각합니다. 다만 그런 방향으로 더 가야 하고, 거기에 더 우선순위를 둬야 한다는 얘기죠. 기본적으로 저는 집단의 결과물과 정치적 결실을 믿습니다."

스머커는 1930년대 프랭클린 루스벨트와 뉴딜연합의 성공, 그리고 유럽에서 히틀러, 무솔리니, 프랑코가 부상한 현상을 나란히 놓고 비교했다. "이들 나라에서는 좌파 세력이 오히려 미국

보다 훨씬 강했거든요. 모든 일이 언제나 역량의 문제는 아니지만, 정치적 그릇이 큰 차이를 만들어낼 수 있습니다." 우리에게 역사적 순간을 놓치지 않고 활용할 능력이 있는가 없는가는 "경제적 요인을 포함해 우리가 통제할 수 있는 여러 요소 중 하나"라는 얘기다.

스머커가 보기에 미국 정치에서 좌파가 통제할 수 있고 또 더 잘해야 하는 부분은 바로 활동가들이 포퓰리즘을 대하는 태도다. 2016년 대선 이후 미국 사회 담론은 대부분 '넓은 의미의 좌파, 특히 민주당이 인종과 계급 중 무엇을 중시해야 하는가'라는 잘못된 이분법을 중심으로 형성됐다고 그는 주장했다. 주류 정치논객과 전략가들의 사고체계 속에서 인종과 계급은 양자택일 문제이기에, 인종정의를 강조해서 유색인종 유권자층에 다가가거나, '정체성 정치identity politics(그 자체로 널리 오해받는 개념이다)'를 덜 부각해서 백인 노동자 유권자층을 파고들거나 둘 중 하나라는 것이다. 스머커는 펜실베이니아가 좋은 사례라고 말한다. "여기는 백인들만 사는 동네가 아닙니다. 랭커스터나 코츠빌, 해리스버그, 레딩, 요크, 앨런타운처럼 우리가 운동을 조직하고 있는 작은 도시는 대부분 유색인종이 다수인 곳이에요. 하지만 도심이 아닌 교외 지역을 보면 백인 인구가 압도적으로 많죠. 그래서 우리는 양쪽에서 모두 활동하고 있어요."

스머커는 포퓰리즘과 포퓰리즘이 작동하는 방식을 잘 읽어내면 이런 상황은 대처하지 못할 모순이 아니라고 주장한다. 리버럴은 그네들 계급 성향을 포함한 이런저런 이유로 그 점을 잘 이해하지 못한다.(유명한 리버럴들은 대부분 노동계급이 아니기도 하다.) 스머커가 보기에는 좌파들도 그 점을 제대로 헤아리지 못하거나, 그런 상황을 목적 달성에 도움이 되도록 활용하는 방법을 잘 모르고 있다. 나아가 〈워싱턴포스트〉나 〈뉴욕타임스〉 칼럼니스트들이 항상 하나로 묶으려고 시도하기는 하지만, 트럼프의 반동적인 포퓰리즘과 샌더스-AOC의 포괄적이고 진보다운 포퓰리즘에는 근본적인 차이가 있다는 것이 스머커의 주장이다.

정치와 경제 사정이 나빠지면서 정치 지도자를 신뢰할 수 있는 인물, 정당성 있는 존재로 인식하는 미국인은 점점 줄어들고 있다. 스머커는 이런 권위의 위기가 부시 정부 2기 무렵 시작됐고 2008년 경기 대침체와 함께 극에 달했다고 본다. "그때 처음으로 정치 엘리트들도 문제를 파악하기 시작한 겁니다. 정치 지도자들은 늘 권위나 정당성의 위기를 가장 마지막에 알게 되는데요, 엘리트가 되면 일하는 사람들과 동떨어진 감각을 지니게 되기 때문이죠." 현재 떠오르는 포퓰리즘 정서를 활용하는 데 '우리 민중 대 부패한 기득권'식 수사가 강력한 힘을 발휘할 수 있는 것도 이 때문이다. 이런 수사는 "애매모호"하지만, 스머커가 보기에는 분석을 좋아하는 좌파들이 "대외적으로 메시지를 낼 때 딱 떨어지는 계급적 해석"을 내리려고 시도하는 것 자체가 애초 잘못된 접근법이다. 사람들 대부분이 정치에 큰 관심이 없으므로, 한 정당(2016년에는 민주당)이 현상 유지로 돌아가자고 주장하고 다른 정당이 정치계급을 뒤흔들 아웃사이더를 피상적으로 표방하는 인물을 후보로 내세우면, 사람들은 후자에 더 끌린다는 얘기다. 사람들은 극적인 연출과 거기에서 느끼는 감정에 더욱 크게 반응하기 마련이다.

"우리는 트럼프가 이민자와 무슬림 같은 사람들을 대상으로 '아래를 향해 때린다'는 점에 집중하곤 하는데요. 그건 반동적 포퓰리즘의 중요한 요소입니다. 그런데 트럼프가 '위를 향해 때리는' 모습 역시 그가 인기를 끄는 이유예요. 트럼프는 상위 1퍼센트나 0.1퍼센트가 아닌 10퍼센트, 문화적 엘리트 계층을 공격합니다. 민주당 의원, 학자, 언론인, 할리우드 인사들이 모두 이 계층 엘리트에 해당하는 사람들이죠. 이런 식의 공격은 효과가 좋습니다. 위에 있는 사람들에게 분노하며 내가 뒤처졌다고 느낀다면 그 자리에서는 교육받은 사람들, 곧 상위 10퍼센트가 꼭대기처럼 보이니까요."

스머커는 실제로 엘리트들이 우월의식을 지니고 있고, 사람들이 그것에 반응한다고 지적한다. 그러면서 힐러리 클린턴의 "개탄스러운 사람들deplorables(2016년 미국 대선에서 힐러리 클린턴이 트럼프 지지자들을 겨냥하며 한 말 – 옮긴이)" 발언과 전략가 제임스 카빌의 유명한 펜실베이니아 발언을 사례로 꼽았다. 많은 이의 기억 속에 남아 있는 카빌의 발언("펜실베이니아 동쪽에는 필라델피아, 서쪽에는 피츠버그가 있고, 그 사이는 대충 앨라배마 같은 [보수적인] 곳들이라고 보면 된다")은 펜실베이니아 주민과 앨라배마 주민을 한꺼번에 모욕하는 성과를 올렸다. "경제적 요인은 날씨와 같아서 사람들은 거기에 순응하지만, 우월의식에 사로잡힌 인간에게는 거세게 반응한다"고 스머커는 분석한다.

반대로 샌더스식 포퓰리즘은 "제대로만 하면" 훨씬 더 설득력이 높다. 샌더스식 포퓰리즘에는 대다수가 공유하는 적(이를테면 노동계급의 고통에 책임 있는 탐욕스런 경제 엘리트)을 호명하는 일이 포함된다. 트럼프식 반동적 포퓰리즘은 폭이 좁고 파고들기에 제한적이다. 게다가 상대 당이 질세라 더욱 매력 있고 포괄적인 포퓰리즘을 들고 나와서 맞붙으면 기세가 꺾일 수 있다. 스머커는 민주당이 "그렇게 하려고 들지 않아서" 문제라고 생각한다.

그는 "함께하는 민중의 목소리를 과감하게 대변"하려 드는 대신 모든 것을 "우리 문제"로 가두려고만 하는 판단이 좌파가 가끔씩 저지르는 실수라고 지적한다. 그러면서 "좌파가 조 바이든과 한 약속을 지켰으니, 이제 조 바이든이 좌파와 한 약속을 지켜야 한다" 같은 구호를 예로 들었다. 이렇게 막연한 문구 대신, '노동계급, 모든 인종의 청년, 우리가 함께 만든 풀뿌리 단체들이 조 바이든과 한 약속을 지켰으니, 이제는 조 바이든이 노동자들과 한 약속을 지킬 때다'라고 구체적으로 말해야만 효과가 있다는 것이다.

지난 수십 년간 미국 주요 양당은 꾸준히 투표하는 유권자층, 주로 공화당과 민주당 사이를 오가는 부유한 교외 주민들을 두고 싸움을 벌여왔다. 두 정당 모두 노동자와 빈민들이 투표장에 나오지 않아도 당연하게 여기기 시작했고, 이런 태도는 곧 자기현실적 예언이 됐다. 투표하지 않는 사람이 꾸준히 늘어났고, 이런 추세는 공화당보다 민주당에 더 큰 타격을 안겼다. 스머커가 분석한 대로 지난 10여 년간 "양당 지도부를 상대로 대대적인 저항"이 일어났기 때문에 지지하는 당에서 마음이 멀어진 이들은 점점 투표장에 가지 않게 됐고, 트럼프 같은 후보를 열렬히 추종하는 사람들은 더 많이 투표하게 됐다. 여기서 두 가지 반란이 나란히 일어났다. 공화당 쪽 유권자 반란은 티파티가 부상하고 하원 원내대표인 에릭 캔터 같은 공화당 기득권이 낙선하는 형태로 2009년에 시작됐다고 스머커는 주장한다. 트럼프의 당선 역시 티파티의 유산이라고 말한다.

한편 민주당 반란은 2011년 월가 점령 시위와 함께 시작됐다고 할 수도 있겠으나, '점령 시위' 참여자 대다수는 "선출된 권력에 알레르기 반응을 보였다"고 스머커는 주장한다. 샌더스가 처음 대선 출마를 선언한 2015년 이전에는 좌파 진영에서 효과적으로 선거 관련 운동을 조직하는 세력을 찾아보기 어려웠다는 얘기다. 그러나 샌더스 또한 한 명의 후보일 뿐이었다. 좌파가 연방정부 차원에서 의미 있는 정치권력 투쟁을 시작한 것은 AOC와 '스쿼드' 구성원들이 경선에 뛰어든 2017년 무렵으로 보아야 한다고 스머커는 설명한다. 그래서 민주당은 "반체제적인 저항 에너지"를 공화당 수준으로 끌어 올릴 수 없었다. 지난 12년간 공화당은 기존 지지층을 유지했을뿐더러 당내 우익을 이끌어내고 일깨우는 작업을 성공적으로 해냈다. 민주당원들도 여기저기서 내란 움직임을 보이기는 했지만, 샌더스는 결국 패배했고 좌파는 의회에서도 소수 의석만 차지하고 있을 뿐이다. 대선 수준에서 변혁을 약속하는 샌더스처럼 활력 넘치는 포퓰리스트가 없는 곳에서는 샌더스를 기꺼이 찍었을 사람들도 투표장에 아예 나오지 않았다.

스머커는 단체 '펜실베이니아가 일어나다Pennsylvania Stands Up'가 이런 상황을 최선을 다해 막아냈다고 주장한다. 플로리다나 조지아 지역의 다른 좌파 풀뿌리 단체들도 마찬가지다. '펜실베이니아가 일어나다'는 민주당을 향해 양가 감정을 품은 유권자들에게 다가가려고 각별한 노력을 기울였다. 트럼프의 존재가 펜실베이니아에 특히 위협이 된다는 점을 유권자들에게 설득력 있게 전달했는데, 스머커는 이런 분투가 바이든에게 약 5만4000표를 추가로 가져다줬다고 추산한다.(바이든은 펜실베이니아에서 8만1000표 차이로 승리했다.) "이곳 사람들이 2022년이나 2024년에도 트럼프에게 표를 안 준다는 보장은 없습니다." 스머커가 덧붙였다. "민주당은 약속을 지켜야 할 겁니다."

"트럼프의 나라"에서 일하고 생활하면서, 스머커는 주변 이웃을 움직이는 힘을 둘러싸고 정계 전략가들보다 더 나은 직감을 발휘하게 됐다. 그는 2018년 선거에서 제스 킹이라는 인물을 의회로 보내려고 열심히 뛰었다. 킹은 보수적인 랭커스터 카운티에서 상당히 선전했지만, 끈기와 진정성, 인상적인 유세 활동에도 불구하고 본선에서 공화당 후보에게 크게 패하고 말았다. 스머커는 킹의 낙선이 선거 중간에 단행된 선거구 재조정(선거기간에 선거구가 재조정되어, 킹이 출마한 펜실베이니아 제11선거구는 직전 두 차례 대선에서 공화당이 전국 평균보다 6퍼센트포인트를 더 얻었는데, 이번에 14퍼센트포인트를 더 받은 지역이 되어버렸다)과 "역사를 거스른" 공화당 지지자들의 투표율 때문이었다고 분석한다. 대통령을 보유한 정당 지지자들이 중간선거에서 그처럼 높은 투표율을 보인 것은 매우 이례적인 현상이라는 얘기다. 킹이 출마하면서 새로이 부상한 좌파의 가능성과 잠재력이 드러났지만, 우파에 비해 뒤처지고 있다는 사실 또한 선명해졌다. "지난 50년간 집권당 지지자의 중간선거 투표율을 분석해보고 우리가 이기는 걸로 예측했거든요." 스머커가 설명했다. "그런데 결과는 18포인트 차이로 낙선이었죠. 공화당 투표율이 그렇게나 높았던 겁니다."

스머커는 티파티와 신좌파를 "완벽하게 대칭되는" 존재로 보지 않는다. 티파티의 반란은 "훨씬 더 많은 의석과 정치적 동력으로 이어졌고, 오바마 행정부를 겨냥한 방해공작, 나아가 실제로는 굉장히 인기 없는 정책에서 출발했지만 공화당 지지층의 폭발적인 반응을 이끌어내 트럼프의 대통령 당선으로 연결됐다"는 것이다. 스머커는 더 나은 성과를 이끌어낼 잠재력이 좌파에 있다고 믿는다. "우리는 실제로 인기 있는 정책을 밀고 있거든요!" 스머커는 단일 보험자 의료보험과 결혼권 평등, 대마초 비범죄화, 사법 개혁, 부자 증세, 인프라 투자, 기후위기 해결 등 좌파가 지지하는 정책 다수가 "절대다수결 또는 다수결"로 나온다는 점이 티파티와 좌파의 가장 큰 차이라고 생각한다. 민주당이 지지층 안팎에서 "실제로 매우 인기 있는" 정책을 놓고도 "과감한 입장표명"을 주저하는 것은 "미친 짓"이라고 그가 주장하는 이유도 여기에 있다.

"물론 정치를 업으로 삼은 사람들, 그들의 계급적 위치와 정치계급의 배타성에 대해 알면 풀리는 부분이 더 많습니다. 자기 자리나 지위를 이기는 정당에서 잃느니 지는 정당에서 계속 틀어쥐고 싶어하는 사람들이 분명히 있거든요." 스머커가 덧붙였다. 거기에 후원금을 내는 기업들이 행사하는 지나치게 큰 영향력, 로널드 레이건을 띄운 보수주의 백래시에 트라우마를 안고 있으면서 이후 자신을 합리적인 중도로 포장해 승승장구한 민주당 고위 지도부라는 요소를 더하면 그림은 한층 명확해진다. "그게 그 사람들 나름의 요령이었겠죠? 하지만 지금은 1980년대가 아니니까요."

이제 더는 80년대가 아닐뿐더러, 미국이 세계에서 가장 잘나가는 국가이던 시절도 지나갔다. 네덜란드에서 자라고, 영국과 오클랜드 등 여러 곳을 거쳐 2016년부터는 펜실베이니아에 살고 있는 40대 미국 시민권자 한나 로리슨의 주장이다. '펜실베이니아가 일어나다' 공동창립자이며 전 상임이사인 로리슨은 창백한 피부에 밝은색 눈이 크고, 몸놀림이 재빠른 사람이다. 2016년 이전에는 식량정의를 주로 다루는 비영리 단체에서 일했다. 영국에 살던 시절부터 우파가 미국 정치의 목을 죄고 있는 현상을 주목하게 됐다.

펜실베이니아 주의회에서는 2011년부터 줄곧 공화당이 양원을 다 장악하고 있지만, 1993년에는 주지사와 양원 다수당이 모두 민주당이었다. 주의회 다수당이 민주당에서 공화당으로 바뀌는 기류가 지난 25년에서 5년 사이 여러 곳에서 나타났다. 위스콘신에서는 2009년과 2010년에 민주당이 다수당이었는데, 2011년부터는 내내 공화당이 주의회를 장악하고 있다. 1992년부터 2014년까지 쭉 민주당이 다수당이었던 웨스트버지니아에서도 2015년 이후로 공화당이 다수당 지위를 유지하고 있다. 뉴욕주에서는 반대 방향으로 변화가 일어났기에 '펜실베이니아가 일어나다'는 그 지역을 중요한 모델로 삼고 있다. 뉴욕 주지사는 1995년부터 2006년까지 줄곧 공화당 소속이었고, 상원 역시 공화당이 장악했었다.(뉴욕주 하원은 1992년부터 민주당이 다수당이었다.) 뉴욕주 알바니에서 최근 사회주의자 의원들이 '소수이긴 하지만' 나오기 시작했고, 민주당은 2020년 뉴욕주 상원에서 압도적인 다수당 지위를 확보해 주지사의 거부권을 기각할 수 있게 됐다.(쿠오모 전 주지사 같은 민주당 보수파 정치인의 의사를 기각할 수 있게 됐다는 뜻이다.)

하지만 펜실베이니아로서는 뉴욕주에서 벌어지는 일이 아직은 머나먼 꿈이다. 2020년 선거 결과 공화당이 그대로 주의회 다수당 지위를 지키고 있을 뿐 아니라, 공화당 의원들은 민주당 소속 당선인을 자리에서 끌어내리기 위해 주법원이 이미 승인한 선거 결과(트럼프가 임명한 판사였으나 민주당 손을 들어줬다)를 연방법원까지 가져가서 무척이나 트럼프스러운 소송을 진행 중이기 때문이다. 진보는 바이든이 대선에서 펜실베이니아를 품에 안는데 핵심 역할을 했지만, 민주당은 대선을 제외한 나머지 선거에서 패배하고 말았다. 민주당 보수파 정치인들은 경찰 예산 삭감에 찬성하는 집단으로 한데 묶이는 바람에 치명적이었다며, 선거 패배를 젊은 진보주의자들 탓으로 돌렸다. DSA와 '필라델피아 되찾기Reclaim Philadelphia'에서 지지를 받고 출마해 당선된 서머 리 주의회 의원을 비롯한 정치인과 진보주의 활동가들은 이런 주장을 단호히 일축했다. 서머 리 의원은 선거 직후 트위터에 이렇게 썼다. “당신이 인종주의가 판치도록 내버려둔 교외 지역에서 낙선한 것은 ‘경찰 예산 삭감’이나 ‘진보적 메시지’ 때문이 아닙니다. 대선을 제외한 나머지 선거를 대하는 민주당에 전략도, 대중에게 가닿는 메시지도, 현장유세 전략도, 지향점도 없었기 때문이죠.”[1]

물론 좌파의 정치와 정책을 분명하게 거부한 바이든까지 포함해 모든 민주당 정치인이 경찰 폐지를 외치고 있다는 그림을 그리기 위해 공화당이 엄청난 노력을 기울인 것도 사실이다. 어떤 지역에서는 그래서 분명 피해를 본 중도파 정치인도 있을 수 있다. 그러나 민주당이 대선을 제외한 선거에서 일관되게 보여준 전략과 대중을 파고들 만한 메시지가 없었던 것도 사실이다. 좌파 활동가들은 경찰 예산 삭감 요구가 특정 지역 선거판에 어떤 요인으로 작용할지 걱정하는 선까지는 자신들 소관이 아니라고 생각한다. 이들이 바라는 것은 2020년 여름 전국 단위 대규모 시위로 이어진 사태의 근본 원인을 해결하고 선출된 정치인들이 대책에 나서는 그림이다. 젊은 좌파들은 민주당 정치인 중 소수가 개별적으로 정의를 요구하며 목소리를 높이긴 했지만, 대다수는 보답할 마음도 없으면서 청년과 유색인종 유권자들이 민주당을 지지해주기를 바라기만 했다고 생각한다. 바이든과 좌파가 뜻을 달리하는 지점은 우선순위와 전략을 넘어선다. 많은 경우 양측은 아예 다른 것을 원하고 있다. 2020년 AOC는 〈뉴욕매거진〉 인터뷰에서 이렇게 말했다. "다른 나라에서라면 조 바이든과 저는 같은 정당 소속이 아닐 거예요. 하지만 미국에서는 우리가 같은 당이죠."[2]

'펜실베이니아가 일어나다'는 주 전역에서 몇몇 후보를 당선시켰고, 나아가 직접 지지하지 않은 정치인들을 압박해 특정 사안에 더 강경한 태도를 보이도록 만드는 데 성공했다. 특히 청년층에서 더는 기다릴 시간이 없다고 생각하는 이들이 많기는 하지만, 장기 전략 수립에도 힘을 쏟고 있다. 로리슨은 소속 단체가 국가적 위기의 규모를 잘 이해하고 있고 다양한 전선에서 동시다발적으로 문제를 해결하려고 노력 중이라고 했다. 후보 모집을 포함한 장기 선거전략을 세우고, 취약계층에 식료품과 의약품을 지원하고, 체포된 이들에게 보석제도를 안내하는 지역사회단체와 협력하는 일 등을 모두 진행한다. 지원 프로그램의 목적은 두 가지다. 하나는 도움이 필요한 사람을 보살피는 것이고, 다른 하나는 애초 왜 도움이 필요한 상황에 놓였는지 생각해보도록 독려하는 것이다. 그런 의미에서 선거 관련 활동은 "제 기능을 못 하는 정부 아래서 요구되는 후속 지원활동이 덜 필요하게끔 하려는 목적"이 있다고 로리슨은 설명한다.

"정말이지 돌아보면 저는 끓는 물 속 물고기나 개구리 같았어요. '501(c)(3) 비영리 단체(미국 연방법 501조(c)(3)절에 의거해서 정치 참여가 금지된 단체)'에 제한이 들어가도 그냥 받아들였고, 20년 동안 인종 불평등이나 불의, 그로 인한 식량 불안과 기아 문제를 그저 홍보나 정책 지원을 통해서만 해결하려고 애썼거든요." 시간이 지나면서 로리슨은 이런 접근법의 한계를 점점 더 절감하게 됐다. 정책에서 전국 단위 승리를 경험하기도 했지만, 근본적인 힘의 균형이 전혀 바뀌지 않았다는 사실을 깨닫고는 정신이 번쩍 들었다. "미국 사회에서 복지가 줄어들고 불평등은 커지고 줄기차게 백인 우월주의가 판치는 와중에, 어려운 사람들은 오히려 제가 활동을 막 시작하던 시절보다 더 힘들어졌습니다." 로리슨이 덧붙였다.

영국에서 비슷한 일을 하면서 특정한 쟁점 관련 활동과 정치를 분리할 필요가 없었던 환경은 로리슨의 "눈이 번쩍 떠지는" 경험이었다. 스코틀랜드에서 열린 한 콘퍼런스에 참석한 미국 농무부 직원이 미국의 여름방학 점심밥 제공 프로그램을 자랑스럽게 소개하던 장면은 로리슨 기억 속에 강렬하게 남아 있다. 그런 프로그램이야말로 로리슨이 평생을 바쳐온 일이었다. 배고픈 아이들에게는 점심밥과 시간을 보낼 장소를, 방학 중에 일거리가 없는 학교 구내식당 노동자들에게는 일자리를 줄 수 있는 유익하고 상식적인 정책이 아닌가. 농무부 직원이 발표를 마치고 질문을 받기 시작하자, 한 참석자가 자리에서 일어나 물었다. "그런데도 (미국에는) 밥을 굶는 어린이가 2000만 명이나 있지 않습니까? 이 프로그램이 도대체 무슨 문제를 해결한다는 겁니까?" 질문을 듣고 로리슨은 이 지점이야말로 미국 사회가 마주하기를 주저하는 진짜 문제라고 생각했다.

스머커는 좌파가 지금까지 잘해온 일을 계속 이어가는 것이 중요하다고 생각한다. 경선에 출마할 후보를 발굴하는 작업도 그중 하나다. 후보 모집이 어려운 이유는 샌더스식 공약을 걸고 출마하려는 사람을 찾기 힘들어서가 아니다. 딱 맞는 구상은 물론 제대로 된 기술을 갖춘 사람이 필요하기 때문이다. 스머커는 제스 킹의 선전을 다시 언급하며, 킹이 훌륭한 후보였던 이유는 정책만이 아니라 그가 "정말로 따뜻하고 공감 가는 인물"이기 때문이라고 말했다.

스머커는 선거에서 후보가 "어떻게 사람들과 교감하고 어떤 사회적 기술을 갖추고 있는지"가 후보의 정치관만큼 중요하다고 생각한다. 제스 킹, AOC, 버니 샌더스 같은 인물은 흔하지 않다. 스머커는 특히 킹 같은 후보와 킹의 캠프 같은 선거사무소, 그러니까 보수적인 지역에서 인상 깊은 활약을 펼쳐서 샌더스 스타일 후보는 민주당 강세 지역을 벗어나면 힘을 못 쓴다는 통념을 뒤집는 데 한몫할 수 있는 후보가 더 많아지기를 바란다.

"예전에는 우리가 기껏 활동해서 분위기를 만들어놓으면 정치인들이 그 에너지를 빼앗아간다고 생각했습니다." 스머커는 말한다. "2016년과 2020년 경선에 출마한 샌더스를 보면서 그 생각이 완전히 바뀌었죠. 버니는 좌파 진영 전체가 지금까지 일궈온 규모보다 훨씬 더 넓은 지지층을 활성화했습니다⋯. (샌더스의 선거유세는) 말하자면 선거운동 형식을 빌린 사회운동이었어요. 더 많은 참여를 끌어내기 위해 선거운동 메커니즘과 구조를 활용한 거죠." 스머커는 방치된 지역에서 강력한 후보자를 발굴해 출마시키는 방안이야말로 "해당 지역에서 풀뿌리 운동을 일으킬 수 있는 훌륭한 지름길"이라고 주장한다. 물론 정말로 뛰어난 후보에 똑똑한 보좌진, 현장 운영능력, 발 빠르게 자원봉사자를 모집해 운용할 수 있는 짜임새를 두루 갖춘 캠프가 꾸려졌을 때 이야기다.

스머커는 좌파가 "4년 전보다 훨씬 유리한 위치에 서 있다"며, 상황을 긍정적으로 바라본다. 단체들이 더 강력해졌고, 운동 결속력도 더 단단해졌으며, 선출된 "민중 후보" 수도 점차 늘어나고 있기 때문이다. "아직은 충분하지 않지만, 어쨌거나 성과는 성과입니다." 흐름이 바뀌고 있는 데는 팬데믹의 역할도 일부 있었다. 공중보건과 경제 부문의 대대적인 위기가 조 바이든과 척 슈머를 비롯한 민주당 고위층을 향해 국민에게 필요한 도움을 제공하라는 압력으로 작용했기 때문이다. 이들이 얼마나 압박을 느끼는가는 우리에게 달렸다.

'진퇴양난', 필라델피아에서 투표율 끌어올리기

2020년 대통령 선거를 이틀 앞두고, 나는 파트너와 브루클린에서 차를 몰고 필라델피아로 향했다. '펜실베이니아가 일어나다', 근로가족당과 힘을 합쳐 필라델피아 노동계급 시민들에게 투표를 독려하는 단체 '투표의 씨앗을 뿌리다Seed the Vote'의 활동에 참여하기 위해서였다. 도로변에는 '트럼프를 지지하는 여성들'이 내건 화려한 광고판에 이어, 상해 변호사 개인 광고들 사이로

하얀 치아를 드러내며 웃고 있는 조 바이든의 커다란 얼굴이 걸려 있었다. 광고판 위치 때문에 바이든도 구급차를 쫓아다니는 동네 변호사처럼 보였다. 가로등 기둥에 붙어 있는 바이든과 해리스 포스터는 얼마 전 지나간 폭풍우에 흠뻑 젖어 떨어지려고 했다. 바로 일주일 전에는 월터 월리스 주니어라는 젊은 흑인 남성이 경찰 총격으로 사망한 사건 때문에 시위가 도시 전체를 휩쓸고 간 참이었다. 판자로 출입구를 막아놓은 티모바일T-Mobile 이동통신 대리점 외벽에는 누군가 스프레이로 "다 가져감, 아무것도 없음"이라고 휘갈겨놓은 글귀가 눈에 띄었다. 팬데믹이 여전히 기승을 부리는 와중에도 거대한 카지노는 성업 중이었다.

다음 날 아침, 우리는 흑인과 라틴계 주민이 많이 사는 필라델피아 북부에 있는 월그린 드러그스토어 주차장으로 향했다. 춥고 바람이 거센 날씨였지만 하늘은 푸르고 맑았다. 주차장에 모인 자원봉사자들(일부는 뉴욕에서 차를 몰고 왔다)은 추위에 떨었지만, 표정만은 밝았다. 얼음장 같은 돌풍이 주차장 한가운데를 휩쓸고 지나가는 와중에 막 도착한 한 아시아계 여성이 큰 소리로 외쳤다. "야, 바람이 부네요. 변화의 바람!" 주변 사람들 얼굴에 미소가 번졌다. 주최 측에서 나온 활동가는 대부분 중년 흑인이었고, 자원봉사자들은 연령대가 다양했지만 대체로 백인이었다. 사람들은 추위에 발을 동동 구르며 근로가족당에서 나눠준 셔츠("필라델피아여, 오늘 투표하세요"라는 문구가 크게 쓰여 있었다)를 입었다. 주최 측은 자원봉사자들이 모두 마스크와 핫팩, 손소독제, 그래놀라바를 챙겼는지 확인했다. 마스크를 쓰지 않은 한 젊은 남성이 물품 상자 쪽으로 걸어가 그래놀라바 하나를 집더니 포장지를 벗기고 통째로 입 안에 쑤셔 넣었다. 그는 "실례합니다"라고 중얼거리며 인파를 밀치고 주차장을 떠났다.

우리가 모여 있는 장소에서 3미터 정도 떨어진 곳에는 지역 TV방송국에서 나온 기자가 카메라팀과 함께 서 있었다. 기자는 옷을 깔끔하게 차려입은 젊고 예쁜 흑인 여성이었다. "필라델피아 북부에 거센 바람이 불고 있는 오늘 이곳에는 자원봉사자들이 막바지 거리유세를 위해 모여 있습니다. 아프리카계 주민이 많은 이 동네에서 투표를 독려하기 위해서입니다." 바람이 세차게 몰아치는 통에 그는 오프닝 멘트를 몇 차례나 반복해야 했다. 주최 측 활동가 한 사람이 자원봉사자들을 향해 말했다. "어제도 우리가 이 자리에 모였는데, 마을 방범대 사이트에 어떤 사람이 '스무 명쯤 되는 사람들이 월그린에 침입하려고 한다'면서 글을 올렸더라고요." 그는 고개를 절레절레 흔들며 한숨을 내쉬었다.

나와 파트너는 허드슨밸리에서 온 두 백인 여성과 함께 '커즌스Cousin's'라는 슈퍼마켓 앞에 배치됐다. 우리는 마주치는 모든 행인에게 투표 계획을 물었다. "저는 투표하기 싫어요." 한 여성이 도전적인 말투로 대답했다. "난 투표 같은 거 안 해요." 부드럽게 속삭이는 이도 있었다. 투표가 무슨 소용이냐고 하는 사람도 있었다. "빌어먹을, 투표해도 소용없잖아요! 뭐가 달라진다고!" 한 중년 흑인 남성은 이렇게 말했다. "바이든을 찍기는 했는데, 버니 샌더스의 영향력이 커졌으면 좋겠네요…. 버니는 두 번이나 후보 자리를 빼앗겼죠!" 그는 민주당 후보에게 표를 주는 행위를 빗대어 "계속 바람을 피우는 상대와 연애하는 것 같다"고 표현하며 "전혀 신뢰가 남아 있지 않죠. 그런 관계를 어떻게 회복합니까?"라고 되물었다.

정치가 아무것도 해주지 못한 사람들, 투표를 해봤자 삶이 바뀌지 않는 현실을 고통스럽게 체득한 사람들이 그렇게나 많다는 사실이 슬펐지만 놀랍지 않았다. 그러나 이토록 재치 넘치고 주관이 뚜렷한 사람들을 거리에서 만나 소통하다 보니 낯선 애국심이 가슴 가득 차올랐다.

선거 하루 전인 그날 오후 늦게 나는 필라델피아 시청으로 향했다. 미국에서 가장 큰 시청사 건물은 차갑고 위풍당당한 아름다움을 내뿜고 있었다. 날씨는 여전히 무척 추웠지만, 20여 명이 청사 앞 간이무대 위에 올랐고, 10여 명이 무대 아래서 이들을 올려다보고 있었다.

기자회견 목표 역시 필라델피아 시민들을 투표장으로 끌어내는 데 있었다. 근로가족당 당원으로는 최초로 필라델피아 시의원이 된 켄드라 브룩스가 열정을 담아 포문을 열었다. "주류 정치인들은 너무나 오랫동안 흑인 유권자들 표를 당연하게 여기고, 간과하고, 홀대해왔습니다…. 흑인 표는 거저 안기는 것이 아닙니다!" 펜실베이니아 주의회 의원인 흑인 청년 릭 크라예프스키도 마이크를 잡고 외쳤다. "인종차별, 성차별, 자본주의에 종지부를 찍는 세상이 가능하다는 것을 저는 알고 있습니다!" 수많은 활동가가 지난 수십 년간 마이크를 잡고 같은 이야기를 해왔다.

그러나 활동가나 반자본주의와 거리를 두는 정치인들만 오랫동안 봐오다 보니 선출직 공직자 입에서 이런 이야기를 듣는 것 자체가 짜릿한 경험이었다.

행사가 끝나자, '필라델피아 되찾기' 단체 창립자이며 정치국장인 아만다 맥일머레이가 동료 세르지오 세아와 켈리 모튼을 소개했고, 우리는 함께 이들 사무실까지 걸어갔다. 몇 달째 아무도 오지 않아 빈 공간이었는데, 사회적 거리두기 수칙을 지키며 이야기를 나누기 위해 큰 회의실 탁자에 둘러앉았다.

얼굴 가득 미소를 짓는 켈리 모튼은 43세 백인 금발 여성으로, '필라델피아 되찾기'에서 조직국장을 맡고 있었다. 세르지오 세아는 필라델피아 서부를 담당하는 활동가로 마지못해 나이를 밝히며(35세) 장난스럽게 덧붙였다. "게이 남성한테 나이는 절대 묻지 마세요." 그는 단체에 있는 퀴어 및 유색인종 모임 창립회원이기도 했다. 큰 키에 화려한 색상의 옷을 걸친 맥일머레이는 활력 넘치고 말이 빠른 스물일곱 청년이었다. 단체 누리집에서 보라색 립스틱을 바른 맥일머레이 사진을 본 나는 기자회견장에서 단번에 그를 알아봤다. 숱이 많은 곱슬머리에 반짝이는 눈, 행동이 재빠른 젊은 여성이었다.

모튼은 2016년 샌더스 캠프 이야기를 꺼내놓았다. "제가 단체 활동이란 것을 그때 처음 해봤어요. 뭔가에 반대하고 저항하기 위해 싸우는 것과, 뭔가를 위해 싸우는 건 느낌이 다르더라고요…. (그런 경험을 통해) 정치적으로 무엇이 가능한지를 바라보는 감각이 달라졌습니다." 그는 샌더스 캠프에서 만난 동료를 따라

'필라델피아 되찾기'에 가입했다. 처음으로 참여한 활동은 민주당 전당대회 조직위원회 구성에 반대하는 시위였다. 당시 위원회 구성을 살펴보면 컴캐스트 부사장 같은 인물이 들어가 있었는데, 그는 주정부 교육 예산을 십억 달러나 삭감해서 유명해진 공화당 소속 톰 코벳 주지사를 후원했던 인물이다. "아이들한테 엿 먹인 사람을 적극 지원한 인간이 여기 있네, 이런 자가 민주당을 대표하면 되겠나, 하는 생각이었죠." 모튼이 말했다.

세아도 2016년 민주당 대선 경선에서 샌더스를 지지했다. "'필라델피아 되찾기'가 래리 크래스너(사법 개혁을 외치며 필라델피아 지방검사에 당선된 인물) 선거 때 활약하는 모습을 지켜봤어요. 저는 늘 지역 정치에 관심이 많았지만 주로 온라인에서만 크게 떠드는 쪽이었거든요. 단체 리더들도 인터넷에서 처음 만났죠. 그중 한 분이 저와 1대1로 대화도 나누고 오랫동안 공을 들이셨어요."

2018년 세아는 '필라델피아 되찾기'가 추진한 민주당 당내 진보 정치인 키우기 프로젝트 일환으로 필라델피아 서부에서 직접 공직에 출마했다. "나 자신에게는 큰 기대가 없었어요. 저는 고등학교를 중퇴한 데다 퀴어고, 흑인이 많은 동네에 사는 라티노니까요. 어디에도 뿌리를 내리지 못했다고나 할까."

동료들은 세아에게 길거리 유세를 하면서 살아온 이야기를 털어놓고, 이웃들의 관심사를 물어보라고 조언했다. 그해 선거에서 세아를 포함해 뜻을 함께하는 여러 후보가 필라델피아 전역에서 당선의 기쁨을 맛봤다.

맥일머레이는 2016년 샌더스 경선 유세 당시 대의원이자 현장 활동가였다. 그는 필라델피아 지역에서 '버니 걸Bernie Girl'로 이름을 날렸다. 이전에도 자원봉사나 시위에는 수도 없이 참여해 봤지만, 선거운동은 그때가 처음이었다. "제가 본격적으로 정치화하고 급진화된 건 고등학교 졸업 직후였어요. 그때 마이클 브라운이 살해당했고, 이후로 흑인 사망사건이 줄을 이었습니다."

"나갈 수 있는 행진과 집회에는 모두 참여했죠. 처음으로 간 대규모 집회가 아직도 기억나는데, 집회 이름이 '필라델피아가 볼티모어다Philly Is Baltimore'였어요. 아프리카계 청년 프레디 그레이가 볼티모어 경찰의 과잉대응으로 사망한 직후에 열린 집회로 기억해요…. 행진이 진행되고 시간이 늦어질수록 백인들 수가 점점 줄어들었고 경찰 폭력 수위는 점점 높아졌습니다." 활동가도 여럿 체포됐다. "같이 간 제 친구 하나는 경찰한테 '원숭이'라는 소리도 들었어요." 맥일머레이가 기억을 떠올리며 말했다. "어떤 경찰은 또 다른 친구의 가슴을 움켜쥐기도 했고, 수갑이 채워진 채로 체포돼서 계단 아래로 끌려 내려간 친구도 있었어요. 경찰이 시위대를 향해 후추스프레이를 뿌렸고요."

그때가 맥일머레이에게는 '나갈 수 있는 집회에는 모두 참여해야지'에서 '내가 바꿀 수 있는 것을 움직이기 위해 무슨 일이든 해야겠다'로 바뀐 순간이었다. 당시에 일을 두 개나 하고 있어 바빴지만, 당장 샌더스 캠프에 찾아가 자원봉사를 시작했다.

조직화의 가장 중요한 목표 중 하나는 사람들이 특정 사안에 보이는 관심을 행동으로 연결하는 것이다. 그 과정에서 1대1 대화가 큰 역할을 한다. 모튼은 사람들이 상대의 투명성, 개방성 그리고 취약성에 반응하며, 내가 먼저 마음을 열면 상대도 그렇게 한다고 설명했다. 목표는 "정치를 바라보는 사람들의 생각을 바꾸는 것"이라며, 자신도 예전에는 정치가 "나 개인의 삶과는… 연결되지 않은 무엇"이라 생각했다고 털어놓았다. 반면 이제는 그도 정치가 "매우 개인적인 것이며… 권력을 되찾아와야 하는 문제"라고 느낀다. 모튼은 "사람들이 우리의 집단적 힘을 믿도록 하는 것, 전략과 민중의 힘으로 정치적 가능성을 모아내는 캠페인을 조직하는 것 그리고 당선되면 행동에 나설 의지가 있는 후보를 세우는 것"이 모두 중요하다고 강조했다.

한편 세아는 이렇게 덧붙였다. "저는 항상 민주당 우세 지역에 살았기 때문에 나를 대표하는 정치인이 공화당 소속이라는 게 문제는 아니었어요. 나와 가치관을 공유하지 않는 민주당원이 나를 대표한다는 게 문제였죠." 그는 흑인 의원이 다수인 필라델피아 시의회를 예로 들어 설명했다. "특정 인종이나 정당에 표를 주자는 이야기가 아닙니다. 과감한 지향점을 제시하고 우리와 가치관을 공유하는 후보가 필요한 거죠. 저는 지방검사에 출마한 래리 크래스너를 보고 큰 영감을 얻었어요…. 크래스너는 다른 민주당원에게 도전장을 냈거든요. 이 동네에서 공화당원이 지방검사가 될까 봐 걱정한 적은 한 번도 없었죠. 크래스너는 경쟁자가 모은 그 많은 후원금, 지지성명, 당 차원의 지원을 모두 극복하고 당선됐어요."

맥일머레이는 '필라델피아 되찾기'의 가장 좋은 점을 이렇게 말한다. "리더 개개인에게 초점을 두고, 이 문제에서 이 사람의 이해관계는 무엇일까? 가족이 집에서 퇴거 조치를 당했나? 그렇다면 우리 단체에서 주택 관련 쟁점을 맡을 수 있을까? 이 사람이 지역사회 리더가 되려면 어떤 도구가 필요하지? 이런 질문을 던진다는 거예요. 그 점이 다른 단체와 차별되는 부분입니다…. 목적이 매우 뚜렷한 연수 과정도 있고, 정치교육 프로그램도 많아요. 우리는 공동체를 꾸리고 그 안에서 발전해간다는 목표를 매우 진지하게 받아들이고 있습니다."

나는 좌파 단체를 방해하고 신뢰도를 끌어내리기 위한 대표적인 전술들에 대해서도 질문을 던졌다. 유색인종이 많은 동네에서 활동하는 백인 활동가를 두고 지역사회의 요구를 이해하지 못하는 '젠트리피케이션 옹호자'로 치부하는 것, 흑인 활동가의 '흑인성'을 의심하는 것, 인종을 가리지 않고 모든 활동가를 향해 대학 캠퍼스에서나 인기 있는 관점을 현실세계에 적용하려고 드는 팔자 좋은 대학생이라고 깎아내리는 것 모두 이런 전술에 해당한다.

"그런 소리는 언제나 듣죠." 맥일머레이가 말했다. "'아, 너 대학 나온 리버럴인가 보네.' 같은 말이요. 하지만 저는 리버럴도 아니고, 가족 중에 대학 간 사람은 아무도 없어요. 더럽게 가난해서요. 오히려 릭 크라예프스키나 아브리아나 모건(단체에서 함께 일하는 흑인 활동가들)은 펜실베이니아대를 나왔죠…. 미안하지만 우리는 너의 고정관념에 들어맞는 사람들이 아니란다, 이렇게 말하고 싶어요."

세아도 거들었다. "젠트리피케이션 이야기를 하다 보면, 문제의 진짜 주범인 부동산 개발업체나 이익이 걸려 있는 사람들을 상대로 함께 싸우는 대신, 같은 문제로 고통받는 사람들끼리 이웃 간에 등 돌리는 모습을 보게 됩니다. 지역사회를 파괴하는 건 커피 마시고 자전거 타는 힙스터가 아니라 레드라이닝redlining(빈곤층, 특히 흑인 거주 지역에 서비스를 제한하는 금융기관의 차별적 관행 – 옮긴이)인데 말이죠."

'좌파'로 질문을 돌리자 맥일머레이는 부드럽지만 단호한 어조로 이렇게 말했다. "우리는 '좌파 대 우파'의 틀에 빠지지 않으려고 무척 노력하고 있습니다. 대신 '바닥 대 꼭대기', '99퍼센트' 같은 프레임을 사용하려고 하죠."

"사람들 대부분이 우리 의견에 동의하고 있어요." 맥일머레이도 스머커와 똑같은 말을 했다. "그런 사람들을 찾아서 조직하기만 하면 되는 거예요…. 특히 좀 더 보수적인 지역에서는 그들도 우리와 상황 분석이 다를 뿐이지 이해관계가 같다는 점을 보여줘야 합니다…. 이 부분이 실현된 사례, 그러니까 정말로 의외인 동맹이 형성된 경우가 바로 니킬 사발이 출마한 필라델피아 상원의원 선거였어요. 역사적으로 필라델피아에서는 건설노조가 진보 후보와 맞서는 일이 많았습니다. 건설노조가 노동조합이기는 해도 우리와 함께할 수 없다고 생각하는 사람들이 많았어요."

"말도 안 되는 소리죠." 맥일머레이가 설명을 이어갔다. "우리는 전기기사 노조, 건설인부 노조를 포함한 여러 노동조합을 니킬 편으로 끌어들이고 지지선언을 받아냈습니다."

"우리가 친노동자 단체라는 점을 분명히 보여줬기 때문이라고 생각해요. 노동운동이 얼마나 뒤통수를 맞아왔는지도 솔직하게 이야기 나눴고요…. 특정 분야에서 좌파나 진보를 불신하는 데는 그럴 만한 이유가 있습니다. 그 문제를 피하지 않고 허심탄회하게 대화 나누려고 하죠. 우리가 전기기사들 표, 건설 현장 노동자들 표 없이 전 국민 주거 보장이나 그린뉴딜을 실현할 수 없다는 건 분명한 사실입니다."

그는 니킬 사발의 승리를 이렇게 설명했다. "사발은 노동운동 활동가인데 상대 후보는 이 분야를 제대로 몰랐던 점도 요인이었습니다. 그러니까 어떤 사안에 경험 많고 해당 분야에 오랜 시간을 투자하며 신뢰를 쌓아온 후보자를 발굴하는 작업이 중요해요. 입으로만 옳은 일을 하겠다고 읊어대는 사람 말고, 의지를 행동으로 보여준 사람을 찾아서 후보로 세워야죠."

"저는 노동자 가정 출신이에요. 아버지는 트럭 운전사였는데 코카콜라 트럭을 몰았죠. 어머니는 학교 급식소에서 일하셨고, 섬유 및 호텔 노조 '유나이트 히어Unite Here' 회원이셨어요. 가족 중에 노조 일을 한 사람이 많죠. 그래서 특히 저 같은 사람, 두 세계 사이에 있는 사람이 '얘들아, 우리는 사실 생각이 같아, 우리 모두 사장, 부자들하고 싸우는 거야, 어떤 쟁점에서는 의견이 다를 수도 있지만 궁극에는 우리가 힘을 모으면 함께 승리할 수 있어, 우리가 모두 이 파이 전체를 차지하고 부자들한테 꺼지라고 할 수 있어'라고 말하는 게 중요하다고 생각해요." 맥일머레이가 덧붙였다.

'필라델피아 되찾기' 단체 활동가들을 만나고 온 저녁녘에 나와 파트너는 멕시코 음식을 사 들고 숙소 뒷마당으로 친구들을 불렀다. 몹시 차가운 날씨였지만, 모닥불을 피워놓고 와인을 마시니 추위를 잊을 수 있었다. 하루를 돌아보며, 나는 사람들이 전국 단위 정치인보다 지역사회에서 활발하게 활동하는 시의회, 주의회 정치인들에게 더 큰 기대를 걸고 있다는 사실을 실감했다. 맥일머레이가 선거사무소 소장을 지낸 엘리자베스 피들러를 포함해서 내가 만난 신좌파 정치인들을 언급했더니, 친구 하나가 눈을 반짝이며 말했다. "정말이야. 여기 사람들이 리즈 피들러를 정말 좋아해! 내가 캠프에서 전화유세를 좀 했는데, 전화 받은 사람들이 '조 바이든은 잘 모르겠어요, 너무 진보적인 사람 같아요, 하지만 피들러는 정말 잘하고 있는 것 같아요! 인사 꼭 전해주세요' 이렇게 말하더라고."

우리 모두 웃음을 참지 못했다. 바이든과 달리 엘리자베스 피들러는 DSA 본부와 DSA 필라델피아 지부에서 지지선언을 받은 진짜 사회주의자이기 때문이다. 그렇더라도 지역사회와 인연이 깊은 인물이기에 일부 비사회주의자 유권자들에게 중도파인 바이든보다 더 큰 호감을 줄 수 있는 것이다.

펜실베이니아에서 일어나고 있는 일은 뉴욕과 일리노이, 조지아, 켄터키, 플로리다, 미네소타 등 다른 지역에서도 똑같이 벌어지고 있다. 주와 지역 차원에서 나타나는 이 현상은 대부분 2016년 샌더스 캠프와 비영리 진보 단체, 노조 내부 좌파가 일군 성과에서 출발했다. 샌더스와 워런은 상원에서, AOC와 스쿼드 일원들은 하원에서 계속 제도권 좌파를 이끌어갈 테고, 샌더스 캠프에서 활약한 베테랑과 활동가들이 현장에서 활동을 이어갈 것이다. 샌더스 행정부나 우리가 꿈꿨던 권력으로 가는 지름길은 없겠지만, 여전히 우리가 해야 할 일이 아주 많이 남아 있고 쟁취해야 할 세상이 있다.

불타오르는 나라

05

2020년에는 거의 1년 내내 수백만 미국인이 소외되고, 고립되고, 집을 잃으며 괴로운 나날을 보냈다. 캘리포니아 역사상 가장 큰 규모의 산불이 8월 한 달 동안에만 47만1000에이커를 불태웠다.[1] 오리건과 워싱턴주에서도 마을 일부 또는 전체가 불타 사라지는 일이 여러 건 발생했다. 샌프란시스코 베이 지역에서는 산불 연기에 가려 해를 보기 어려웠다. 연기와 안개가 뒤섞여 만들어낸 핏빛 장막 뒤로 샌프란시스코 스카이라인이 군데군데 사라졌다. 캘리포니아 공중보건 당국은 산불로 대기오염이 심해진 동안 주민들에게 외출을 자제해달라고 당부했다. 대기오염 노출도와 코로나19 사망률 사이 연결고리를 보여주는 연구 결과도 발표됐다.

이 글을 쓰는 순간에도 여전히 현재진행형인 팬데믹으로 수백만 명이 직장을 잃고 고립된 채 여러 날을 보내야 했다. 수십만 명이 병을 앓고 죽어갔다. 학교가 문을 닫거나 원격수업을 실시하는 바람에 어린이들도 집에서 발이 묶였다. 재택근무를 해야만 했던 이들, 그나마 그럴 수 있었던 이들은 일하면서 동시에 자녀를 돌보고 공부도 챙겨야 했다. 컴퓨터나 인터넷이 없는 가정에서는 아이들이 원격수업마저 들을 수 없었다. 2020년 말에는 트럼프가 백악관에서 방을 뺐고, 수백만 미국인네 삶은 그야말로 바닥을 치고 있었다.

좌파의 담대한 부상과 이들이 마주한 도전을 가장 명확하게 보여준 사건은 바로 봄에서 여름으로 이어진 인종차별 반대시위였다. 2020년, 미니애폴리스 경찰 데릭 쇼빈이 저지른 조지 플로이드 사망사건 이후, 대규모 시위는 밤낮을 가리지 않고 계속됐다. 한 조사에 따르면 경찰 폭력과 플로이드 사망에 항의하는 시위에 참여한 사람 수가 6월 한 달에만 1500만 명에서 2600만 명에 이르렀다.[2] 미국에서는 최소 1700개 도시, 그 밖에도 세계 각지에서 시위가 일어났다.[3] 미국 성인의 약 6~10퍼센트가 관련 시위에 참여했고, AP통신 집계에 따르면 경찰에 체포된 시위 참여자 수가 1만 명을 웃돌았다.[4]

2013년부터 2016년 사이에 진행된 오바마 시대 '흑인의 생명도 소중하다' 시위 역시 플로리다의 트레이본 마틴, 뉴욕의 에릭 가너, 미주리의 마이클 브라운, 미네소타의 필란도 카스틸, 루이지애나의 앨턴 스털링 사망사건들처럼 똑같이 끔찍한 죽음이 불을 당겼지만, 2020년 시위에 대중은 훨씬 큰 지지를 보냈다. 2020년 6월 여론조사에서는 미국인 74퍼센트가 플로이드의 죽음이 광범위한 인종적 불의를 보여주는 사건이라고 답했다. 2014년 여론조사에서 경찰에게 흑인들이 살해된 사건은 더 큰 구조의 문제라고 대답한 사람이 43퍼센트뿐이었던 점과 비교하면 대거 늘어난 수치다.[5] 시위대 대다수는 청년이거나 대학을 졸업한 이거나 둘 다에 해당하는 사람들이었다. 누군가에게는 의외의 사실일 수도 있을 텐데, 백인이 대다수였다는 연구 결과도 나왔다.[6]

어떤 지역에서는 사람들이 몇 주 동안 쉬지 않고 모조리 길거리로 쏟아져나온 느낌이었다면, 3인 이하 초소형 집회가 열리거나 교차로에 홀로 BLM(Black Lives Matter) 피켓을 들고 서 있는 사람이 전부인 동네도 있었다. 미국은 물론 세계 각지에서, 어떤 시위도 열린 적 없는 작은 마을에서마저 위성시위가 줄을 이었던 2017년 여성행진을 떠올리게 하는 장면이었다. 뉴욕주 시골 마을인 그린 카운티는 인구의 90퍼센트가 백인이고 트럼프를 압도적으로 지지한 동네지만, 플로이드의 죽음에 항의하며 거리로 나온 다양한 인종과 연령의 주민이 1000명에 달했다. 인구가 4만 7000명인 보수적인 시골 마을에서는 상상도 못 할 규모의 시위대였다.[7]

2020년 여름 찜통더위가 기승을 부리던 어느 날, 뉴욕시 워싱턴스퀘어 공원에 수백 명이 모여서 경찰 예산 삭감을 요구했다. 한 유색인종 여성이 마이크를 잡았다. "예산을 폐지하라, 낙인을 제거하라, 감금과 범죄화를 중단하라!" 그는 살짝 말을 더듬으며 이렇게 외치고는 백인 남성 4명을 무대 위로 불러내 커다란 현수막을 들어달라고 요청했다. "이제는 백인 남성들이 움직여야 할 때입니다!" 박수와 함성이 터져나왔다. 젊은 백인 남성 몇몇이 장군의 명을 받들어 보병을 자청하기 위해 앞으로 뛰어나오느라 잠시 소동이 빚어지기도 했다. 갑자기 번개가 치더니 천둥소리가 뒤따라왔다. 곧 하늘이 열린 듯 비가 쏟아지기 시작했다. 한 연사가 하늘마저 우리 편이라고 큰 소리로 외쳤다.

급진적인 흑인 청년들과
'대겸손의 시대'

한편 마이애미에서는 전국 규모 단체인 '정의를 쟁취하라Win Justice'가 주도해서 플로리다 전역 진보단체들이 '모두를 위한 플로리다Florida For All'라는 연합체를 구성했다. 이들은 주 전역 모든 단위 선거에서 진보 후보가 당선되도록 돕고, 이민자 권리와 인종정의, 선거권, 환경정의와 같은 쟁점을 중심으로 조직화를 추진한다는 목표를 세웠다. 북미서비스노조 플로리다 지부Service Employees International Union Florida, SEIU FL, '신플로리다 다수New Florida Majority', 가족계획협회 플로리다 지부 정치활동위원회Florida Planned Parenthood PAC, '플로리다를 조직하라Organize Florida', 'FLIC가 투표한다FLIC Votes', '플로리다를 위한 믿음 행동 기금Faith in Florida Action Fund', '꿈의 수호자들Dream Defenders' 등이 회원 단체로 참여했다.

이들은 특정 정책과 후보를 지지하고 (현실이 되지는 못했지만) 2020년 대선에서 바이든이 플로리다를 가져갈 수 있도록 할 계획이었다. 그중에서도 '꿈의 수호자들'의 목표는 눈에 띄게 급진적이었다. 이 단체는 2012년 플로리다 샌포드에서 17세 청소년 트레이본 마틴이 조지 짐머만 손에 사망한 직후 설립됐다. 짐머만에게 무죄가 선고되자 '꿈의 수호자들'은 30박 31일간 플로리다 주의회 건물을 점령하고 플로리다의 정당방위법Stand Your Ground law 폐지를 요구했다. 결국 법을 폐지하는 데는 실패했지만, 근래 찾아보기 힘들었던 주의회 장기 점령 기록을 세우며 미국 전역에서 관심을 끌어냈다.

'꿈의 수호자들'은 흑인이 주도하는 조직으로, 회원들은 폐지론자("감옥과 경찰의 치안 유지 활동, 감시와 처벌이 없는 세상을 위해 싸운다"), 페미니스트("흑인 페미니즘의 핵심은 위계와 폭력, 처분 가능성, 지배와 싸우고, 남성, 여성, 젠더 비순응자를 포함한 모든 인간이 가시화되고 가치를 인정받는 세상을 위해 투쟁하는 것이다"), 사회주의자("우리는 모든 이가 서로 돌보고, 충만한 삶에 필요한 것을 모두 누릴 수 있고, 공공의 선을 향한 요구가 소수의 이기적인 욕구보다 우선시되는 세상에서 살 수 있다")로 스스로를 정체화하고 있다. 이들은 또한 자랑스러운 국제주의자("우리는 전 세계 억압받는 이들과 함께하며, 모든 형태의 인종차별과 혐오—반유대주의, 이슬람 혐오, 트랜스 혐오, 성차별주의—에 맞서 싸운다…. 퍼거슨에서 사용된 최루탄은 멕시코 국경지대와 스탠딩록, 팔레스타인에서도 쓰였다")이기도 하다.

'꿈의 수호자들'은 상대적으로 젊고 급진적인 정치와 열린 당파성, 그리고 오바마 시대부터 타고 내려온 뿌리 덕분에 신좌파 선봉에 서게 됐다. 이들이 더 정의로운 세상을 위해 싸우며 마주한 걸림돌은 폐지론이나 사회주의를 대하는 이들의 자세만큼이나 시대상을 둘러싸고 많은 것을 말해준다.

레이첼 길머는 '꿈의 수호자들' 공동상임이사이고, 넬라 서머스는 공동창립자이자 나와 이야기를 나눈 2020년 12월 시점에는 단체 커뮤니케이션국 국장이었다. 두 여성은 서른세 번째 생일을 앞둔 동갑내기였고, 둘 다 무척 낙담한 상태였다. 바이든이 대선에서 승리했지만, 플로리다에서는 상당한 격차로 패배했기 때문이다. 플로리다에서 트럼프와 바이든의 표차는 37만5000표에 달했다.[8] 주의회에서도 공화당의 다수당 지위는 흔들림이 없었다. 상원에서는 공화당이 다수를 유지했고, 하원에서도 78석 대 42석으로 공화당이 다수였다.[9] 길머와 서머스는 함께 일하는 활동가들이 중간선거에서 실망스러운 결과를 얻고 대선 경선에서 절망적인 패배를 겪은 데다('꿈의 수호자들'은 경선 초기에 샌더스를 지지했다), 주의회에서 민주당이 밀리고, 트럼프가 플로리다에서 압승을 거두는 등 일련의 사건을 "대大겸손의 시대great humbling"로 부른다고 했다. 그 2년 전 플로리다에서는 '트럼프 키드' 중 한 사람인 론 드산티스가 민주당 진보 성향 흑인 당원인 앤드루 길럼을 꺾고 주지사에 당선됐다. 사회주의와 페미니즘을 앞세우는 흑인 활동가는 말할 것도 없고, 친기업 성향의 평범한 민주당원에게도 절망적인 환경이 됐다.

희망적인 구석이 아예 없지는 않았다. 2018년 플로리다에서 중범죄 전과자의 선거권을 회복하는 법안이 주민 64퍼센트의 찬성으로 통과됐다.[10] (살인이나 중대한 성범죄를 저지른 이들은 법안에서 제외됐다.) 2020년에는 플로리다가 미국 남부주로서는 최초로 최저시급 15달러 법안을 통과시켰고, 플로리다의 최저시급은 2026년 9월 30일에 8.56달러에서 15달러로 오를 예정이다. 주민투표 결과는 최저시급 인상안 통과에 필요한 찬성 60퍼센트를 아슬아슬하게 넘긴 60.8퍼센트였지만,[11] 이로써 최저시급 인상안은 적어도 트럼프나 바이든 두 사람보다는 훨씬 인기가 많은 것으로 판명됐다.

"저는 개별 후보들이 너무 쉽게 정치화되고 낙인이 찍힌다고 생각해요." 서머스가 말했다. "사람들 눈에는 후보자보다 얘깃거리가 더 크게 잘 보인다는 점, 그리고 우파들이 후보를 두고 이러쿵저러쿵 지껄이는 데 시간을 들이부으면서 대책은 말하지 않는 행태, 이런 것이 다 합쳐진 결과죠."

길머 역시 플로리다의 주민투표 결과에서 희망 한 조각을 보았다. "올여름 시위가 많아지면서 진보 시민이나 정치활동이 없는 줄 알았던 동네에서도 몇 달 동안 주기적으로 집회가 열렸습니다. 이 에너지를 활용해서 우파 성향이 강하고 진보단체 인프라나 투자가 전혀 없던 교외 지역에서도 조직화를 시도할 수 있는 큰 기회가 왔다고 생각해요."

길머가 설명을 이어갔다. "'대겸손의 시대'는 말하자면 이런 거예요. NBA에서 선수들이 BLM 셔츠를 입고, TV에서 BLM 광고가 쏟아져나오고, 가수 션 멘데스가 우리 집회에 참여하고 싶다고 전화를 걸어오고, 거리에서 대규모 집회가 열리지만, 이 모든 일이 꼭 우리 지역사회에서 실질적인 변화로 이어진다는 보장이 없다는 겁니다. 정치권력으로 연결된다는 확답도 없고요."

학창 시절에 이미 정치 성향을 확립한 두 여성은 '꿈의 수호자들'을 그네들 "정치적 고향"이라고 표현했지만, 두 사람이 만나게 된 지점까지 걸어온 길은 서로 달랐다. 서머스는 마이애미에서 자랐다. 서머스의 조부모는 1960년대에 미국으로 건너온 쿠바 출신 이민자였다. "조부모님은 쿠바에서도 노동계급이었어요. 뉴욕으로 이민을 오셔서… 할아버지는 뉴욕에 있는 호텔에서 요리사로 일하셨고, 미국노동총연맹-산별노조회의 소속이었죠. 할머니도 공장에서 재봉사로 일하셨는데 노조 소속이었어요. 그런데도 민주당원인 우리 고모랑 엄마, 저를 보고 늘 '쟤들은 사회주의자야'라고 놀리셨죠."

학창 시절 서머스는 사회주의보다 인종주의에 더 관심이 많았다. "제가 살던 곳은 반흑인 정서가 심해서 하루빨리 동네를 벗어나고 싶었어요." 그는 마이애미를 그렇게 기억했다. "저는 반은 쿠바인, 반은 흑인인데 이 정체성이 제가 자라면서 인종문제를 인식하는 데 큰 영향을 미쳤죠."

나중에 서머스는 이런 말도 했다. "제 어린 시절에는 친구들도 진짜 인종차별이 심했어요…. 운동이며 조직화며 학교에서는 배운 적 없는 흑인 역사를 알아가면서 분노의 시기를 거쳤죠. 그러다 보니 필연적으로 이 길을 걷게 된 것 같아요." 2012년, 트레이본 마틴이 죽었을 때 서머스는 "더는 못 참겠다"는 느낌을 받았다고 했다. 그렇게 마틴을 죽인 짐머만의 책임을 묻는 지역 활동에 참여하게 됐고, 그 과정에서 '꿈의 수호자들'을 세웠다.

길머는 2015년부터 플로리다에 살았지만, 수천 마일 떨어진 오리건주에서 어린 시절을 보냈다. "아빠는 흑인, 엄마는 이탈리아계 유대인이세요. 백인이 워낙 많은 지역에서 어린 시절을 보내다 보니 제 정체성 때문에 늘 소외된다고 느꼈죠…. 계급과 인종을 둘러싼 내재화된 인종차별이 정말 심했고, 어릴 때는 백인이 많은 교외 지역 동네에서 다른 사람들과 잘 어울리고 싶은 마음뿐이었어요." 집을 떠나 대학에 진학한 뒤 작가이자 민권운동가인 제임스 볼드윈 관련 수업을 듣고 청소년 단체에 참여한 경험이 평생 "나한테 뭔가 문제가 있다고 느꼈던" 길머가 가치관을 형성하는 데 큰 영향을 미쳤다. "나나 우리 가족이 아니라 세상에 문제가 많다는 것을 알게 됐습니다." 그런 세상을 바꾸기 위해 애쓰는 사람들이 있다는 사실도 인식하게 됐다. 길머는 대학을 졸업하고 고향으로 돌아가 "대단히 백인 중심이던" 포틀랜드의 점령 시위대에 참여했다. 1년 후 트레이본 마틴이 사망하고 '꿈의 수호자들'이 주의회를 점령한 사건은 길머를 완전히 사로잡았다. "그런 식으로 권력에 맞서는 젊은 흑인들을 보면서 정말 큰 영감을 받았습니다." 길머는 직접 그런 운동에 참여해서 일하고 싶었고, 몇 년 후 플로리다로 거처를 옮겼다.

미국 각지의 다른 청년 활동가들처럼 길머와 '꿈의 수호자들' 동료들 역시 현실을 마주해야 했다. 세력도 커지고 전국 청년들에게 영감도 줬지만, "실제 권력"을 손에 쥔 건 아니라는 현실이었다. 이런 실상은 조직화 전략을 고민하는 시간으로 이어졌다. "플로리다 같은 주에서 권력을 잡으려 한다면 무엇을 의미할까요?" 길머가 고민의 시간을 회상하며 말했다. "우리 계획은 무엇인가? 이런 질문들이었죠." 그는 플로리다로 와서 '꿈의 수호자들'에 가입하고 "우리는 어떤 사람이 되려고 하는지, 또 단체는 어떤 조직이 되고자 하는지" 함께 고민해나갔다.

처음에는 길머와 동료들도 사회주의를 "백인스러운 것"으로 여겼다. 그러나 짐머만 판결이 나왔을 즈음, 길머는 다른 활동가들과 함께 브라질을 방문해 '땅 없는 노동자 운동'(Landless Workers' Movement, 포르투갈어로는 Movimento dos Trabalhadores Rurais Sem Terra, MST) 회원들을 만났다. 다른 나라에서 "스스로를 사회주의 정치 전통의 일부로 명확히 인식하는" 동료 흑인들을 만난 경험은 길머에게 다른 국가나 관점에 무지한 미국인 특유의 성향을 극복하고 더 큰 그림을 보는 계기가 됐다. 브라질에 다녀오고 몇 달 뒤에는 플로리다 남부에서 자란 팔레스타인계 미국인인 '꿈의 수호자들' 공동창립자가 단체 첫 집회에 카피예(중동 지역 남성용 두건)를 가져왔다. "같이 팔레스타인을 방문하기도 했는데, 그때가 또 한번 다른 나라 혁명가, 그러니까 사회주의 정치 전통의 일원을 자청한 사람들을 만난 시간이었죠." 길머가 말했다. '자본주의 체제에서 기본 욕구를 충족하기 위해 투쟁하는 글로벌 유색인종 공동체 일원'으로 자신을 바라보게 되면서 정치적으로 각성했다는 설명이었다.

플로리다 같은 주, 마이애미 같은 도시('꿈의 수호자들' 지부는 플로리다 전역에 있지만 길머와 서머스가 활동하는 지역은 마이애미다)에서 사회주의를 내걸고 활동하는 데 어려운 점은 없는지 물었더니 서머스는 목소리를 한껏 낮춰 거의 속삭이기 시작했다. 쿠바계 주민이 많이 사는 동네 자동차 수리점에서 차를 고치는 중이라며 이렇게 말했다. "그 얘기는 실내에서 못 해요."

길머는 어려운 질문이라면서, 아직도 '꿈의 수호자들'이 고민하는 부분이라고 답했다. 플로리다는 몇 번이나 자기 세대가 경험했던 "중요한 운동들"의 "진원지"였다며, '꿈의 수호자들'이 주의회를 점령한 사건이나 2018년 파크랜드 마조리스톤맨더글러스고등학교 총기 난사에서 살아남은 학생들이 총기 규제 운동에 나섰던 일을 사례로 꼽았다. 길머는 수많은 플로리다 청년이 학살을 불가피한 일로 받아들이기를 거부하고 총기문제로 "범국가적인 대화"를 이끌어냈을 때가 감동적이고 중대한 순간이었다고 말했다. 그들은 플로리다 정치인들이 소속 정당을 불문하고 세계에서 가장 부패한 기업들과 손잡고 있으며, 그 때문에 "삶에서 가장 기본적인 양식을 얻고자 하는 사람들에게 직접적인 영향을 주고 있다"는 사실을 이해하고 있었다.

플로리다주 젊은 활동가들은 대부분 평생을 공화당 집권 아래서 살아왔다. 이들은 노동자 권리가 잘 지켜지지 않고, 의료보험과 합리적인 가격의 주택에 접근하기 힘든 지역에서 살아가는 것이 어떤 의미인지 잘 알고 있다. 길머는 "플로리다의 오늘을 만든 정치적 조건"이 활동가들에게 비옥한 토양을 만들어준 측면도 있다고 본다. '꿈의 수호자들'은 어느 날 갑자기 하늘에서 뚝 떨어진 존재가 아니라는 말이다. 그는 주의회 건물 앞 점거 시위 같은 활동도 "청년들이 자라난 환경의 직접적 산물"이라고 말한다. 길머는 자신과 동료들이 플로리다의 높은 수감률과 "그걸로 돈을 버는 사람들과 정치인들의 동침" 간 상관관계를 알게 되면서 사회주의로 눈을 돌리게 됐다고 했다. 젊은 활동가들이 자신을 둘러싼 불의를 보고, 분석하고, 맞서 싸울 수 있게 되면 플로리다 주민들도 동참할 것이라고도 했다.

2020년 '꿈의 수호자들'은 투표율 올리기에 집중했다. 특히 특정 정당을 지지하지 않으며 팬데믹 기간에 나이 든 백인 유권자에 비해 투표율이 낮았던 흑인 청년층을 공략했다. "우리가 왜 바이든을 지지해야 하는지 설득하는 작업에 공을 들였죠…. 왜 트럼프를 꺾어야 하는지에 대해서도요." 길머가 말했다. 투표용지 꼭대기에 바이든 이름이 적혀 있었기에 만만찮은 작업이었다. 청년들은 자라면서 본 정치하고는 확연히 다른 정치를 갈구하고 있는데, 길머가 보기에 바이든은 젊은 사람들에게 "도통 영감을 주지 못하는" 인물이었기 때문이다. "플로리다는 지난 20년간 삼중으로 공화당 집권 아래 있었죠." 길머가 설명했다.

"공화당이 길게 보고 게임을 잘 해왔어요. 플로리다는 공화당이 설계한 장기 계획의 일환이죠. 코크 형제가 돈을 가장 많이 쏟아붓는 곳이 바로 플로리다입니다…. 우파가 여기에 깔아놓은 인프라를 보면 우리가 정말 어려운 싸움을 하는 게 보이실 거예요." 2018년 앤드루 길럼이 주지사에 도전한 시도는 플로리다 좌파들에게 몹시 고무적인 사건이었다. 길머가 표현한 대로 앤드루 길럼은 민주당 경선에서 "단연코 가장 진보적인 후보"였기 때문이다. 길럼은 버니 샌더스의 지지를 등에 업고 이민관세단속국 폐지, 최저시급 15달러, 교사 임금 인상, 대규모 수감 종식과 같은 공약으로 민주당 경선을 통과했다. 그가 본선에서 공화당 후보 론 드산티스에게 패했을 때 표차는 총 820만 표 중 단 3만2463표에 불과했다.[12]

"유권자들이 어디에 와 있는지를 보여준 선거였죠." 길머는 주지사 선거를 통해 바이든이 상대적으로 얼마나 약한 후보였는지도 볼 수 있었다고 덧붙였다. 2022년 중간선거를 앞둔 시점에 길머는 민주당이 온건한 후보와 공약을 내세워야 한다고 주장하는 민주당 기득권과 치러야 할 "큰 싸움"을 예상하고 있었다. "'사회주의자' 소리를 들으니까 내놓은 대응이라는 것이 중도로 가자는 얘기예요. 그렇게 가운데로만 걷는 바이든조차 사회주의자 소리를 듣는데 그런 전략이 무슨 소용인가요?"

길머, 서머스 그리고 '꿈의 수호자들' 동료들은 바이든처럼 영감을 주지 못하는 후보에게 계속 투자하면 "지나치게 왼쪽으로" 이동하는 해법보다 훨씬 더 민주당에 손해라고 생각한다. 이들은 120년 역사를 통틀어 2020년 대선에서 가장 투표율이 높았던 현상이 바이든을 지지한 결과가 아니라 트럼프를 심판한 민심이었다고 믿는다. 공화당이 장악한 플로리다에서 바이든은 회의적인 유권자들을 향해 자신이 "경선에서 사회주의자를 이기고 올라온 후보"라고 자랑스레 말하고도 트럼프에게 큰 차이로 졌지만, 샌더스가 지지한 길럼은 트럼프를 등에 업은 드산티스를 무섭게 추격했다. 이런 사례는 활동가들에게 큰 희망이자 중요한 비교 대상이다. 길머는 경선에서 길럼을 지지하지 않을 전략가들이 민주당 플로리다 지부를 채우고 있다며, 활동가들이 줄기차게 "진보 성향 후보가 온건파에 비해 본선에서 승리할 가능성이 훨씬 높다는 점"을 강조해야 한다고 말했다. 길머는 민주당 플로리다 지부가 앞으로 2년간 상당한 내홍을 겪으리라고 예상했다. "'꿈의 수호자들'이 할 일이 바로 그거예요. 진보 안건이 중도 의제보다 훨씬 성공 가능성이 크다는 걸 보여줘야죠."

'꿈의 수호자들'은 앞으로 새로운 조직화의 기회가 있다고 내다보면서도, 다가올 어려움을 놓고는 매우 현실적인 태도를 보인다. 주의회 상하원을 공화당이 장악하고 있다는 말은 곧 "아주 위험한 법안들"이 통과될 가능성이 높다는 뜻이다. 당시 드산티스 주지사는 무시무시한 법안을 추진 중이었다. 해당 법안은 플로리다의 정당방위법을 오히려 확대하려는 초기 시도로, 무장한 시민이 도둑으로 의심되거나 영업에 "방해"될 수 있는 "범죄적인 장난"을 치는 사람을 총으로 쏠 수 있도록 허용하고, 시위대를 향해 차를 몰고 돌진하다가 사람을 죽이거나 다치게 해도 보호한다는 내용을 담고 있었다.(이 법안은 2021년 4월 주의회를 통과해 주지사의 서명을 받았다. '꿈의 수호자들'을 포함한 단체들은 소송을 제기했고, 2021년 9월 연방법원은 해당 법안이 위헌이며 시행할 수 없다고 판결했다. 드산티스 주지사는 항소하겠다고 공언했다.) 길머는 이처럼 극단적인 법안을 "더 많은 사람을 우리 편으로 끌어들일 수 있는 기회"로 여긴다. 그러나 공화당이 선거구 재조정 과정을 장악하고 있는 만큼, 진보는 물론 민주당 소속으로 출마하는 모든 후보자가 2022년 선거에서 승리하기란 더욱 어려우리라고 예상한다.(2022년 중

간선거 결과 플로리다 연방 하원과 주의회 의원 모두 공화당의 의석이 늘었다–옮긴이)

“앞으로 있을 싸움이 두렵죠. DSA나 ‘선라이즈’ 같은 단체뿐 아니라 플로리다 현장에서 활동하는 다른 조직들과 단단하게 연대해서 연합전선을 구축해야 합니다. 우파가 그동안 플로리다에 쏟아부은 투자, 만들어놓은 후보 발굴 시스템, 정책 싱크탱크, 심지어 풀뿌리 조직까지 엄청난 수준이거든요. 우파 인프라가 정말 어마어마하기 때문에, 우리가 어떻게 하면 같은 수준으로 활동기반을 갖출지 대책을 세워서 실질적으로 권력을 놓고 맞붙을 수 있게 해야죠.”

길머는 ‘모두를 위한 플로리다’를 예로 들며, 중범죄 전과자의 선거권을 회복하는 법안이 주민 투표를 통과할 수 있었던 데는 이들의 공이 컸다고 언급했다. “‘꿈의 수호자들’은 저 혼자 굴러가는 집단이 아닙니다. 플로리다에서 승리하려면 반드시 다른 조직들과 연합하고 우리 단체 너머를 봐야 합니다. 그리고 스스로에게 물어야죠. ‘우파가 이 지역에서 성공적으로 닦아놓은 활발한 운동 생태계를 우리는 어떻게 만들어낼 수 있을까?’라고요.”

급진파는 의회에 가서도 급진파로 남을 수 있을까

2021년 조 맨친 상원의원은 사회안전망 강화 연방법안 통과를 외치는 진보 활동가들에게 그러려면 "더 많은 리버럴을 의회로 보내야 한다"고 말했다.[13] 많은 이가 맨친을 비판하되 이 말에는 동의했다. 지난 몇 년간 사회운동이 새로이 힘을 얻으며 한 무리의 "운동권 정치인"을 배출했고, 70년대 이후 미국에서 찾아보기 어려웠던 유형의 리더들이 선출직에 올랐다. 민권운동 시대가 낳은 유명한 미국 정치인이라면 앤드루 영, 제임스 클라이번, 고故 존 루이스를 꼽을 수 있는데, 이들은 모두 전성기에 큰 영향력을 행사했다. 클라이번은 오늘날에도 권력과 명성이 여전하다.

사우스캐롤라이나주 하원의원인 제임스 클라이번은 민주당 원내 부총무로, 서열이 하원에서 민주당 3위고 흑인 의원 중에는 가장 높다. 그는 사우스캐롤라이나주 민주당 경선에서 바이든 지지를 선언해, 위기에 놓인 바이든 캠프를 살려낸 인물로 평가받는다.(2020년 대선기간 내내 본인의 민권운동 경력을 강조하고 청년들에게 동시대 투쟁에 좀 더 적극적으로 뛰어들라며 토해낸 열변이 민망하게도, 바이든이 젊은 시절 사회운동에 참여한 경험은 손님으로 온 흑인 미식축구 선수를 거부한 식당에서 자리를 박차고 나간 행동, 한 영화관의 흑백분리 정책에 항의하는 시위에 참여한 일, 그리고 두 사건을 잘못 기억하고 과장한 일 정도였다.)[14] 앤드루 영은 마틴 루터 킹 주니어 박사의 가까운 친구이자 조언자로, 원조 '프리덤 라이더스' 13인 중 한 명이다. '프리덤 라이더스'는 대중교통 인종분리에 항의하려고 1961년 남부 전역을 돌며 버스 타기 운동을 펼치고, 이후 워싱턴 행진을 조직한 젊은 활동가 집단이었다. 클라이번은 전미유색인지

위향상협회National Association for the Advancement of Colored People, NAACP의 지역 청년 지부를 이끌며 여러 시위에 참여했고, 1961년 사우스캐롤라이나주 의사당 농성으로 수감되기도 했다.

이렇게 삼인방의 역사가 기록으로 잘 남아 있지만, 요즘 활동가들은 이들이 기업 후원자와 제도적 요구, 클린턴 부부 같은 기득권 동지들에게 기울며 시각과 전술에서 지나치게 온건해졌다고 비판한다. 2016년 앤드루 영이 '흑인의 생명도 소중하다' 시위대를 폄하하는 발언을 하자, NAACP 조지아 지부장 프랜시스 존슨은 이렇게 말했다. "앤드루 영이 이 나라 진보에 바친 역사를 깎아내리는 것은 아니다. 그러나 킹 박사와 함께한 기억 뒤에 숨어 오직 기득권과 기업 친구들을 달래려고 정당한 시위를 비하하는 행위가 민권운동에 나선 진지한 학생들에게 비난받지 않을 줄 알았다면 오산이다."[15]

같은 해, 존 루이스는 흑인의원모임Congressional Black Caucus에서 힐러리 클린턴을 지지한다고 발표하며 버니 샌더스의 민권운동 참여 경력을 축소하는 듯한 발언을 했다가 나중에 취소했다. 1963년 한 시위에서 시카고 경찰에게 끌려 나가는 샌더스 사진이 공개됐기 때문이다.[16] 클라이번은 민주당이 중간선거에서 패배한 책임을 2020년 경찰 예산 삭감을 주장한 젊은 활동가들에게 돌려서 언론 지면을 장식하기도 했다. 2021년에도 그는 신념을 버리고 바이든을 지지했다는 이유로 오하이오주에서 하원의원에 출마한 니나 터너, 래퍼 킬러 마이크 같은 젊은 흑인 진보주의자들에게 비난을 샀다.(킬러 마이크는 클라이번이 6월 19일 흑인 노예해방 기념일을 연방 휴일로 제정하는 방안 말고는 어떤 "실질적인" 보답도 얻어내지 못한 채 바이든 지지선언을 해버렸다고 시사했다.)[17] 또한 오하이오주 경선에서는 니나 터너의 경쟁자에게 지지선언을 했고, 터너는 경선에서 패배했다.

지난 세대 베테랑 운동권 출신 정치인들과 마찬가지로, AOC 같은 신좌파 의원들도 스탠딩록 다코타 원주민 보호구역 송유관 반대시위부터 선라이즈의 낸시 펠로시 의원실 점거, 국경지대 이주민 구금 시설 반대시위, 2020년 '흑인의 생명도 소중하다' 운동 등을 포함한 동시대 사회정의 투쟁에 적극 참여한 경력이 있다. 2020년 6월 뉴욕주 상원의원 리즈 크루거가 주최한 온라인 타운홀 미팅에서 34세 흑인 남성인 젤너 마이리 뉴욕주 주의회 상원의원은 조지 플로이드 사망사건 이후 시위에 참여한 경험을 이렇게 묘사했다. "우리 모두 후추스프레이를 맞았고, 저는 제 이름과 직위가 적힌 형광색 티셔츠를 입고 있었는데도 결국 체포됐습니다…. 경찰 폭력을 목격하거나 개인적으로 마주한 경험이 없다면 그게 뭔지 이해하기 어렵습니다. 시위에서 제가 경험한 일은 저에게 유감스럽고 불행한 사건이지만 제 동료들이 문제를 확실히 체감하는 데 도움이 됐죠."[18]

마이리 의원은 이야기를 이어갔다. "우리 공동체는 누가 무슨 일을 당해 마땅한가를 놓고 논쟁했습니다. 사람들은 '범죄자라면 그런 대접을 받아도 싸다'고 말하죠. 저는 여기에 공감할 수 없습니다. 또한 '할 일을 제대로 다하고, 착한 아이가 돼 지시를 잘 따르고, 학교에 가고, 좋은 직업을 구하고, 올바른 길을 가면 아무런 문제가 없을 거야'라는 식의 이야기에도 공감할 수 없습니다…. 제가 난생처음 후추스프레이를 맞고 경찰 손에 거칠게 끌려갔을 때가 주의회 상원의원으로서 경찰 폭력 항의 시위에 나간 날이니까요." 마이리 의원과 같은 정치적 신념을 지닌 동년배들이 보기에 얌전히 차례를 기다리고, 당의 기본 방침을 잘 따르며, 절대로 위험을 무릅쓰지 않는 태도는 이미 유행이 지난 지 오래다.

이 새로운 유형의 운동권 정치인들은 종종 그네들 지지층과 똑같은 싸움에 나선다. 정치인 본인도 경찰에 맞서다가 폭력을 당하고, 의료보험이 없고, 최저임금을 받아 생활하는 사람이라는 뜻이다. 애초 정치에 관심을 두고 뛰어든 이유도 이처럼 개인적인 경우가 많다. 미주리주 코리 부시는 하원의원에 당선됐을 때 이렇게 말했다. "제가 바로 그 의료보험 없는 사람이었습니다…. 제가 바로 받은 월급을 다 쓰며 근근이 살아가는 싱글맘이었고요…. 제가 바로 코로나19 환자였습니다…. 미국 하원에서 미주리를 대표하는 영광을 누리게 된 최초의 흑인 여성이며 간호사이자 싱글맘으로서 이 말씀만은 드리고 싶습니다. 흑인 여성 그리고 흑인 소녀들, 간호사 분들, 싱글맘, 필수노동자 여러분, 지금이 바로 우리의 순간입니다." 2018년 AOC가 첫 의원 월급을 받기 전까지는 워싱턴DC에서 아파트를 구할 수 없다고 했을 때 보수는 비판의 목소리를 높였다. 그러나 일을 그만두고 다음 일자리를 찾아본 적 있는 사람이나 이사하려고, 특히 뉴욕처럼 물가 비싼 동네에서 워싱턴DC처럼 물가 비싼 동네로 이사가기 위해 돈을 모아야 했던 경험이 있는 사람들은 그의 말에 절절히 공감했다.

노조나 민권, 동성애자 권리, 페미니즘, 반전 등 사회운동을 주도한 활동가들이 권력과 영향력을 행사하는 자리로 올라간 적은 이전에도 있었다. 관건은 이들이 권력을 얻은 뒤에도 대의명분을 계속 지켜나가는지, 또 타협한다면 얼마나 해야 하는지다. 우리가 늘 듣다시피 정치란 곧 타협이기 때문이다. 미국 정치판에서 우연히 또는 아무런 거래 없이 권력을 잡거나 유지하는 사람은 없다. 새로운 세대 운동권 정치인들은 이제 막 경력을 시작한 참이다. 미국 상원에서 필리버스터를 없애기 위한 투쟁만 봐도 알 수 있듯이, 제도를 바꾸기란 매우 어렵고 시간이 걸리는 일이다. 진정성 있고 일관된 원칙에 따라 희생을 마다 않고 살아온 이들이라도 젊은 시절 열정과 체력, 투지를 그대로 유지할 수는 없기 마련이다. 얻어맞고 체포되고 해고되고 소외되고 위협받은 경험이 있는 사람이라면 어떤 시점에 와서는 좀 더 쉬운 삶을 선택할 수도 있다. 사람들은 대부분 나이 들고 경력에 많이 투자할수록 돈과 지위, 평판, 가족, 동료관계, 접근성, 영향력, 개인 안위 같은 요소를 의식적 무의식적으로 더 고려하게 된다. 그리고 높은 자리에 머무는 시간이 길어질수록, 특히 억대 연봉을 받는 위치라면 평균적인 미국인과 형성하는 공감대는 점점 줄어들 수밖에 없다.

모든 운동권 출신 정치인이 영혼을 팔거나 다음 세대에게 실망을 안기는 것은 아니다. 대부분은 그럴 기회조차 얻지 못한다.

유일하게 아프간전쟁에 반대표를 던진 바버라 리 의원처럼 경력을 쌓는 내내 일관된 원칙을 고수하는 사람도 있다. 그렇지만 개인의 용기와 신념만으로 되는 일은 아니다. 사회운동과 시민단체가 선출직 공직자에게 끊임없이 책임을 묻고 이들이 기득권의 신뢰와 존경이라는 강력한 미끼를 재차 거부할 수 있도록 도와야 한다. 오늘 이 순간이, 특히 특정 공간에서는 지난 수십 년 사이 어느 때보다 좌파 선동가로 살기에 보람찬 시절일 수 있다. AOC와 코리 부시는 지금 바람을 등지고 있는 셈이다. 길게 보면 그 바람이 누구를 밀어주는가보다 얼마나 세게 부는지가 더 중요해질 터이다.

잘나가는 변호사,
거리로 나서다

시위가 미국 전역에서 걷잡을 수 없이 번져가던 시기에 켄터키주 최대 도시인 루이빌도 예외는 아니었다. 무기를 지니지 않은 젊은 흑인 여성 브리오나 테일러가 루이빌 경찰 손에 사망했고, 이 어처구니없는 죽음은 전국적인 시위를 불러온 사건 중 하나였다. 100년 가까운 역사를 자랑하는 도시연맹Urban Leauge(1910년 뉴욕에서 창립됐다) 루이빌 지부 첫 여성 지부장이자 CEO인 사디카 레이놀즈도 투쟁에 뛰어들었다. 레이놀즈는 뉴욕 브롱크스에서 태어나 노스캐롤라이나에서 자랐지만, 가장 오래도록 거주한 지역은 학업을 마친 켄터키주였다. 선명한 보조개에 약간 수줍어하는 미소가 사랑스러운 이 흑인 여성은 말투에서 자신감이 넘쳤으나 신중하게 단어를 골랐다. 인터뷰에서 나이를 밝히고 싶지 않다고 말했지만, 미루어 짐작건대 70년대생인 듯했다.

레이놀즈는 선출직 공직자도 활동가도 아니다.(언젠가는 출마하리라는 소문이 있다고 하자, 그는 힘주어 부인하며 "'언젠가' 어떻게 될지 알 수 없지만, 그럴 가능성은 희박하고 제가 바라지도 않습니다"라고 덧붙였다.) 덕망 높은 초당파 기구 수장치고 드물게 거침없이 의견을 밝히는 편이라서, 많은 지역 주민에게 존경을 받는 동시에 여러 사람을 불편하게 만든다. 레이놀즈는 뉴욕이나 필라델피아, 마이애미 같은 대도시 젊은 급진파 활동가들하고는 방식이 다르다. 스스로 신좌파 일원이라고 밝힌 적은 없지만, 그가 새롭게 떠오르는 좌파 진영에서 영향을 받은 것만은 분명해 보인다. 2020년 나와 만났을 때, 그는 얼마 전 열린 도시연맹 루이빌 지부 연례 영향 보고 오찬행사에서 루이빌 주민들에게 "이번 위기를 낭비하지 말라"고 촉구하는 한편, "권력과 특권"을 쥔 이들에게 "줏대를 좀 찾고 도시 리더와 일부 기업의 악덕을 인정하라"고 다그친 참이었다.

사실 여러 악덕 기업도 '친BLM 수사'를 적극 차용하고 흑인들이 주도하는 비영리 단체에 돈을 기부했다. 기업과 시 당국, 민주당을 향해 비판을 서슴지 않는 레이놀즈는 역사적으로 친기업 성향을 보여온 조직 수장치고 이례적으로 솔직한 사람 같았다. 루이빌의 여느 유명 변호사들과 달리 레이놀즈는 몇 주간 거리

시위에 동참하기도 했다.

자신이 "정치인이 아닌 정책"에 초점을 두는 초당적 기구의 수장이라면서도, 그는 미치 매코널과 본선에서 맞붙을 2020년 연방 상원의원 선거 민주당 후보를 뽑는 경선에서 에이미 맥그래스에게 도전장을 냈던 젊은 흑인 남성 찰스 부커를 언급하며 개인 의견을 밝혔다.(부커는 2022년 연방 상원 선거에 출마해 랜드 폴 공화당 상원의원에게 패했다 – 옮긴이) 민주당 상원 선거대책위원회의 지지를 등에 업은 맥그래스는 경선에서 2.8퍼센트 차이로 부커를 꺾고 본선에 진출했으나, 매코널에게 19.6퍼센트 차이로 지고 말았다.[19, 20] 부커는 이후 "폭 넓은 연대"를 다지고 인종과 계급의 벽을 무너뜨리며 사람 중심 운동을 펼쳐서 정치권력을 창출하겠다는 목표로 '동네에서 홀러까지Hood to the Holler(홀러Holler는 애팔래치아산맥에 백인 빈곤층이 주로 거주하는 지역을 가리키는 말이다 – 옮긴이)'라는 단체를 세웠다. 레이놀즈는 부커를 존경한다면서, 그가 "켄터키에 전례 없는 에너지를 불어넣었고… 흑인 남성으로서는 불가능하다고 여겨졌던 방식으로 주민들과 소통하는 데 성공했다"고 평가했다.

한편 에이미 맥그래스를 두고는 이렇게 의견을 밝혔다. "몸을 사려 중도를 택했죠…. 그렇게 할 여유가 있었기 때문입니다. 그래서 새로운 유권자들을 벅차오르게 할 만한 점이 없었어요. 평생 투표를 해온 사람, 투표를 열심히 하던 사람들에게도 마찬가지였습니다…. 확고한 민주당원이라면 어차피 맥그래스에게 투표하겠지, 하는 기대는 있었겠죠." 레이놀즈는 "이렇게 특색 없고 밋밋한 정치인을 계속 출마시켰기에" 민주당 켄터키 지부가 "실패했다"며, 맥그래스를 개인적으로 알지는 못하지만 "정치인으로서 그는 누구에게도 영감을 주지 못했다"고 덧붙였다.

부커는 경선에서 모두의 예상을 뛰어넘는 성과를 냈다. 그러나 유세를 늦게 시작한 점, 자금력이 부족했던 점, 기득권의 지지를 등에 업은 맥그래스를 상대해야 했다는 점이 패인이었다. "우리는 모험을 좀 해야 합니다. 민주당은 모험하려 들지 않아요. 공화당이 다른 건 몰라도 그건 하거든요. 트럼프가 했던 게 모험이 아니면 무엇이겠습니까? 그런데 민주당은 못 하거든요. 배짱이 부족해서 그래요." 레이놀즈가 말했다.

경찰 폭력 반대 시위는 부커의 선거유세에 큰 동력으로 작용했다. 레이놀즈가 표현한 대로 "인종문제가 너무 명백해서 더는 부인하기 어려운 시점이 되자" 사람들은 시위에 적극 참여하는 부커에게 관심을 보이기 시작했다.

2020년 6월에 샌더스와 AOC의 지지선언을 확보한 부커는 맥그래스가 아닌 자신이야말로 매코널에게 까다로운 본선 상대가 될 "진정한 민주당원"이라고 스스로를 홍보했다. 레이놀즈는 부커가 지닌 매력의 핵심이 "진정성"이라고 말했다. 매코널이 트럼프의 의제를 방해하고 있다고 비난했다가 '친트럼프 민주당원'이라는 딱지가 붙은 맥그래스와 비교하면, 매코널과 나란히 붙여놓았을 때 훨씬 대비가 두드러지는 인물이라는 설명이다.

레이놀즈는 2020년 대선에 도전한 민주당 후보들에 대해서는 말을 아꼈다. "흑인 여성으로 정체화한 유색인종 여성이 미합

중국 부통령이 되는 장면은 놀라웠죠." 그는 조심스레 입을 열더니 곧 이렇게 덧붙였다. "민주당이 그저 그런 평범한 후보들을 계속 선거에 내보내고, 바늘은 아주 조금씩만 움직이고 있습니다. 젊은 사람들이 피로감을 호소하는 지점이 바로 여기예요…. 뭔가 실제로 이뤄내려면 급진적인 조치가 필요하다는 요구가 자꾸 나오죠. 타협의 정치로는 속도가 충분하지 않습니다."

대부분 지역에서 시위가 잦아들고 6개월이 지난 시점이었지만 레이놀즈는 여전히 열정적이었다. 내가 2020년 12월에 그를 만났을 때, 루이빌 시내에서는 여전히 시위대가 브리오나 테일러를 죽인 경찰관들이 해고되고 기소되기 전까지 물러나지 않겠다며 공원을 점령하고 있었다.(테일러의 죽음과 관련해 경찰관 2명이 해고됐으나 범죄 혐의로 기소된 이는 아무도 없었다.)[21] "루이빌 사람들은 911 신고 전화 녹음 파일을 들었으니까요. 누군가 대가를 치러야 한다고 믿는 겁니다." 레이놀즈가 말했다.

그는 비폭력 시위대가 최루탄과 후추탄을 맞는 모습을 보고 충격이 컸지만, 그래도 꼭 집회에 참여해야겠다는 느낌을 받았다고 했다. 이런저런 이유가 있었지만, 특히 여러 해에 걸친 꾸준한 협상보다 단기간에 집중해서 몰아치는 대중시위가 더 효과적이라는 생각이 들었기 때문이다.

플로이드 살해사건은 많은 이가 눈을 뜨게 된 계기였다. 플로이드 사건 이후로 많은 백인 지인들이 레이놀즈를 찾아와서 그 전까지는 경찰 손에 죽은 사람들이 모두 폭력적으로 대응하게끔 행동했겠거니 여겼다고 고백했다. 플로이드에게 벌어진 일을 보면 아무도 경찰 폭력의 문제점을 부인할 수 없었다. 잔혹함 그 자체였던 이 사건으로, 새로운 '앨라이ally'(당사자는 아니지만 차별에 반대하며 소수자성에 연대하는 지지자 – 옮긴이)들이 생겨났다.

레이놀즈는 루이빌 시위대의 인종 구성이 다양했다는 점, 그리고 인종을 초월한 공감대가 많이 형성됐다는 점에서 눈부신 희망을 봤다. 그러나 궁극의 결과물에는 낙관하지 않았다. "조금씩 바뀌기는 했죠." 그는 이렇게 말하고서 다시 브리오나 테일러의 죽음을 언급했다. "만약에 병원에서 온종일 일하다가 저녁 먹고 집에 와서 자려고 누웠는데 난데없이 경찰 손에 죽은 사람이 스물여섯 살 백인 여성이었다면 어땠을지 상상이 되세요? 브리오나 테일러가 죽은 게 지난 3월인데… 아직껏 답을 못 찾은 질문이 숱하게 많습니다. 경찰이 백인 여성을 죽였다면 그렇게 질문에 답도 안 하고 넘어갈 수는 없었겠죠."

직업인답게 신중한 태도를 보이던 레이놀즈 입에서 갑자기 말이 쏟아지기 시작했다. "흑인의 생명은 경시된다는 걸 보여주는 증거가 너무나도 많습니다. 그 점에서 좌절하게 돼요…. 그냥 이대로 앞으로 나아갈 수는 없습니다. 우리는 마땅히 정의를 누려야 해요. 문제를 없는 듯이 덮어두면 안 됩니다. 사람들을 계속 무시하면 안 되죠. 그렇게는 안 됩니다."

2012년 트레이본 마틴 사망사건을 보고도 레이놀즈는 끔찍한 고통을 느꼈지만, 당시 일어난 제1차 BLM 시위에는 지금처럼 적극 나서지 않았다. 루이빌 시내에서 두 차례 열린 큰 집회 중 하나에 참석해 열변을 토했지만, 당시에는 시장실에서 일하고 있었기에 의견을 솔직하게 밝히는 데 한계를 느꼈다. “흑인들이 자꾸 살해당하고, 또 심판대에 오르는 모습을 보면 정말 진이 빠져요.” 레이놀즈는 마틴이 사망했을 때도 주변 상황보다 그의 행동에만 초점을 두던 언론보도에 대해 이렇게 말했다. “너희는 그냥 슬퍼하기만 할 자격도 정의를 누릴 권리도 없다는 메시지니까요.”

2020년에는 사람의 목숨을 앗아가는 인종주의는 물론이고 계급에서 출발한 불의 역시 더는 외면할 수 없는 수준으로 모습을 드러냈다. 레이놀즈는 팬데믹이 가져온 긍정적인 변화가 하나라도 있다면 그건 “가난한 사람들이 부자들을 죽일 수 있다”는 부인할 수 없는 현실을 모두가 알게 된 점이라고 했다. 이 세상 제프 베이조스들은 결코 우리가 모두 한배를 탄 운명이라는 사실을 인정하지 않겠지만, 서비스와 가사 노동을 제공하는 노동자들로 인해 치명적인 바이러스에 노출될 수도 있다는 사실을 부인하지 않았다.

레이놀즈는 진보를 가로막는 가장 큰 걸림돌이 우리의 “지극히 자본주의다운” 사회라고 주장했다. “사람들은 삶이 흔들리는 것을 원치 않습니다…. 그 때문에 다른 사람이 고통받아야 한다고 해도 말이죠. 진정한 변화, 근본적인 전환을 이루려면 비용이 엄청 많이 든다고들 생각합니다. 하지만 길게 보면 그쪽이 훨씬 싸게 먹히는 거예요. 우리가 세상을 바꿀 수 있는 일들에 진심으로 투자하면 세상은 달라질 수 있습니다. 그렇지 않으면 망가진 자리에 계속 반창고나 붙이는 셈이에요.”

역병의 첫해가 가져온 충격은 많은 미국인을 일깨웠다. 레이놀즈는 그렇게 눈을 뜬 이들이 오래도록 꾸준히 정치에 참여하리라고 믿는다며, 앞으로 미국 사회에 의미 있는 진전이 있기를 희망한다고 말했다. "준비가 안 된 사람들도 있겠지만, 젊은이들이 의무가 있는 이들에게 책임을 물을 각오가 돼 있다는 것만은 분명합니다. 거리로 나가서 정의를 얻어내기 위해 뭐든지 할 자세가 돼 있죠."

미 제국의 역습

2020년 여름부터 여기저기서 나타나기 시작한 상호부조 단체와 점거시위, 집단 야영은 정부에 국민을 보살필 여력과 의지가 없다면 국민이 나서서 서로 돕겠다는 의지를 표명한 움직임이었다. 이런 분위기에 정부가 보인 대응은 미국에서 좌파가 상대적으로 약했던 이유를 잘 보여준다. 총을 지닌 이들 그리고 언론에 줄이 닿는 사람들은 이런 국면을 탄압하기 바빴다. 조지 플로이드의 죽음은 대의명분에 공감하는 사람들을 이끌어냈지만, 저항은 거칠고 즉각적인 진압으로 이어졌다.

공포에 사로잡힌 교외 지역 주민과 건물주들은 '점거'라는 단어에서 군대와 테러, 무력, "그들(안티파Antifa[Anti-facist]와 BLM, '극좌파'를 모두 아우르는 불분명한 지칭)"이 "우리" 도시를 장악하는 장면을 떠올렸다. 압도적으로 평화로운 집회와 비폭력 집단 야영에 대응하는 수위가 역겨울 정도로 도를 넘어섰다. 우파의 기성 언론매체와 기꺼이 폭력을 선동하고 나서는 대통령을 등에 업고, 뉴욕 경찰은 시위대 무리를 향해 차를 몰았다.[22] 경찰은 집회 참여자의 팔을 부러뜨리고,[23] 젊은 여성이 발작을 일으킬 정도로 세게 넘어뜨리는가 하면,[24] 유명 서점 앞에서 무장하지 않은 시위대를 향해 총을 겨누기도 했다.[25] 저널리스트 세라 존스는 뉴욕 경찰이 시위대에 달려드는 모습을 이렇게 묘사했다. "(브루클린) 바클레이스 센터 근처에서… 내가 목격한 도발행위가 전혀 없었는데도 경찰이 시위대를 한쪽으로 몰아가서 후추스프레이를 뿌리고 경찰봉을 휘둘렀다."[26]

2020년 6월 1일 트럼프는 경찰과 주방위군을 동원해 워싱턴 DC 라파예트 광장에서 평화시위를 벌이던 대규모 행렬을 철수시키며 그들의 분노에 불을 붙였다.[27] 당국은 시위대를 상대로 최루탄과 섬광탄을 사용했다. 그날 작전은 오로지 대통령이 세인트존스 교회 앞에서 성경을 들고 사진 찍는 행사를 진행하기 위한 진압이었다. 미국 공원경찰국은 소속 경관 51명이 5월 28일부터 5월 31일 사이 열린 집회에서 "임무를 수행하던 중 부상을 입었다"는 내용의 보도자료를 발표했다. 자료에서는 경관 11명이 병원에 실려 갔다가 치료를 받고 귀가했으며, 3명은 입원 치료를 받았다고 밝혔다. 당국은 경관들이 "최루탄과 후추스프레이를 사용했다"고 인정하면서도 "라파예트 공원 지역을 폐쇄하기 위해 최루가스 또는 OC 스캣 포탄OC Skat Shell(발사장치를 이용해 화학물질을 쏘는 데 사용하는 탄피의 한 종류 – 옮긴이)을 동원하지 않았다"고 주장했다.[28] 당국이 시위대를 향해 화학물질을 사용했다는 사실을 부인한 정부 관계자는 없었다. 6월 1일과 5일에는 워싱턴 DC 경찰이 "민간 소요사태를 대비"해 최루가스 산탄통과 수류탄을 구입하는 데 예산 13만 달러를 썼다.[29]

미국에서 백인 비율이 가장 높은 대도시 중 한 곳인 오리건주 포틀랜드에서는 여름 내내 조지 플로이드 사망사건에 항의하는 시위가 이어졌다. 주민들은 다른 도시에서 시위가 잦아든 뒤로도 수 개월간 저녁마다 집회를 열었다. 트럼프 대통령은 독재자 놀이를 즐길 기회를 놓치지 않고 연방정부 재산을 보호한다는 명분을 앞세워 연방보안관과 관세국경보호관을 포틀랜드에 파견했다. 2020년 7월 11일 한 연방보안관이 "덜 치명적인" 충격탄으로 26세 집회 참가자 머리를 쏜 사건이 발생했다.[30] 전두엽에 함몰 골절을 입은 이 남성은 몇 주간 병원 신세를 져야 했고, 충동 조절 장애와 인지능력 저하를 겪었다.

가만히 앉아서 다음 목표물을 기다리고만 있자니 만족스럽지 않았던지, 연방경찰들은 경찰차 표시가 없는 일반 차량을 몰고 포틀랜드 시내를 돌아다니며 시위대를 강제로 차에 태우고, 아무런 설명 없이 차량 안에 가두기도 했다.[31] 활동가와 집회 참여자들은 물론 일부 민주당 의원까지 연방경찰의 행태에 분노를 금치 못했다. 제프 머클리 오리건주 상원의원은 이들의 존재가 "정말로 끔찍하고 용납할 수 없다"며 "민주공화국이 아닌 독재국가에서나 볼 수 있는 준군사적 행동"이라고 표현했다.[32]

포틀랜드에서처럼 시위대뿐 아니라 정치 지도자까지 나서서

반-트럼프 정서를 드러내는 상황에 분노한 대통령은 대응 수위를 더욱 높였다. 2020년 9월 법무부는 뉴욕시와 오리건주 포틀랜드, 워싱턴주 시애틀을 "범죄행위에 대응해 합리적인 조치를 내리기를 거부하고 무정부 상태와 폭력, 파괴를 허용한 관할권"으로 점찍었다.

연방경찰이 포틀랜드 시위 진압에 나선 지 두어 주가량 됐을 때, 뉴욕에서는 사복을 입은 남성들이 18세 소녀 니키 스톤을 길에서 붙잡아 경찰 표시가 없는 밴에 강제로 밀어넣은 사건이 일어났다. 스톤은 그라피티와 경찰 카메라 훼손 혐의로 수배가 내려진 상태였다. 당시 BBC가 보도한 대로, 스톤을 차에 태운 이들이 진짜 경찰인지, 아니면 그렇게 자처했을 뿐인지는 명확하게 알 수 없었다.[33] 스톤이 강제로 차에 올라타고 나서야 제복을 입은 경관들이 등장해 스톤을 도우려고 몰려오는 시위대를 막아섰다.

국제앰네스티는 2020년 5월 26일부터 6월 5일까지 단 11일 동안 미국에서 경찰이 시위대를 향해 행사한 폭력을 125건 기록했다.[34] 주경찰과 지역 경찰, 주방위군과 연방경찰이 과도하게 무력을 사용한 사례(구타, 최루가스와 후추스프레이 살포, 비살상탄 발사 등)가 워싱턴DC와 40개 주에서 보고됐다. 법 집행 당국은 시위대는 물론 의료진과 법적 참관인, 기자도 겨냥했다. 일부 극심한 폭력행위로 시력 손상이나 발작을 경험하고 중상을 입은 사람들도 있었다. 5월 26일부터 7월 27일까지로 기간을 좀 더 넓힌 인권의사회Physicians for Human Rights 보고서를 보면, 경찰은 탄환과 최루가스 산탄통 등 다양한 발사체를 이용해 시위대 최소 115명의 머리와 얼굴, 목 부위를 쐈다. 대규모 시위가 길게 이어진 텍사스주 오스틴과 오리건주 포틀랜드, 캘리포니아주 LA에서 경찰관이 시위대 머리를 겨냥해 발포한 사례가 여러 건 보고됐다.

시위를 주도하던 청년들을 집어삼킨 진짜 공포는 폭동으로 얼룩진 도시의 무정부 상태가 아니라, 미국이라는 나라 그 자체였다. 팬데믹 상황에서도 기업 이익을 보호하려고 사람들을 일터로 내모는 백만장자들이 쥐락펴락하는 나라, 직업이나 이민서류가 없고 생산활동을 하지 못하는 이들은 굶겨 죽이는 나라. 시위에 참여한 사람들은 경찰과 연방 당국이 무장하지 않은 시위대를 상대로 폭력을 행사하는 모습을 두 눈으로 똑똑히 지켜봤다. 시위에 참여하기 전부터 급진파인 이들도 있었지만, 현장에서 참상을 겪고 급진화된 사람들도 있었다.

06

새로운 수송관,
새로운 전략,
새로운 리더

2020년 시위가 미국 정치에 얼마간 영향을 미친 것은 분명하지만, 그 깊이와 범위가 어느 정도인지는 아직 명확하지 않다. 데릭 쇼빈이 조지 플로이드 살해사건으로 유죄판결을 받은 데도 다소 영향을 미쳤을는지 모른다. 그러나 앞으로도 여전히 경찰이 비슷한 사건에서 엄중한 처벌을 피할 가능성도 없지 않다. 이 글을 쓰는 시점에도 연방정부 차원에서 통과된 눈여겨볼 만한 경찰 개혁 법안은 하나도 없다. 민주당이 의회에서 경찰업무정의법Justice in Policing Act을 발의했지만, 공화당은 즉각 막후교섭을 벌여 핵심 조항, 즉 경찰관 개인을 소송에서 보호하는 법적 장치인 공무원 면책권 종식 조항을 삭제해버렸다. 이 법안은 2020년과 2021년에 하원을 통과했다. 2021년 5월 민주당 제임스 클라이번 의원은 공무원 면책권 종식 조항이 빠져도 법안을 지지하겠다고 시사했다. 법안에서 해당 조항이 빠지면 이미 여러 지역 경찰 당국에서 자체적으로 막고 있는 목조르기 금지 정도를 제외하고는 그다지 새로운 내용이 없다고 할 지경이었다. 2021년 9월 공무원 면책권 종식 조항이 빠진 법안마저 공화당이 거부하면서, 상원 통과는 결국 결렬되고 만다.

'흑인 생명을 위한 운동Movement for Black Lives'이라는 큰 우산 아래 있는 여러 단체와 활동가들은 그보다 훨씬 실질적인 개혁안이 포함된 이른바 '숨 법안BREATHE Act'를 추진했다. 이 법안은 모든 연방 교도소와 이민자 구금시설을 폐쇄하기 위한 계획 수립과 이민관세단속국 및 마약단속국 해체, 경찰 감시 및 군용 무기 사용 금지, 흑인과 경찰 폭력 피해자 배상금 도입, 경찰과 교도소 예산을 복지와 의료, 교육, 환경 부문으로 돌리기 등의 조항을 모두 담고 있다. 아이아나 프레슬리와 러시다 털리브가 법안 제안자로 나섰지만, (이 글을 쓰는 시점에 이미 결렬돼버린) 경찰업무정의법에 비해 양원을 통과할 가능성은 훨씬 낮다. 여러 이유가 있지만, 민주당과 공화당 모두 반대가 상당하기 때문이다.

수십만 명이 몇 달 동안 거리시위에 나섰는데도 연방 정책에서 의미 있는 변화를 이끌어내지 못했다는 사실(2014년, 2017년, 2019년 대규모 기후행진과 여성행진, 월가 점령 시위, 2003년 반전시위도 마찬가지였다)은 대규모 시위만으로는 충분하지 않다는 걸 의미한다. 아무리 많은 사람이 변화를 요구한들, 미국 제도와 관료들은 대중의 뜻을 기꺼이 거부할 의지로 충만하다.

주와 지역 차원으로 내려가면 상황을 좀 더 낙관할 수 있다. 오스틴, 시카고, 필라델피아, LA, 샌프란시스코 등 대도시에서는 '흑인 생명을 위한 운동'과 연합하는 진보단체들의 활동 덕분에 최근 들어 사법 개혁을 공약으로 내건 지방검사가 여럿 선출됐다. 최근 시카고에서 재선에 성공한 쿡 카운티 지방검사 킴 폭스는 절도 같은 경범죄 기소를 줄이고, 마약 사범이 수감보다 치료를 받을 수 있도록 조치했으며, 부당하게 유죄판결을 받은 100여 명의 형을 무효화하는 등 공약을 실천에 옮겼다. 텍사스주 트래비스 카운티 지방검사 호세 가르자는 마약 사범 중 범죄 수위가 낮은 이들을 기소하지 않겠다고 약속했다. 대량 투옥 종결과 폭력 경찰 처벌을 공약으로 내세운 체사 부딘은 2019년 샌프란시스코에서 지방검사로 선출됐다.(이후 2022년 특별선거에서 주민소환으로 물러났다.) 부딘의 전임자인 조지 개스콘은 2020년 LA에서 지방검사로 선출됐다. 그가 내건 공약은 사형 구형을 중단하고, 청소년을 성인으로 기소하지 않으며, 검찰의 유죄판결 검토 부서를 정비하고, 전임자 시절 기소되지 않은 경찰이 연루된 사망사건을 재수사하겠다는 내용을 담고 있었다.

필라델피아 진보 성향 활동가들은 2017년 지방검사 선거에서 래리 크래스너를 지지해 당선시켰는데, 크래스너의 승리는 필라델피아 지역 좌파 세력이 성장하는 데 큰 동력이 됐다. 크래스너는 필라델피아에서 BLM 운동과 필라델피아 점령 시위를 대변한 민권변호사로, 필라델피아 시청과 경찰 당국을 상대로 소송 75건을 제기한 경력이 있다. 그 또한 사형 구형을 중단하기로 약속했고, 취임한 뒤에 부당하게 유죄판결을 받은 17명을 석방하도록 조치했다.

몇몇 대도시 시장들은 이 같은 의미 있는 변화들을 피해 갔다. 뉴욕시는 2020년 가장 큰 규모의 시위가 일었던 도시인데도 2021년 법과 질서를 외치는 민주당원 에릭 애덤스를 시장으로 선출했다. 애덤스는 전직 경찰로, 시장직에 오르기 무섭게 독방 감금 부활을 약속했고, 시 교정 부서가 받고 있던 무력 사용 혐의를 지나치게 성실히 조사했다는 이유로 내사과 수사관을 해고했다. 경찰 개혁을 공약으로 내세워 2019년 시카고 시장으로 선출된 로리 라이트풋은 취임 후에 기본 공약을 제대로 지키지 않아 비판을 듣고 있다. 시카고 경찰관이 13세 소년 애덤 톨리도를 잠깐 추격하다가 총으로 쏴 살해하고 다섯 달이 지난 2021년 9월, 시카고시 당국은 법원이 명령한 도보 추적 정책 개정 기한을 지키지 못했다.[1] 범죄율 증가가 가져온 불안이 애덤스 당선으로 이어졌을 가능성이 크기에, 경찰 예산 삭감을 요구하는 방안을 어떻게 만들어갈지가 좌파 진영에서 여전히 뜨거운 토론 주제다. 경찰 예산 삭감은 어떻게 설명하는가에 따라, 그리고 주민들이 동네에서, 또 경찰과 상호작용하는 과정에서 얼마나 안전함을 느끼는가에 따라 대중적으로 인기 있는 정책일 수도 아닐 수도 있기 때문이다.

상황이 이렇다고 시위가 아무 소용없다는 뜻은 아니다. 시위를 통해 부당하거나 인기 없는 법과 정책을 얼마나 많은 사람이 반대하는지 보여주는 일은 중요하다. 그러나 시위는 더 큰 전략의 일부일 때 비로소 효과가 있다. 오늘날 좌파는 이 점을 가슴 깊이 새기고 있다. 그래서 권력자를 압박하고, 동시에 더 많은 좌파를 권력의 자리에 앉히려고 노력한다. AOC 수석 보좌관을 지낸 사이캇 차크라바티는 2018년에 이렇게 말했다. "우리는 후보를 발굴하고 훈련하고자 합니다. 선거캠프에서 뛰어다닐 사람, 의원실에서 일할 사람을 모집하려고 합니다. 우리도 더 나은 싱크탱크가 필요합니다. 기득권이 현상 유지를 위해 이미 갖춰놓은 인프라가 엄청나거든요. 그 부분이 문제입니다." 그는 신좌파도 고유의 "수송관"이 필요하다고 강조했다. 현장 활동가들과 이념적으로 뜻을 함께할 뿐 아니라 선출된 뒤에 특정한 의제를 추진해나갈 능력을 지닌 후보와 실무진을 제공할 시스템이 필요하다는 뜻이다.

경찰 폭력, 인종차별, 기후위기, 총기 폭력, 부족한 보육, 일터에서 드는 무력감 등 미국 사회가 안고 있는 가장 큰 난관들은 수십 년간 계속됐다. 사실 코로나19 위기 역시 새로운 문제라고는 할 수 없다. 바이러스 자체는 과거에 없던 존재이지만, 불평등할 뿐더러 제 기능을 하지 못하는 미국의 영리 추구 의료체계나 수많은 가정의 경제적 불안은 전혀 새로운 문제가 아니다. 수십 년에 걸쳐 더 불어나고 악화한 사안에는 새로운 해결책 또는 버리는 대신 업데이트하고 확장했어야 할 오래된 대책(이를테면 뉴딜 정책)이 필요하다.

시카고대학에서 버니 샌더스 이후를 그려가는 사람들

좌파가 세상 모든 싱크탱크와 수송관을 다 갖춘다 해도, 선거에 출마할 후보와 선출된 공직자가 없다면 할 수 있는 일은 제한적이다. 좌파가 마주한 가장 시급한 과제 중 하나는 바로 전국 단위 선거에 출마한 스타 후보자가 없어도 동력을 유지할 방법을 찾는 일이다.

인터뷰 당시 갓 스물한 살 청년이었던 에밀리 펠리치아는 뉴욕주 이타카의 "좌파 온실"에서 자랐다. 2018년 여름 고등학교를 졸업하고 곧장 DSA에 가입했고, 시카고대학에 진학한 뒤에는 버니 샌더스를 지지하는 본교 학생 모임에서 활발하게 활동했다.

시카고대학 샌더스 지지 모임은 미국 전역에서 가장 규모가 크고 활발한 샌더스 조직 중 하나다. 활동하는 회원들도 모임 규모와 범위에 큰 자부심을 느낀다. "아이오와에 여섯 번이나 갔었고요, 아이오와 코커스가 열린 주에는 100명이 함께 갔죠." 펠리치아가 자랑스럽게 말했다.

샌더스가 네바다 코커스에서 거둔 승리는 펠리치아와 동료들에게 강렬한 기억으로 남았다. 지지 모임에는 학생뿐 아니라 교수와 교직원, 심지어 대학과 직접적인 연관이 없는 지역 주민들도 있었다. 이들은 학생 활동가들을 도와 전화를 걸고 이웃을 돌며 샌더스를 지지해달라고 호소했다. DSA를 비롯한 사회주의 단체 회원과 버니 샌더스를 지지하는 시카고 시민은 다 함께 코커스 승리를 축하했다.

하지만 네바다 코커스 이후 상황이 곧 나빠졌다. 샌더스가 받은 실망스러운 '슈퍼화요일' 성적에 지지자들은 침울해졌다. 그

뒤 대면 선거유세는 코로나19 때문에 중단됐고, 시카고대학도 방역 조치의 일환으로 학생들을 집으로 돌려보냈다.

펠리치아를 포함한 몇몇 회원은 단체 간판을 샌더스 지지 모임에서 DSA나 YDSA 지부로 바꿔 달고 기세를 이어가고 싶었으나, 자원봉사자들의 에너지를 쏟아부을 전국 규모 선거가 사라지니 열정을 유지하기가 쉽지 않았다. "사람들이 엄청나게 환멸을 느껴서 DSA나 버니 샌더스 선거운동이나 그게 그거 아니냐, 샌더스 캠프가 실패했는데 DSA를 믿을 이유가 뭐냐, 이렇게 생각하게 된 거죠."

샌더스의 패배를 계기로 회원들 사이에 늘 존재하던 의견 차이가 적나라하게 드러난 것도 사실이다. 그때까지는 샌더스의 승리라는 큰 목표를 공유하며 덮어온 의견 차이였다. 모임에는 샌더스가 특정한 사회, 문화적 쟁점을 강조하지 않았기 때문에, 또 "깨어 있음"을 특별히 과시하며 엄격하게 굴지 않아서 그를 지지한 사람들도 있었다. 이들은 좌파의 '성중립적 인칭대명사 사용에 대한 집착' 같은 것에 큰 반감을 느꼈고, DSA 회원들에 비해 "문화적으로 보수적"이었다. 반면 DSA가 이념에서 지나치게 소극적이라고 여기는 이들도 있었다. "DSA가 다른 리버럴에게 환멸을 느낀 리버럴이긴 하지만, 그래봤자 어쩔 수 없는 리버럴이라고 보는 사람들이 있었죠." 펠리치아가 설명했다.

멕시코 출신 이민자로 의료보험 없이 자랐고, 이제는 시카고대학교 의과대학에 다니는 펠리치아의 친구는 가장 열성적인 회원 중 한 명이었다. 펠리치아에 따르면, 친구는 "문화적으로 보수적인" 환경에서 자랐지만 혼자서 서서히 좌파 정치에 입문했다. 그가 샌더스 선거운동에 적극 나선 이유는 "버니 샌더스가 얻어내고자 하는 가치" 중에 자신에게 필요한 요소가 많았기 때문이다. 샌더스가 이길 거라는 확신도 있었다. "아이오와에 갈 때마다 우리는 차 안에서 눈을 좀 붙여보려고 했죠. 하지만 이 친구는 늘 '버니와 그가 그리는 미래에 대해 이야기하고 싶어'라면서 운을 떼곤 했어요." 샌더스가 경선에서 사퇴하자 친구는 정치활동에서 완전히 마음이 떠버렸다고 했다.

펠리치아도 비슷한 심정이었다. 선거운동은 강행군인 만큼 많은 이에게 영감을 준 역사적인 현장이었고, 이제는 다른 무엇에도 비슷한 감정을 느낄 수 없을 것 같았다. 시카고대학 캠퍼스뿐 아니라 미국 전역의 지지자들에게 선거운동이 어떤 의미였는지 생생하게 목격한 터였다. 코커스에서 샌더스에게 표를 줄 유권자를 모집하려고 방문한 아이오와에서 펠리치아와 동료 자원봉사자들은 조지(가명)라는 청년을 만났다. 트레일러(이동주택 차량)가 모여 있는 주차장에서 차량 하나하나 문을 두드리며 사람들을 만나고 있을 때였다. 조지가 어머니와 함께 사는 트레일러 안에는 쓰레기 봉지가 천장까지 가득 차 있었다. 조지는 뇌졸중을 앓고 나서 휠체어 생활을 하고 있었다. 가족은 의료보험이 없어서 엄청난 의료비를 떠안은 상태였고, 조지는 어머니가 없으면 혼자서 생활이 불가능한 처지였다. 더불어 그는 펠리치아가 만난 가장 열렬한 샌더스 지지자이기도 했다. 휠체어를 타고 시내에 있는 샌더스 캠프 현장 사무소를 매일같이 방문할 정도였다.

펠리치아는 아이오와 코커스에서 샌더스에게 표를 줄 사람을 만나게 되어 안심했지만, 막상 코커스 당일 저녁이 되자 우울해졌다. "고등학교 체육 시간에 팀원 고르기 같은 분위기더라고요." 펠리치아는 모두 "옳은 이유로 샌더스를 선택"하기를 바랐지만, 현실에서 사람들 대부분은 별생각 없이 코커스에 참석해 "자신을 가장 띄워주는" 이들이 있는 곳에 표를 줬다. 후보를 향한 열정이 어마어마한데도 조지가 샌더스 캠프에 오히려 부담으로 작용한다는 점은 특히 끔찍했다.(조지의 휠체어와 세련되지 못한 태도에 거부감을 느끼는 사람들이 있었다.)

그래도 우여곡절 끝에 샌더스는 아이오와 코커스에서 승리했고, 조지는 기쁨을 감추지 못했다. 선거 유세기간에 조지는 샌더스 캠프 자원봉사자들이 모는 차를 타고 다양한 행사에 참여하며 현장 사무소를 방문하기도 했다. 현장에는 언제나 다채로운 행사가 마련되어 있었고, 함께 이야기를 나눌 수 있는 샌더스 팬들도 있었다. 코커스가 끝나자 조지는 이제 갈 곳도, 차를 태워줄 사람도 없었다. 그는 다시 고립되고 의존하는 생활로 돌아갈 수밖에 없었다.

캠퍼스로 돌아온 펠리치아와 동료들은 DSA 지부를 만들어 활동을 이어가고자 했다. 첫 모임에는 15명가량이 참석했다. 이날 모인 사람들은 버니 샌더스 지지 모임에 나오던 이들과 조금 달랐다. 우선 대부분이 학부 1, 2학년 학생이었다. 펠리치아와 동료들이 처음 안내문을 돌렸을 때 관심을 보인 이들 중에는 대학원생이 꽤 있었지만, 정작 그들은 한 명도 나타나지 않았다.(안내문에 답신한 사람 중에는 대학원생, 학부생, 교직원을 포함한 지역 주민이 골고루 있었다.)

"솔직히 말씀드리면 아무것도 없는 곳에서 처음부터 다시 시작하는 느낌이에요." 펠리치아가 말했다. "샌더스 지지 모임을 DSA 지부로 자연스럽게 전환하는 작업부터 시작해서 선거운동 열기를 이용해 DSA 회원을 모집하겠다는 계획까지, 선거운동이 끝나고 이렇게 됐으면 좋겠다 싶었던 일들이… 결국 하나도 이뤄지지 않았네요." 샌더스 지지 모임이 확보한 1000여 명의 연락처 그리고 팔로워가 많은 소셜미디어 계정은 펠리치아와 친구들에게 남은 큰 자산이다. 그렇다고 그것만으로 사람들의 관심과 참여를 지속해서 이끌어내기는 수월하지 않다. 전국 단위 선거운동이 가져다준 공동의 목적의식, 열기, 추진력을 다시 만들어내기란 결코 쉬운 일이 아니다.

선거가 끝나고 없어진 것은 그뿐이 아니다. 중앙 조직의 가이드 역시 사라졌다. 시카고대학 샌더스 지지 모임은 샌더스 중앙캠프와 직접 연락하고 손발을 맞췄기 때문에, 과정의 모든 단계가 명확했다. 펠리치아와 친구들이 이제 막 출범시킨 모임도 DSA 본부와 DSA 시카고 지부에서 지원을 받고 있지만, 여러 가지 시급한 과제 가운데 집중할 쟁점을 선정하는 일부터 펠리치아에게는 큰 부담으로 와닿는다. 선거운동에는 후보를 당선시킨다는 분명한 최종 목표가 있었지만, 성과를 수치로 나타내기 어려운 사안들을 중심으로 위기의식을 끌어내려면 창의적인 전략이 필요하고 품도 더 많이 든다.

펠리치아는 다가오는 해에 주거 보장과 시카고 경찰 예산 삭감을 중심으로 관심을 모아내고, 비슷한 일을 하는 지역 단체들하고도 협력하기를 바라고 있었다. 그는 학내 단체들이 대체로 비정치적이거나 반정치적이라고 말했다. 대부분 활동가가 없는 독서나 토론 중심 모임이거나, 반대로 독서나 토론이 없는 활동 중심 모임이라고 한다. 펠리치아는 정치교육과 행동을 아우르는 DSA 시카고대학 지부 설립을 꿈꾸고 있었다.

펠리치아와 동료들이 깨달았다시피, 좋은 의도와 훌륭한 후보, 열정적인 지지자라는 요소를 모두 갖춘 운동도 혼자서 하루아침에 미국 정치 지형을 바꿀 수는 없다. 후보자 한 사람에게 영감을 얻고(수많은 청년에게 하던 일을 모두 내려놓고 선거운동에 풀타임으로 뛰어들고 싶을 만큼 영감을 줬던 샌더스 같은 인물이라 하더라도), 특정한 쟁점에 관심을 두는 차원만으로는 부족하다. 조직 전문가와 제도적 지원, 꾸준하고 전략적인 이행이 없으면, 샌더스 같은 인물이 불러일으킨 열정마저 세상을 바꾸기는커녕 하루아침에 증발해버릴 수 있다.

쟁점과 정치를 연결하다

나와 만났을 때 샤나 갤러거는 스물여섯 청년이었다. 한때 해양생물학자를 꿈꿨던 샤나는 기후변화가 지금과 같은 추세로 진행된다면 해양생물을 연구하는 일은 어려워지거나 아예 불가능해

지리라는 점을 깨달았다. 그가 학위 과정을 마칠 무렵이면 해양 생물 상당수가 멸종한 상태일 수 있기 때문이다. 지금 이 순간에도 산호초는 사라지고 있고, 양서류의 40퍼센트, 모든 해양 포유류와 암초를 형성하는 산호류의 33퍼센트 이상을 포함한 100만여 동식물종이 지구온난화로 멸종위기에 처해 있다.[2]

갈색 머리에 커다란 눈, 활짝 웃는 얼굴, 낮고 진지한 목소리를 지닌 샤나 갤러거는 말이 빠르고 자신감이 넘쳤다. 어린 시절 여기저기 이사를 자주 다니며 살았던 사람 특유의 여유로움과 융통성이 돋보였다. 캘리포니아에서 태어난 갤러거는 여덟 살 때 가족과 함께 홍콩으로 갔다가, 런던을 거쳐 다시 미국으로 돌아왔다. 영국에서는 기숙학교와 유나이티드월드칼리지에 다녔고, 보스턴에서는 터프츠대학교를 나왔다. 대학을 졸업한 뒤에는 "선거캠프 유목민"이 되어 일자리를 따라 이곳저곳 옮겨 다니며 살았다. 우리가 만났을 때 그는 텍사스에서 하원에 출마한 진보 정치인 마이크 시겔 선거캠프의 일자리 제안을 막 받아들인 참이었다.(시겔은 이 선거에서 졌지만 45.3퍼센트 득표율을 기록했다.)[3]

갤러거는 미국 선거자금 시스템이 고장 났을뿐더러, 선거로는 성에 차는 속도로 세상에 필요한 변화를 가져올 수 없다고 믿는다. 그런데도 그가 선거판에서 일하는 까닭은 2018년 텍사스에서 상원의원 선거에 출마한 베토 오로크 캠프에서 조직화 담당자로 뛰어다닌 경험 때문이다. "돈을 더 벌려고 선거캠프에 취직한 사람은 저뿐일 거예요." 갤러거가 씁쓸하게 웃으며 말했다. "베토 캠프에서 제안한 월급이 형편없는 시민단체 일 하면서 받던 돈보다 더 많았거든요."

"슬픈 일이지만, 선거에 출마한 후보보다 사람들을 더 움직이게 만드는 단일 쟁점은 없습니다. 사람들은 자신이 원하는 모든 것을 후보자 한 사람에게 투영해버리거든요." 그렇긴 하지만 선거판을 겪으며 갤러거는 선거가 얼마나 중요한지 깨달았다.

갤러거는 2020년 대선 경선 당시 샌더스 캠프에서 전국 학생 조직 담당자로 일했다. 샌더스 캠프에 합류하기 전에는 베토 오로크 대선캠프에서 잠시 일하기도 했는데, 상원 선거 때 캠프와 달라서 실망했다고 한다. 오로크 대선캠프는 "학생 조직은 물론 어떤 종류의 조직화도 하지 않았어요." 갤러거는 학생을 조직할 필요성을 믿고 투자할 의지가 있는 캠프에서 일하겠다고 결심했다. "버니 샌더스 캠프가 유일하게 청년들에게 힘을 실어줘야 한다고 다짐한 곳이었어요."

그러나 샌더스를 민주당 대선후보로 만들기에는 여전히 청년 투표율이 부족했다. "정말 화가 나요. 그렇지만 샌더스 캠프가 혼자서 청년 유권자 이탈과 투표 억압이라는 구조적 문제를 해결할 수는 없는 노릇이죠." 갤러거는 미국 학교에서 시민교육을 충분히 하고 있지 않으며, 투표나 시민 참여가 모든 가정과 지역사회의 규범은 아니라고 지적했다. 미국에서 투표는 몇 시간이고 줄을 서서 기다리는 일이기 십상이라서, 많은 학생이 투표와 아르바이트 또는 투표와 학업 사이에서 하나를 선택할 수밖에 없다는 얘기다.

"동전의 다른 면은, 또 제가 민주주의 개혁이야말로 기후변화를 해결하는 의미 있는 대책이라고 생각한다는 거예요." 갤러거가 말했다. "젊은이들 대부분이 무력감에 치입니다. 말 그대로 평생을 망가지고 제 기능 못하는 의회만 보고 살았잖아요. 지난 몇 년간 물밑작업과 돈이 정치에 미치는 영향력은 엄청나게 커졌죠. 청년들이 투표해도 소용없다고 느끼는 데는 다 근거가 있습니다. 투표해야겠다는 의욕이 솟아나질 않는 거예요. 버니 샌더스가 젊은이들을 끌어냈다고 해서 그 사람들이 다 샌더스한테 표를 줄 리는 없거든요." 그는 샌더스 캠프 일을 떠올리며 이렇게 설명했다. "버니를 찍겠다는 사람도 많았지만, 아예 투표를 안 하겠다는 이들이 수두룩했어요. 젊은 사람들은 '저는 원래 투표 안 해요, 정치에 관심 없어요.' 이렇게 말하거든요."

갤러거와 이야기를 주고받다 보니 '인디비저블'의 리아 그린버그와 나눈 대화가 떠올랐다. "미국 민주주의는 뿌리부터 망가진 상태입니다. 사람들 대부분, 특히 젊은 이들은 민주주의 개혁과 자신에게 닥친 문제 해결을 연결하지 못하고 있어요."

샌더스가 경선에서 사퇴한 뒤에 갤러거는 조직화를 도왔던 샌더스 지지 모임 학생들에게 '선라이즈'나 '학생행동Student Action(인종정의와 경제정의를 추구하는 진보주의 단체 '국민행동'의 학생 조직)', YDSA, '꿈의 수호자들' 같은 단체에 가입하라고 권유했다.

갤러거가 가장 자랑스럽게 여기는 샌더스 캠프 시절 기억은 학생들에게 건강한 노동운동이 진보 정책을 추진하는 데 왜 필수인지 알려준 일이다. "미국에서 노조가 50년 전만큼 막강했다면 버니 샌더스가 선거에서 이겼을 거라고 생각합니다."

'상식'을 다시 정의하다

최근 몇 년 사이, 사이캇 차크라바티가 2018년에 진보 인프라를 강화해야 한다고 외친 목소리에 답이라도 하듯 여러 단체가 부상했다.(차크라바티 본인도 현재 '새로운 합의New Consensus'라는 진보 싱크탱크를 운영하고 있다. 기후변화와 경기침체, 인종 및 도농 간 부의 격차 같은 현안에 "과거 대규모 경제동원을 본뜬" 해법을 제안하는 기구다.) 2017년 "사회주의 성향"의 '국민정책 프로젝트People's Policy Project'를 설립한 맷 브루닉은 "소수가 아닌 다수를 위한 경제체제가 발전하도록 지원할 구상과 분석"을 제시하고, 좌파 정책 제안을 홍보하고, 정치인이나 매체와 협업하며, 기삿거리와 프로젝트에 필요한 데이터와 분석을 제공하고 있다. 브루닉은 2020년 민주당 대선 경선 당시 샌더스 캠프와 가까이 일했던 인물이다.

한때 "어디서든 가장 똑똑한 사람 이미지"로 뜻을 함께하는 사람들 사이에서도 다소 반감을 샀던 션 맥엘위는 싱크탱크 '진보를 위한 데이터Data for Progress'를 설립하고 현재는 상임이사를 맡고 있다. '진보를 위한 데이터'는 "데이터 과학의 최첨단 기술을 활용해 진보의 대의명분과 활동가를 지원"하는 역할을 자청하고 있다. 맥엘위는 처음에 트위터에서 "이민관세단속국 폐지"라는 구호를 유행시킨 장본인으로 명성을 얻었지만, 그 뒤로 데이터를 사랑하는 냉철한 좌파 실용주의자, 소셜미디어에서 점수를 따기보다 선거에서 승리하는 데 중점을 두는 인물로 자신을 홍보해 왔다.[4] DSA를 포함한 단체들이 노력해서 지난 수십 년간 좌파 진영이 경험하지 못했던 선거 승리를 일궈냈는데도, 맥엘위는 자신이 좌파 진영 터줏대감이라고 은근히 과시해 20대 젊은이들에게 반감을 일으켰다. 2020년 민주당 경선에서는 엘리자베스 워런을 지지했고, 나중에는 바이든 캠프에서도 자문 역할을 했다. 게다가 샌더스를 비판해서 사회주의 좌파 진영의 분노를 샀다. 맷 브루닉 역시 분노했던 사람 중 한 명이다. 브루닉은 "좌파 의제의 인기를 보여주는 여론조사를 실시하고 그 결과를 언론에 독점 제공하는 방안은 정책을 더 많은 사람에게 알리고 담론을 진행시킬 수 있는 좋은 대책"이라며, 맥엘위 단체가 바람직한 일을 하기도 했다고 인정했다.[5] 맥엘위가 "사밀리스 로페즈의 무릎을 쏘았다"며 비판한 2020년 〈자코뱅〉 사설 또한 그가 "'진보를 위한 데이터'를 통해 투표와 여론에 관한 학술연구를 진행해서 유용한 일을 해냈다는 사실에는 의심의 여지가 없다"고 평가했다.[6]

진보 성향 온라인 조직화 단체 '진보를 요구하라Demand Progress' 상임이사인 데이비드 시걸은 2018년 '진보 인재 수송관 프로젝트'를 주도한 인물 중 한 사람이다. 프로젝트에서 제안한 최초 명단을 살펴보면 여성이 절반, 유색인종이 40퍼센트였다. 프로젝트가 발굴한 인재에게는 예산 책정 과정과 의회 규정, 거시경제는 물론 이민과 사법제도 등 핵심 정책 분야 수업을 열어주고, 의원 보좌관과 활동가들이 나서서 효과적인 협업방식과 관련해 조언을 건넸다. 프로젝트는 선거에서 승리해 선출직에 오른 이들에게도 자료 조사, 업무능력 개발, 전문가가 참여하는 전략회의 등의 형태로 꾸준히 교육과 지원을 제공했다. 정치 전문

매체 〈롤 콜Roll Call〉은 2019년 기사에서 '진보 인재 수송관 프로젝트'가 "우파와 달리 좌파 진영에는 경력 초기나 중기에 있는 정책 입안자나 커뮤니케이션 전문가를 위해 풍부한 자원을 갖춘 발사대가 없다는 인식을 타파했다"고 전했다.[7]

민주당 당내 분파인 의회진보모임(CPC)도 2018년 독자적인 정책센터를 만들어 공개했다. CPC 의장 프라밀라 자야팔은 "모든 정책 연구와 의회 밖에서 진행되는 사안, 조직화 네트워크, 내부 전략을 연결하기 위한 기관"으로, 진보 진영에 부족했던 부분을 채우는 "매우 중요한" 인프라가 될 것이라고 밝혔다.[8] 하원 진보파 의원들은 대부분 좌파 시민단체나 활동가들과 얼마간 관계를 맺고 있다. 그러나 의회 바깥 단체가 의원들과 협력할 방법, 또 (전미총기협회가 공화당에 하듯) 영향력을 행사할 길을 파악하지 못하면, 좌파가 가장 간절히 원하는 사안에서 진전을 보기란 쉽지 않을 것이다.

제대로 작동하는 수송관, 특히 새로운 유형의 인재를 발굴해 의회로 보내는 수송관을 만들어내는 데는 여러 해가 걸린다. 진보주의자들을 권력의 자리로 올려보내려는 시도가 확산되는 흐름은 지난 5년 사이 두드러진 변화다. 진보 성향 단체들을 더욱 체계 있고 효과적인 조직으로 다듬으려는 작업 또한 최근 본격적으로 진행되고 있다. 활동가들과 이야기를 나누며 언급된 횟수로 볼 때 최근 부상한 단체 중 가장 눈에 띄는 곳은 바로 훈련 기관이자 "활동 인큐베이터"로 불리는 '모멘텀Momentum'이다.

'모멘텀' 상임이사인 리시 로마노우는 단체가 2013년 즈음 꾸려졌다고 소개했다.(로마노우는 2017년 1월부터 상임이사를 맡고 있다.) 기후정의 운동과 노동운동, 월가 점령 시위, 이민자 권리운동 출신 젊은 활동가들이 한데 모여 성공과 실패 경험을 나누고 앞으로 나아갈 전략을 논의한 자리가 출발점이었다. "몇몇 전투에서 승리했으나 전쟁에서는 지고 있다"는 평가가 당시 활동가들의 공통된 의견이었다.(로마노우는 활동을 전쟁에 빗대기를 좋아하지 않지만, 대체할 만한 더 효과적인 단어를 아직 찾아내지 못했다고 덧붙였다.)

이 프로젝트가 "세대성을 의식"한 조직은 아니었지만, 모여든 사람이 대부분 로마노우 또래거나 그보다 젊은 활동가였다. 로마노우는 36세인 자신이 "분명 나이가 가장 많은 축"에 든다고 말했다. 로마노우와 동료들은 오바마 2기 정부에서 미국 좌파 진영을 활성화하기 위한 투쟁을 시작했다. "드리머(미성년자 때 가족과 함께 미국으로 건너와 공식적인 이민서류를 갖추지 않고 미국에서 줄곧 살아온 사람)들이 청소년추방유예제도Deffered Action for Childhood Arrivals, DACA를 쟁취한 시기였는데도… 당시 추방돼 기록에 남은 사람도 많았습니다. 드리머들의 부모 또한 보호받을 방법이 하나도 없었죠." 로마노우의 설명이다. 활동가들은 다코타 수송관 건설도 막아냈지만, 뚜렷한 대책이 없는 상황에서 기후재앙이 이미 지구를 덮쳐오고 있다는 사실은 변함없었다. 권력자들이 이 문제에 별 신경을 쓰지 않는다는 점도 마찬가지였다.

로마노우는 젊은 활동가들이 단순히 오바마 정부에 실망했다기보다 미국 정치제도 전반에 신뢰를 잃었으며, 아무런 실질적인 전환도 일구지 못한 변화 이론을 의심하기 시작했다고 주장한다. 운동이 일어나는 이유는 정부가 사람들의 필요를 채워주거나 대중의 뜻을 법으로 연결하지 못하기 때문이라는 뜻이다.

창백한 피부에 짙고 큰 눈동자, 솔직하고 냉철한 태도를 지닌 로마노우는 보스턴 교외에서 자랐고, 우리가 이야기를 나누던 당시에는 코네티컷주 뉴헤이븐에 살았다. 주 규모로 큰 시민단체에서 지역사회 활동가로 일할 때 여러 유색인종 여성들에게 멘토링 받은 경험을 엄청난 행운으로 여긴다고 말했다. 그가 일한 단체는 여러 캠페인을 성공적으로 이끌었고 구성원들도 하나같이 진지하게 활동에 전념했지만, 그는 "단체 회원들 삶이 실제로 달라지는 느낌을 받지 못했다"고 말했다. "한 달만 수입이 끊겨도 거리로 나앉을 사람들이 너무나 많았어요…. 이번 캠페인이 잘되고 그다음에 또 성공하면 언젠가는 최저임금을 생활임금 수준으로 끌어올릴 수 있겠지, 생각했는데 이런 기대가 어느 순간 사라져버렸죠. 믿음을 완전히 상실한 거예요."

2014년에 열린 '모멘텀' 주최 연수에 참가하면서 로마노우는 스스로 느끼던 두려움의 실체를 알게 됐다. 로마노우가 일했던 시민단체는 정치인들에게 특정 정책을 개혁하라고 요구하고 나설 집단을 조직화하는 데 많은 공을 들였다. '모멘텀'에서 그는 이 활동이 여러 전략 중 하나('모멘텀'에서는 이를 '구조기반 조직화'라고 불렀다)일 뿐이라는 점을 배웠고, 대중집회를 포함한 여러 선택지에 눈을 뜨게 됐다.

'모멘텀'은 또한 "매우 선명한 변화의 이론"을 내세웠는데, 이 이론에는 문제의 규모에 걸맞은 개혁을 이끌어내는 방식이 담겨 있었다. 로마노우나 그가 '모멘텀'에서 활동하기 이전과 도중에 만난 동료들은 수년에 걸쳐 차근차근 개혁이 쌓인다고 실제로 필요한 변화가 가능할지 "명확한 계산"이 서지 않는다고 느꼈고, 특히 "사람들에게 절실한 속도로 변화를 가져오기"는 불가능하다고 여겨졌다. 필요한 만큼 개혁을 이끌어낼 수 있다는 정치적 의지를 모아내려면 진보 진영 활동가들이 "손에 쥔 무기가 훨씬 더 많아야 한다"는 것이 '모멘텀'의 핵심 주장이다.

활동가들이 영향력을 키우는 방법을 언급하며, 로마노우는 "특정 요구를 둘러싼 움직임을 더 널리 확대하고, 더 많은 사람에게 참여 기회를 제공해서 해당 요구가 시급해 보이도록" 해야 한다고 설명했다. 동시에 더 많은 사람들의 소극적인 지지를 끌어내는 일에도 집중해야 한다. "운동이 처음 시작될 때는 대중이 '아냐, 이건 현실적이지 않아, 안 될 거야'라고 생각하지만, 몇 해에 걸쳐 꾸준히 동원하면 사람들이 '상식'이라고 여기는 선 자체가 달라집니다."

많은 미국인이 살면서 이런 변화를 직접 목격했다. 한때는 주변부 운동이었던 흑인, 여성, LGBTQ 권리운동이 이제는 사회적 주류의 지지를 얻게 됐다. BLM 시위가 시작된 뒤로 관련 단체들이 노력한 끝에 더 많은 이가 경찰 폭력이 문제라는 점에 동의하게 됐다. 유권자 다수가 이제는 경찰 예산 폐지까지는 아니더라도 전격적인 경찰 개혁을 지지한다. 이런 변화는 하루아침에 끔찍한 사건 한두 건 때문에 뚝딱 만들어진 것이 아니다.[9] 6년, 10년, 20년, 30년, 50년 전부터 누군가 경찰에게 책임을 물어야 한다고 외친 주장이 수십 년간 조직화와 행진, 거리시위를 거치며 점점 더 많은 사람에게 지지를 얻은 결과다.

'모멘텀' 덕분에 로마노우는 '승리'의 의미를 더욱 깊이 이해하게 됐고, 성공이란 "짧은 시간 안에 입법 개혁을 쟁취해내는 일", 나아가 긴 안목으로 더 큰 규모의 지속 가능한 승리를 위한 기반을 다지는 일임을 알게 됐다. "결국 법안을 통과시키는 것이 목표지만, 그 안건이 상식으로 받아들여지도록 기반을 닦는 데 5년도 아깝지 않다는 말이죠. 그러는 편이 기반을 튼튼히 다지지 않고 부분적인 승리만 끌어내는 방식보다 훨씬 중요합니다." 로마노우는 사회운동의 목표가 "우리 사회에서 무엇이 정상이고 옳고 선한 것인지를 둘러싼" 집단적인 감각을 바꾸는 데 있다고 강조했다.

우리의 차이는 '해자'가 아니라 '다리'다

흔히 외부에서 좌파를 비난할 때 하는 이야기이자, 내부에서 좌절의 원인이 되기도 하는 시선이 바로 좌파는 한꺼번에 너무 많은 대의명분을 앞세운다는 주장이다. 안 그래도 하는 이야기가 흘러 넘치는데, 다양한 유권자 집단에 걸맞게 메시지를 다듬기까지 해야 한다면 어떻게 성공할 수 있겠는가? '정체성 정치'

는 이런 지적이 나올 때마다 비난의 화살을 맞는 대상이다. 오늘날 '정체성 정치identity politics'는 처음 이 개념이 만들어졌을 때와 정반대 의미를 갖게 됐다. 1970년대 흑인 사회주의 페미니스트 모임인 '컴바히강 공동체Combahee River Collective'가 처음 사용한 이 용어는 흑인 해방운동과 페미니즘 운동, 경제적 정의 운동이 서로 결이 다르고 모순된 싸움이 아니며, 그렇게 취급해서도 안 된다는 의미를 담고 있었다. 활동가들이 모든 종류의 억압에 맞서 함께 싸울 때만 모든 사람을 자유롭게 할 수 있다는 취지였다. 공동체 여성들은 1977년 발표한 선언문을 통해 이렇게 말했다. "우리는 노동이 상관들의 이익이 아니라 노동을 하고 제품을 만들어내는 사람들의 집단적 결실을 위해 조직되어야 한다고 믿기 때문에 사회주의자다. 물질사원은 그것을 만드는 이들에게 똑같이 분배해야 한다. 그러나 우리는 반여성주의적이고 인종차별적인 사회주의 혁명이 우리 해방을 보장하리라 생각하지 않는다."[10]

오늘날 '정체성 정치'는 흔히 특정한 정체성을 중심으로 배타적인 정치동맹을 형성하고 스스로를 분리하려는 경향, 즉 상대적인 소수의 이익을 위해 다수를 희생하는 반-연대적 수축을 가리키는 용어로 인식된다.

70년대와 달리 지금 신좌파는 정체성 정치를 원래 개념대로 받아들여 사용하고 있다. 인간이 진정한 자유를 누리기 위해서는 흑인을 겨냥한 인종차별과 경찰 폭력, 여성혐오, 경제적 불의를 포함한 모든 종류의 억압에 맞서 싸워야 한다는 뜻이다. '컴바히강 공동체' 선언문 공동작성자이자 흑인 페미니스트 활동가인 바버라 스미스는 2020년 대선 정국에서 샌더스를 지지했다. 그는 샌더스가 공약과 정치를 이해하는 시선이 "유색인종 여성들이 수십 년 전 정의한 우선순위를 보완해 완성하고 있다"고 썼다.[11] 현재 DSA 홈페이지를 보면 교도소 폐지, 아프리카계 사회주의자, 유색인종 사회주의자, 반파시즘, 장애인 인권, 생태사회주의, 주거정의, 이민자 권리, 국제문제, 상호 원조, 퀴어 사회주의자, 종교적 사회주의자, 사회주의 페미니스트, 참전용사 등 다양한 분과 모임이 있지만, 이 모든 주제를 아우르는 구호는 다인종 노동계급이 두려움으로 분열하지 말고 하나로 연대하자는 내용이다. 근로가족당 역시 "사장 대신 노동자, 권력자 대신 민중을 위해 싸우는 다인종 정당"이라고 스스로를 소개한다.

이들 단체 내부는 물론 좌파 진영 전반에서 여전히 이런 말이 무슨 의미인지, 실천으로 옮길 수 있는 최선책은 무엇인지를 놓고 논쟁 중이다. 좌파가 경제적 불의 해결과 인종 억압 해소 중 양자택일한다는 오해는 특히 좌파 외부에서 여전하다. 그러나 오늘날 젊은 사회주의자나 좌파 중에 흑인 해방이나 재생산 자유를 위한 투쟁을 불필요하거나 부차적인 싸움으로 치부하는 이는 거의 없다. 젊은 흑인 급진파도 대부분 일정 정도의 사회주의 안건이나 재분배 정책을 지지한다. 이들은 스미스와 마찬가지로 기본적인 경제적 안정과 흑인 해방을 위한 투쟁이 불가분 관계라고 인정하고, 여러 전선에서 동시다발적 투쟁에 헌신하고 있다. 이렇게 목적의식을 공유하는 자세가 이들의 강점이다. 연대가 광범위하고 지향점이 단합될수록 특정 정책이나 입법 목표를 달성하기가 더욱 수월해지기 때문이다.

그러나 DSA 같은 단체의 현실은 때로 자신이 선언한 이상과 충돌한다. DSA는 여전히 백인과 대졸자가 다수인 조직이다. 좌파단체는 대부분 남성 중심적이라는 인식에도 근거가 없지 않다.(2019년 말에 한 사회주의 잡지가 주최한 파티에 참석했을 때 젊은 인도계 여성이 나를 보더니 외친 말은 "와! 여자가 나 말고 또 있네요!"였다.) 현재 신좌파는 인종과 젠더 다양성을 확대하기 위해 의식적으로 애쓰고 있다. 보기 좋은 그림을 만들기 위해서만은 아니다. 나도 기고한 적 있는 사회주의 페미니즘 잡지 〈룩스Lux〉를 2021년 창간한 편집자이자 작가인 새라 레너드는 이렇게 말했다. "저는 모든 사람이 좌파가 되기를 바랍니다. 그리고 그 과정에서 모두 스스로 공감할 수 있는 길을 찾기를 희망하죠. '아, 여기가 좌파 진영에서 내가 머물 곳이구나.' 하는 느낌을 받았으면 좋겠어요."

우리가 이야기를 나누던 당시 32세이던 새라 레너드는 미시간주 앤아버에서 태어나 보스턴 외곽에서 자랐고, 현재는 브루클린에 살고 있다. 진지한 모습으로 찍힌 사진이 많지만, 실제로 만나보면 웃음도 많고 따뜻한 사람이다. 그는 상당히 어린 나이에 이미 급진적인 가치관을 형성했지만(펑크음악에 쏟은 관심에서 시작된 자연스러운 전개였다), 청소년기 정치관은 "이상하리만치 현실주의적"이었다고 한다. 레너드는 가족계획협회에서 일했고, 부시 대통령 시절에는 대학을 다니며 이라크전쟁 반대운동에 참여했다.

19세 무렵 레너드는 무자비함과 효율성을 더해가는 공화당에 맞설 능력이 민주당에 없다는 사실을 차츰 깨달았다. 마르크스 저서를 읽기 시작했고, 역사학자 바버라 필즈 수업을 들으며 인종을 이해하는 시각이 완전히 달라지는 경험을 했다. 사회주의자로 정체화한 것은 이즈음 일이었다. 그리고 2010년 DSA에 가입했다. "그때는 단체가 정말 작았어요. 그다지 활발하지도 않았고요." 당시를 회상하며 레너드가 말했다.

레너드는 "좌파가 지치고, 제 기능을 잃고, 무너졌을 때도 불씨를 꺼뜨리지 않고 살려온 사람들"에게 깊은 존경심과 감사한 마음이 있다. 그는 좌파가 부활했을 때 DSA 같은 단체나 〈디센트Dissent〉 같은 잡지가 없었더라면 "사람들이 배우고, 운동을 조직하고, 할 일을 파악하고, 갈 곳을 찾기가 훨씬 어려웠을 것"이라고 말한다. 2011년부터 DSA를 키우고 이끌어온 인물이 상대적으로 젊은 여성인 마리아 스바르트였다는 점도 성장 중인 좌파에게는 자산이었다.

레너드는 노동자 개념을 확대하고 다양한 형태의 억압이 서로 연결되어 있다는 점을 강조해서 사회주의 영역을 확장하는 자세를 사회주의적 페미니즘이 지닌 강점으로 꼽았다. 사회주의자들이야말로 일터에서 겪는 고충이나 육아, 의료 등 많은 여성이 매일 마주하는 문제에 해답을 제시하는 이들이고, 사회주의적 페미니즘 분석이야말로 "오늘날 사회주의를 향한 공감대를 넓히는 데 한몫한다"고 그는 주장한다.

레너드는 2016년 내내 사회주의와 페미니즘 사이에서 선택을 강요당하는 느낌을 받았다. "힐러리 클린턴을 지지하거나 버니를 지지하거나 둘 중 하나였죠." 클린턴도 샌더스도 지지하지 않았던 레너드는 자신의 정치관을 구성하는 두 요소가 서로 대립하는 가치처럼 인식되는 현실에 분노했다. "제 생각에는 그 두 가지가 같이 가야만 둘 다 의미와 공감을 얻을 수 있거든요." 레너드가 보기에 사회주의가 빠진 현대 페미니즘은 엘리트에게만 적용되는 사상이다. 마찬가지로 페미니즘이 빠진 사회주의는 자본주의 체제 속 다양한 사람들의 경험을 총체적으로 다룰 수 없을뿐더러 자본주의 체제를 떠받치는 세력도 제대로 파악할 수 없다.

레너드는 조직이 커가기 시작하자 DSA 내부에서도 페미니즘을 그저 곁다리 정도로만 여기는 사람이 많다는 인상을 받았다.

그가 DSA 뉴욕 지부에서 페미니즘 독서 토론 모임을 만든 것도 그래서다. 레너드는 "사회주의 내부에서도 가장 생동감 넘치고 사람들도 공감할 수 있는 부분이 페미니즘 사상의 영향을 받아 형성됐다"는 점을 많은 이에게 알리고 싶었고, 사회주의 프로젝트에 큰 힘을 보탠 여성 사상가와 작가들을 기리고 싶었다. "자기 모습을 찾아볼 수 없는 곳에서는 내가 집단의 핵심이라는 느낌을 받기 어렵잖아요." 레너드가 덧붙였다. 이런 경험을 한 끝에 그는 폴란드계 독일인 철학자이자 경제학자며 혁명적 사회주의자였던 로자 룩셈부르크 이름을 딴 잡지 〈룩스〉를 창간했다.

어릴 때 즐겨 읽던 여성지 같은 것을 만들고 싶은 마음도 있었다. 1988년부터 1996년까지 〈세븐틴Seventeen〉이나 〈YM〉 같은 주류 10대 여성지의 페미니즘적 대안으로 여겨졌던 잡지 〈새시Sassy〉는 레너드에게 영감의 원천이었다. "〈새시〉가 좋았던 건 상당 부분 남성의 시선을 피해 갔기 때문이에요. 남성 독자도 읽을 수 있지만 남성을 위해 만들어진, 남성 구미에 맞춘 잡지가 아니었어요. 남성에게 진지하게 받아들여지는 것이 목표도 아니었고, 겨냥하는 독자들이 진지하게 생각할 만한 주제를 다뤘어요."

레너드는 최근 유행한 페미니즘, 그러니까 부유하고 유명하며 개인적인 야망을 숨기지 않는 여성들을 위한 페미니즘이 사실은 "믿을 수 없을 정도로 야망 없는 페미니즘"이라고 생각한다. 세상을 있는 그대로 받아들이고, 그 안에서 잠을 줄이거나 육아휴직을 단축하는 방식으로 경쟁하도록 부추기기 때문이다. 일부 여성이 남성과 마찬가지로 "그 많은 일에 쉬지 않고 매달려서" 출세의 사다리 꼭대기까지 올라가는 것은 사실이지만, 대다수 여성은 이런 식의 '걸 보스Girl Goss 페미니즘'에 공감하지 못한다고 레너드는 생각한다. 이런 페미니즘은 나아가 악독한 기업 행위자에게 보호막을 제공하거나(성평등 현황을 면밀하게 조사한 결과를 앞에 두고 회사를 보호한 페이스북 COO 셰릴 샌드버그의 페미니즘), 외교 참사를 일으킨 사태(매들린 올브라이트, 콘돌리자 라이스, 힐러리 클린턴)로 이어질 수 있다고도 했다.

〈룩스〉는 고인이 된 작가 벨 훅스가 제시한 광범위하고 더욱 단순하며 포용적인 페미니즘 개념을 차용한다. "성차별적 억압에 맞선 투쟁", 즉 정적인 정체성이라기보다 꾸준히 실천하는 페미니즘, 모두 참여할 수 있는 페미니즘이다. 이 가치의 핵심은 완전한 평등에 미치지 못하면 페미니즘으로 칠 수 없다는 데 있다. "부유한 여성이 부유한 남성과 동등해지는 것, 가난한 여성이 가난한 남성과 평등해지는 것을 여성주의의 승리라고 볼 수 없다는 뜻입니다." 레너드의 설명이다. 이처럼 한층 더 총체적인 페미니즘이 실현되려면 샌드버그가 제안한 수위보다 훨씬 더 급진적인 사회, 정치적인 변화가 필요하다. 이런 맥락에서 페미니즘은 개개인의 과제라기보다 집단 프로젝트가 되고, "사소하고 개인적인 선택" 영역을 벗어나 광범위한 사회변혁 단계로 나아간다.

레너드와 동지들은 여성문제를 하찮고 개인적이며 심각하지 않은 사안으로 경시하는 경향에 적극 반발하는 중이다. 오래된 페미니즘 표어인 "개인적인 것이 정치적이다"는 본래 특정 계급 사람들(이를테면 여성)이 모두 더 큰 구조적인 힘에 이끌려 같은 종류의 "개인적" 문제(예를 들어 과로, 성적 착취, 저임금 등)를 경험하며, 이런 문제에는 개인 차원의 대안이 아니라 광범위한 정치, 사회적 해결책이 필요하다는 것을 의미한다.

그래서 레너드는 페미니즘의 운명과 좌파의 앞날이 밀접하게 얽혀 있다고 본다. 60, 70년대 페미니즘이 2000년대 페미니즘보다 훨씬 더 과격했던 것도 어찌 보면 당연한 일이다. 당시 페미니스트들은 민권운동이나 반전운동 등 당대 다른 싸움에도 발을 담그고 있었다. 그 시절 투쟁에 참여했던 이들은 가끔씩 그때는 모든 것이 한꺼번에 달라지는 시대였고, 그런 변화들이 정말 의미 있고 신나는 일로 느껴졌다고 이야기한다. 최근 몇 년 사이 좌파에 활력을 불어넣은 정치사회적 변화는 급진적 페미니즘에도 불을 당겼다.

레너드는 교사와 간호사들의 싸움부터 교도소 폐지, 경찰 폭력 반대시위 같은 좌파 사회운동까지 "지금 이 순간 가장 흥미로운 정치적 투쟁을 여성들이 주도하는 현실"이 놀랄 일도 아니고 우연도 아니라고 말한다. "여성은 언제나 자본주의 체제에서 충격 흡수제 역할을 했습니다. 정부가 '복지를 없앨 테니 다들 일자리 두 개씩 뛰고, 의료도 육아도 보장하지 않을 테니 알아서들 하세요'라고 하면 그 뒷일을 누가 감당했나요? 여성들이 했죠. 국가가 내팽개친 일 대부분을 여성들이 떠안아왔습니다."

레너드는 사회주의 페미니스트들이 트럼프 치하에서 했던 싸움을 바이든 집권기에도 계속 이어가리라고 예상한다. 팬데믹 기간을 거치며 특히 여성이 처한 현실은 꾸준히 악화했지만, 한 가지 긍정할 만한 결과물이 있다면 많은 사람이 "법원을 믿고 의지할 수 없다는 사실을 깨달았다는 점"이다. 어쨌거나 성추행 혐의가 있는 초보수주의자 클래런스 토머스의 대법관 임명을 막아내지 못한 장본인은 바이든이었고(1991년 토머스 대법관은 상원의원 찬성 52표, 반대 48표로 가까스로 인준이 통과됐다. 당시 법사위원장이 조 바이든이었다 – 옮긴이), 그 후 재생산 정의 분야에서 수많은 풀뿌리 단체들이 쏟아져나오지 않았던가. 레너드는 바이든 정부가 여성의 권리를 보호해주리라고 믿고만 있어서는 안 된다고 강조했다.

레너드가 잡지 〈룩스〉를 통해 꼭 하고 싶은 이야기가 하나 있다면 원래 의미대로 "정체성 정치"는 좋은 가치라는 것이다. "(정체성 정치라는 개념이) 지난 5년간 사람들을 분열시키는 나쁜 정치의 대명사인양 여기저기서 두들겨 맞았죠." 레너드는 정체성 정치에 좌파를 확장하고 강화할 힘이 있다고 본다. "내가 있는 자리에서 나의 정체성으로 일하다 보면 자신만의 관점이 생깁니다. 그러다 보면 다른 사람은 보지 못하는 것이 보이기도 하고요." 레너드가 '컴바히강 공동체' 선언문을 풀어서 설명하며 말했다. "그렇지만 정체성을 구성하는 부분 하나하나가 바로 그 지점을 공유하는 타인에게 가 닿는 다리 역할을 합니다…. 그런 의미에서 우리 정체성은 타인을 막아내는 해자(성 주위를 빙 둘러 판 못)가 아니라 서로를 연결하는 다리죠."

좌파에 노조가 필요한 이유

07

도덕적인 분노와 열정 가득한 후보자, 기록에 남을 시위만으로 신좌파가 투쟁에서 성공하기는 어렵다. 싸움에서 이기려면 강력하고 지속 가능하며 성장하는 조직이 필요하다. 노조와 맺는 관계도 재점화하고 강화해야 한다. 샤나 갤러거 말마따나 노동운동이 여전히 막강했더라면 샌더스가 백악관에 입성할 수 있었을는지 모르기 때문만은 아니다. 마르크스주의 연구자 아돌프 리드 주니어가 2014년 〈하퍼스Harper's〉에 기고한 에세이 '좌파에 남은 것이 없다Nothing Left'는 강력했던 노동운동과 20세기 한때 "역동적"이었던 좌파를 애도하는 비가悲歌였다. 이 글에서 리드는 건조하고 힘 빠진 좌파가 "선거병에 걸린 상태"며, "재분배를 위한 모든 가치를 저버린 지 오래인 민주당에 끌려다니는" 신세가 됐다고 주장했다. 좌파에는 뼈아픈 글이지만, 마지막 문단은 앞으로 나아갈 방향을 시사한다. 일부 좌파는 오바마의 당선이 좌파의 매력을 증명했다고 주장한다. 오바마는 좌파 대통령으로 미국을 통치하지 않았지만, 적어도 어떤 면에서는 좌파 후보였다는 말이다. 그러나 리드는 오바마가 스스로를 "자신이 아니었다면 공허했을 진보 정치의 화신"으로 포장하는 데 성공한 점이 "(미국) 좌파의 한계를 가장 극명하게 보여줬다"고 주장한다. 따라서 좌파는 "현재 정치적으로 효과를 내는 좌파 세력이 존재하지 않으며 이제부터라도 그것을 만들어내야 하는 현실을 받아들여야 한다"는 것이다. 리드는 "꾸준한 노력, 활발한 노동운동에서 출발하는 분투"를 강조하며 "현재 노동운동이 허약하고 쇠퇴하는 추세라고 할 수 있지만, 이는 곧 노동운동을 다시 세우는 작업이 미국 좌파에게 가장 중대한 과제라는 의미"라고 덧붙였다.[1]

미국 사회에서 노동운동을 재건하는 활동은 좌파, 특히 DSA 같은 단체가 중점을 두고 있는 과제다. 2019년 〈뉴욕타임스〉는 매우 도발적인 제목을 단 기사를 하나 실었다. '뉴욕의 극좌파, 가까운 동맹을 겨냥하다'라는 제목의 기사는 이런 문장으로 시작한다. "극좌파 활동가들이 맨해튼 노조 지하실에 모였다. 그네들이 판단하기에 김이 빠져버린 민주당을 갈아엎겠다는 것이 목표다." 기사를 보면 "표적"은 그날 모임을 주최한 미국통신노조 Communications Workers of America(CWA)를 포함한 노동조합이었다. 〈뉴욕타임스〉는 이렇게 썼다. "일은 계획대로 흘러가지 않았다. 노조는… 활동가들을 쫓아냈다."[2]

〈뉴욕타임스〉는 당시 갈등상황을 다음과 같이 정리하면서 DSA를 외부 선동가로 묘사했다. "이 논쟁의 중심에는 실용주의와 이상주의 간 대립, 시스템 안으로 들어가 일할 것인가 아니면 시스템을 불태워 없앨 것인가 하는 문제가 있다."[3] 막상 참여했던 이들 설명을 들어보면, 실제 전략은 사람들에게 노조 가입을 독려한 다음 내부에서 노조 지도부가 더 선명한 태도를 보이도록(이를테면 민주당과 공화당을 가리지 않고 맞서도록) 압박한다는 것이었다. DSA가 선언한 목표는 노동운동 강화이지 파괴가 아니었다. "실용주의 대 이상주의"라는 틀은 분명 진상을 오도하는 시각이었지만, 〈뉴욕타임스〉가 젊은 활동가들의 비판을 노조를 불태워 없애버리겠다는 뜻으로 받아들이는 오랜 노조 지도부와 인터뷰를 해서 적대적인 발언을 딸 수 있었던 일은 조금도 놀랍지 않다.("〈뉴욕타임스〉가 그렇죠, 뭐." DSA 사무총장 마리아 스바르트에게 이 기사에 대한 의견을 물었더니 돌아온 답변이었다. 전화기 너머로 어이없다는 듯 눈동자를 굴리는 모습이 눈에 선했다. "우리를 그런 식으로 묘사한 데는 계급적인 이해관계가 있다는 점을 인식해야죠.") '지역시회 활동가와 리더의 목소리Voices of Community Activists and Leaders, VOCAL-NY'의 제레미 선더스는 이렇게 설명했다. "세력을 키워가는 좌파는 노동계를 자연스러운 동맹으로 인식하지만, 일부 노조는 여전히 정의를 위해 투쟁하기를 거부하는 정치와 정치인들 편에 서려고 하기 때문에 좌절을 느끼는 겁니다."[4](저널리스트 로스 바칸도 근로가족당 내부의 비슷한 갈등상황을 지적하며, 근로가족당이 본질적으로 노조와 진보 활동가들이 "중매결혼"을 한 형태나 마찬가지라고 주장했다. 바칸은 이 동맹이 의도한 결과지만, "노조 지도부는 활동가들에 비해 정치권력 브로커들에게 더 협조적이기 때문에" 둘의 관계가 껄끄러워질 수 있다고 설명했다.)

DSA 뉴욕시 지부 노동 분과는 다른 여러 활동 중에서도 "일반 사병 전략"이라는 정책을 앞세워 회원들에게 노조 업무를 맡도록 독려하고, 이를 통해 노조를 내부에서 개혁하려고 애쓰고 있다. DSA 뉴욕시 지부는 온라인 매체 〈미디엄Medium〉에 글을 올려 이 같은 노력을 자세히 소개했는데, 여기에 따르면 "이 프로젝트는 본질적으로 여러 해가 걸리는 장기 계획"이다. 최근 한 DSA 관계자는 DSA 회원 약 10퍼센트가 교사연맹의 야당 조직 격인 평교사모임을 포함한 여러 노조에 소속되어 있다고 밝혔다.

일례로, 민주당 중진의원 중에는 최저시급 15달러에 처음에는 반대했거나 지금도 계속 거부하는 이들이 많다. 미국교사연합American Federation of Teachers, AFT 대표 랜디 와인가르텐은 직장에서 제공하는 의료보험이 한층 폭넓은 공공보험과 공존할 수 있으며 그래야 한다고 주장하면서 공개적으로 전 국민 의료보험에 반대한다는 뜻을 내비쳐왔다.[5] 공립학교 지지자들이 연방정부 예산을 사립학교에 지원하려는 공화당을 저지하기 위해 오랫동안 애써온 노력이 무색하게도, 와인가르텐은 최근 사립학교를 위한 팬데믹 구호 예산 300억 달러를 확보하려고 뉴욕주 상원의원 척 슈머와 손 잡았다가 도마에 오르기도 했다.[6] 이처럼 적만도 못한 친구가 도대체 무슨 소용인지 의구심을 품는 좌파가 많다.

잠시도 가만히 있지 못하는 성격에 나긋한 말투를 지닌 마이클 키누칸은 DSA 뉴욕시 지부에서 선거 관련 활동가로 일하다가 현재는 필라델피아에서 북미서비스노조(SEIU)의 리서치를 분석하고 있으며 유명한 페이스북 정치논객이기도 하다. 그는 DSA를 "매우 노동운동 지향적"이라고 표현했다. 우리는 맑은 9월 어느 오후에 브루클린 프로스펙트 공원 벤치에 앉아 이야기를 나눴다. 그가 담배에 불을 붙였고, 나는 (우리 둘 다 코로나19 백신을 아직 맞지 않은 상태였기에) 마스크를 벗어도 되겠냐고 물었다. 그는 손에 든 담배를 가리키며 말했다. "제가 주변 사람 모두에게 암을 퍼트리는 마당에 남한테 마스크를 써라 마라 할 자격이 있겠습니까?"

보수적이기로 악명 높은 건설노조들과 일해본 경험이 있는 키누칸은 신좌파는 물론 전통적이고 때로는 반동적인 노조 세계에도 상당한 통찰력을 보여줬다. 그는 DSA에서 노조를 대하는 자세가 "미국 진보 좌파의 상당한 태도 변화"를 보여준다고 말했다. 내가 노조와 좌파 단체를 합쳐 세력을 불리고자 한 근로가족당도 장단점을 모두 경험하지 않았냐고 지적했더니, 그는 이렇게 답했다. "노조원들, 특히 운수업처럼 특정 직종 사람들은 늘 진보주의자들이 그네들을 이해하지 못한다고 말해요. 그런 이야기를 정말 많이 들었어요. 그렇지만 '아, 그럼 (늙고 보수적인 백인) 노조원들이 다 죽기를 기다리면 되겠네'라고 생각하는 DSA 회원은 아무도 없죠. 10년 전까지만 해도 '늙은 백인 남자들과는 말이 안 통해', '노조는 상대할 필요도 없어.' 이렇게 인식하는 경향이 훨씬 더 지배적이었어요. 하지만 양쪽 모두 달라졌다고 생각합니다. '우리 힘만으로는 이길 수가 없네, 연대가 필요하구나.' 하고 깨닫는 노조원이 매년 늘어나고 있어요."

근로가족당을 두고는 이렇게 덧붙였다. "근로가족당만큼 노동운동에 오롯이 전념한 진보단체는 지금껏 없었죠. 반면에 과거 위대한 미국 노동운동의 잔재에 불과한 지금 노조는 1900년 민간 부문 단체 수준이 됐습니다. 노조는 직접행동이나 파업이 아닌 정치적인 수단으로 근근히 명맥을 유지하고 있어요. 그러니까 이제는 아주 정치적인 단체고, 정치적인 위협에 매우, 매우, 매우 취약하단 말입니다. 모험적이고 강단 있는 선거전략을 추구할 리 없죠. 현대 노동운동의 구조적인 문제입니다. 그래서 진보주의자들은 노조를 무시하고, 그럴수록 노조 쪽 사람들은 필요 이상으로 더욱 보수적이고 계산된 태도를 보이는 거예요. 그런 모습이 그네들에게는 익숙한 방식이니까요."

키누칸은 DSA 전략에 두 가지 버전이 있다고 설명한다. "나쁜 버전, 그러니까 스물세 살짜리 트로츠키주의자 버전의 '일반 사병 전략'은 이런 거예요. '우리가 노조 관료들을 사회주의자로 다 갈아치우면 문제가 해결되지'라고 여기는 거죠. 좋은 버전은 이런 겁니다. 먼저, 더 나은 정치국장이 들어선다고 노조의 정치 전략이 바뀌지 않는다는 점을 알아야죠. 노조에는 노조 지지기반과 얽힌 관계를 강화하고 신뢰를 쌓는 일이 필요합니다. 또한 그 기반이 자신의 이해관계를 노동계급 전체의 실리와 동일시하도록 만들어야 하죠. 이 지점에서 중요한 것이 바로 조직화입니다…. 좋은 '일반 사병 전략'을 추구하는 DSA 회원들은 무턱대고 자기 노조 안에서 높은 자리에 오르려고 하지 않아요. 노조를 풀뿌리부터 강화하는 일을 우선시하죠. 그래야 정치국장 단계에 가서도 거래만 중시하는 노조가 되지 않을 수 있으니까요."

노조와 진보운동의 변화하는 얼굴들

시사지 〈뉴리퍼블릭〉에 따르면, 미국노동총연맹 산별노조회의 산하 미국통신노조(CWA)-항공승무원협회 국제회장인 사라 넬슨은 "미국에서 가장 강력한 노조 지도자"다.[7] 그는 설득력 있는 연사이자 유능한 협상가며, 신좌파가 앞으로 키워내고자 하는 노조 지도부 모습을 그대로 갖추고 있다. 넬슨은 눈에 띄는 열정과 활력, 타협을 모르는 단호한 태도 덕분에 노동운동계 스타로 떠올랐다.(금발에 영화배우 같은 외모도 불리한 조건은 아니다.) 그는 몸소 대변하는 5만 명 항공 승무원은 물론 모든 노동자를 위해 목소리를 낸다. 업계에 만연한 성희롱 문제를 놓고는 다른 피해자들과 연대하는 의미로 자신의 피해 사실을 고백하기도 했고, 인종차별과 외국인 혐오를 비판하기도 한다. 총파업을 내걸고 2019년 초에 트럼프 정부 셧다운을 종료시킨 일은 많은 이가 인정하는 넬슨의 성과다. 샌더스와도 훈훈한 관계를 유지하고 있는데, 2016년 경선 유세 당시 한 행사장에서 샌더스를 직접 소개하기도 했고 2019년 DSA 전국대회에 연사로도 나섰다.

많은 좌파가 넬슨을 아끼는 이유는 그가 다른 일부 노조 리더와 달리 노조와 여성 그리고 유색인종의 이익을 서로 분리해서 생각하지 않기 때문이다. 좌파 진영 팬들과 마찬가지로 넬슨 본인 또한 지난 몇십 년간 이어진 노동계의 타협과 거래에 비판적이다. DSA 시카고 지부가 주최한 만찬에서 넬슨은 노조 지도부를 향해 쓴소리를 아끼지 않았다. "우리는 사장과 거래하고 정치인과 우호적인 관계를 유지하는 데 너무 많은 시간을 허비했습니다. 반면 우리가 마땅히 누려야 할 권리를 얻어내는 싸움에 필요한 조직화에는 충분한 시간을 들이지 않았습니다."

노동문제를 글로 풀어내는 세라 제프는 격주간지 〈더 네이션〉에 보낸 기고문에서 넬슨 특유의 "자신감 넘치는 스타일"과 "전투적인 언어"가 이 시대 노동운동의 "새로워진 투쟁력"을 단적으로 보여준다며, 그 역량은 트럼프와 언론이 끈질기게 들이미는 노동계급의 캐리커처인 "안전모를 쓴 백인 남성"이 아니라 교사나 소매업 종사자, 호텔 직원, 간호사, 승무원 등 여성 노동자에게서 나온다고 썼다.[8] 대법원의 이른바 '재너스 대 미국 주군시 공무원연맹 판결'로 주요 재원이 상당한 타격을 받았는데도 2018년과 2019년 사이에 13만2000명이 새로 가입한 공공 부문 노조에서 이제는 여성 노조원 수가 남성을 넘어섰다.[9] 노조 내부 인구통계 및 산업 분포 변화는 민주당 당내 변화에도 얼마간 반영되고 있다.

언론 보도를 봐도 이제 민주당의 떠오르는 스타는 빌 클린턴이나 제임스 카빌, 람 이매뉴얼 같은 백인 남성 중도파가 아니다. 아직 당내 권력을 완전히 장악하지 못했다 하더라도 이제는 AOC나 아이아나 프레슬리, 코리 부시, 일한 오마, 러시다 털리브, 자말 보먼 같은 유색인종 사회주의자와 진보주의자들이 그 자리를 대신하고 있다.(물론 교통부 장관 피터 부티지지를 떠올려보면, 백인 남성 중도파는 여전히 언론의 사랑을 한 몸에 받고 있다. 그러나 부티

지지 역시 바이든 정부 최연소 장관이라는 타이틀을 꿰차고도 그 옛날 빌 클린턴 같은 스타 정치인과는 거리가 멀고, '스쿼드' 멤버들처럼 젊은이들에게 열광적인 지지를 받는 것도 아니다.)

노동운동 내부에서 변화하는 인구 구성은 민주당 당내, 나아가 미국 정치 전반에서 좌파의 부상과 연관되어 있을지 몰라도, 전자가 후자의 원인이라고 보기는 어렵다. 그러나 여성과 유색인종이 그 두 흐름을 선도하고 있는 현상은 우연이 아니다. 이들은 노조가 허약해지면서 가장 큰 타격을 입은 집단이다. 빠르게 나빠진 사회경제적 상황과 정체된 임금, 학자금과 의료비 대출, 의료보험 부재를 온몸으로 경험한 당사자도 바로 이들이다. 특히 2020년 3월부터는 공중보건 위기 관리가 처참하게 실패하면서 수백만 명이 풀타임 직장생활과 풀타임 육아 및 학습 지도를 병행해야만 했다. JD와 '선라이즈', '인디비저블', DSA 같은 단체 지도부에는 여성들이 있고, 이들이 월세 파업이나 학자금 및 의료비 대출 탕감 운동처럼 여성과 유색인종 시민들에게 가장 도움이 되는 활동을 주도하는 중이다. 이들 단체는 또한 선거에서 적극적으로 여성과 유색인종 후보를 발굴하고 지지한다.

여기에는 분명 이념적인 측면이 있다. 많은 신좌파 일원이 "고통과 가장 가까운 이들이 권력에 바짝 다가가야 한다"는 아이아나 프레슬리의 신념을 공유한다. 동시에 좌파의 저변을 넓히려는 전략적인 면도 있다. 샌더스를 지지한 젊은 여성과 유색인종 유권자들, 또 엘리자베스 워런을 지지한 흑인 활동가들을 보면 알 수 있듯이, 좌파들은 후보자의 과거 행보나 정책 공약에 인종이나 젠더만큼 또는 그 이상으로 관심이 많다. 더불어 좌파들은 양자택일하지 않아도 되는 세상을 원한다. 모든 이에게 정의가 구현되는 사회, 여성과 유색인종 역시 권력을 얻는 사회를 희망하는 것이다.

노조 vs 전 국민 의료보험과 그린뉴딜

DSA나 '선라이즈' 같은 단체가 저변이 넓은 노조와 관계를 강화하지 않는다면 전 국민 의료보험이나 그린뉴딜을 포함한 좌파들의 입법 우선순위를 연방이나 주 차원에서 실현하기란 매우 어려울 것이다. 〈더 네이션〉 의뢰로 뉴욕주 단일 보험자 의료보험 법안을 취재하며 알게 된 사실은 주요 노조가 서류상으로만 뉴욕주 전역에서 시행될 해당 법안에 반대하는 것이 아니라는 점이었다. 노조는 노조원들에게 보험업계 의견을 교육해서 공개 토론회에 참석시킬 만큼 법안 반대에 진심이었다. 2019년 브루클린칼리지에서 열린 뉴욕 의료 법안 포럼에 오렌지색 폴더를 들고 참석한 이들은 행사 주최 측에 자신들이 교원노조(UFT) 소속이라고 밝혔다. 폴더에는 '단일 보험자의 실상'이라는 사이트와 〈폴리티코〉, 〈복스〉 등 여러 매체가 출처인 16쪽짜리 자료집이 들어 있었다. '질문 및 언급할 점'이라는 항목에는 이런 질문도 있었다. "뉴욕주가 이 법안을 시행하려면 세금 1390억 달러를 추가로 걷어야 한다고 어디서 들었는데요. 이게 어떻게 현실적입니까?" 새로운 세금만 생각하면 "내 피가 차갑게 식는다"는 표현도 있었다.[10]

평노조원 사이에서 단일 보험자 의료보험이 폭넓은 지지를 얻고 있었는데도 교원노조 같은 노조 지도부들은 이 사안에 상명하달식으로 접근하는 방법을 선택했다. 교원노조 위원장 마이클 멀그루는 앤드루 쿠오모 주지사, 칼 헤스티 뉴욕주 의회 하원 의장, 안드레아 스튜어트커즌스 뉴욕주 의회 민주당 원내대표 등 뉴욕주 최고위 선출직 인사들에게 법안 반대 서한을 보내겠다는 상위 단체 결정에 찬성했다. 평교사모임(MORE) 소속인 피터 램피어는 이메일에서 멀그루 위원장이 "쿠오모 주지사와 노조 보수파에 굴복했다"며 "평교사모임은 주 전체 단일 보험자 의료보험에 찬성하며 교원노조 선거에서 이를 공약으로 걸었다"고 밝혔다.[11]

램피어는 교원노조가 토론회를 한 차례도 열지 않은 채 위원장이 일방적으로 결정하고 반대 의사를 공표했다고 전했다. 멀그루는 단일 보험자 의료보험을 우려하는 목소리가 "회의에서 그렇게 많이 나오지는 않았다"고 인정했다. 노조원들이 충분히 우려하지 않는다고 생각했는지, 멀그루 위원장은 2018년 이사회에서 직접 경종을 울리기도 했다. "우리는 전국 단위 단일 보험자에 찬성합니다. 뉴욕주에서만 이를 시행하면 공립학교 예산에 엄청난 구멍이 뚫려서 다시는 회복할 수 없을 겁니다." 그는 2019년 교원노조 회의에서도 비슷한 발언을 했다.[12] 법안이 뉴욕주 예산에 "구멍을 낼 것"이라는 표현은 법안에 시큰둥했던 앤드루 쿠오모 주지사 입에서 나온 발언과 상당히 비슷했다. 내가 멀그루에게 주지사 의견이 교원노조 공식 입장에 영향을 미쳤는지 물었더니, 그는 이렇게 대답했다. "절대로 아닙니다. 주지사와 그 이야기를 나눈 적도 없습니다."

교원노조 회원들이 실제로 법안 반대 여부를 투표로 결정한 적이 있느냐는 질문에는 교원노조 상위 기관인 시립노동위원회가 반대 서한을 보내기로 결정했다고 답했다. "노조를 대표하라고 투표로 선출한 사람이 아닙니까. 내가 표를 던져야 하거나 의견을 내야 할 때마다 노조원들에게 의견을 물어야 한다면 일이 아예 진행되지 않을 겁니다." 다른 말로 하자면 직접민주주의는 시간을 너무 많이 잡아먹으니 그냥 지도부를 믿으라는 소리였다.

신좌파 리더들은 뉴욕주 예산에 구멍을 내고 싶은 심사도, 노동운동을 박살 내고 싶은 심정도 아니라고 말한다. 이들이 원하는 것은 구성원 말에 귀 기울이는 대표, 진보 진영의 주요 목표에 인력을 투입하고 노조의 무게를 실어주는 리더다. 선출직 권력자에게 맞서야 할 때도, 아니, 그럴 때일수록 더욱이 말이다.

긴장관계는 계속되는 중이다. 2018년 근로가족당 뉴욕 지부는 일부 노조 간부가 쿠오모 주지사 재선에 지지를 선언하겠다고 나서면서 분열을 경험했다. 진보 활동가들은 당선 가능성이 적은데도 쿠오모에게 도전장을 낸 좌파 후보 신시아 닉슨을 선호했기 때문이다. 결국 근로가족당이 닉슨을 지지하겠다며 공식 입장을 결정하자, 북미서비스노조(SEIU) 32BJ 지부와 미국통신

노조, 소매·도매·백화점 노조연맹(RWDSU) 등 여러 노조가 무더기로 근로가족당을 탈퇴했다. 당시 쿠오모는 노조들이 근로가족당에서 탈퇴하지 않으면 노조의 핵심 안건들을 지지한다는 결정을 철회하겠다고 협박한 것으로 알려졌다. 북미서비스노조 산하 의료보건노조인 1199SEIU와 교원노조, 호텔노조Hotel Trades Council, 뉴욕대중교통노조(TWU)는 그보다 2년 전에 근로가족당을 떠났는데, 당시에도 2014년 뉴욕 주지사 민주당 경선에서 쿠오모에게 도전장을 냈던 변호사 겸 활동가 출신 좌파 후보 제피어 티치아웃을 위한 지지선언 건이 문제가 됐다. 쿠오모 측에서 비슷한 위협을 해온 것도 똑같았다. 당시에는 결국 근로가족당이 쿠오모를 지지하는 쪽으로 돌아서면서 결론이 났지만, 처음부터 쿠오모 편에 선 노조들은 다른 가능성이 논의된 것만으로도 탈퇴를 감행했다. 공직생활을 하는 동안 당한 일은 반드시 되갚고야 마는 행태를 보였던 쿠오모의 성향을 생각할 때, 노조 간부들은 선택의 여지가 없다고 느꼈을 수도 있다. 애초 근로가족당 내부 진보파보다는 쿠오모와 정치적 시각이 더 비슷하다고 느낀 노조원들도 있었을 것이다.

2014년 주지사 선거에서 근로가족당은 쿠오모에게 몇 가지 약속을 받아낸 뒤에야 지지선언을 발표했다. 쿠오모는 다시 주지사가 되면 주 상원을 민주당이 장악할 수 있도록 돕고, 불법 이민자 부모를 따라 입국한 미성년 이민자들을 보호하는 '드림DREAM' 법안을 통과시키기로 약속했다. 그밖에도 최저임금 인상과 공적 자금 선거 투입, 대마초 비범죄화 등을 추진하겠다고 밝혔다. 정작 쿠오모는 이 약속을 지키지 않았지만, 진보 진영은 민주당 경선에서 쿠오모 동지들에게 도전할 진보 성향 후보를 대거 출마시켜서 방금 언급한 목표를 모두 달성한다. 쿠오모가 추가한 조항 때문에 근로가족당처럼 소수 정당이 투표용지에 이름을 올리기가 더욱 어려워지기는 했지만, 선거에 공적 자금을 투입하는 법안 역시 2020년 초 예산 절차의 일부로 통과됐다. 이 모든 승리는 쿠오모 당시 주지사에게 아무런 도움도 받지 않고 일군 결실이다. 쿠오모는 이들 정책을 공식적으로 지지하는 척하면서 막후에서는 방해공작을 적극 펼쳤다.(뉴욕 정치 지형은 2021년 8월 쿠오모를 상대로 여러 건의 성희롱 혐의가 제기되고 각종 스캔들이 터지는 바람에 주지사가 사임하면서 크게 달라졌다. 쿠오모 뒤를 이어 뉴욕 주지사에 오른 캐시 호컬을 진보주의자로 생각하는 이는 좌파 진영에 거의 없지만, 그래도 전임자에 비해 일보진전이라는 점에는 별 이견이 없다. 근로가족당 뉴욕 지부장 소치 나메카는 2022년 캐시 호컬를 두고 이렇게 말했다. "쿠오모는 우리에게 큰 충격을 남겼습니다. 호컬은 사뭇 다른 정치 행보를 보이고 있어요…. 협력하고 자문을 구하는 능력이 뛰어나죠.")[13]

진보 활동가 모임이나 전략회의에 참석하다 보면 좌파 의제를 실현하는 데 활발한 노동운동이 얼마나 필수적인지 거듭 듣게 된다. 석박사 학위를 보유하고 화이트칼라 직업에 종사하는 활동가들은 노동자들과 협력하고 주고받는 지지가 얼마나 중요한지 이야기하며 목소리를 높인다. 최근 DSA 회의에서 한 동지가 말한 대로, "파업 지지는 사회주의자의 의무"다. 그러나 DSA 내부에도 노동계와 어디서부터 어떻게 협력을 시작해야 할지 잘 모르는 이가 많다. 특히 노동계급 출신이 아닌 사람에게는 더욱 어려운 문제다. 근로가족당이나 DSA 같은 진보단체에 노조가 무엇을 줄 수 있는지는 명확하다. 자금, 자원, 값진 지지선언, 사무실 공간, 대규모 자원봉사자 동원력 등 여러 가지가 있다. 하지만 가끔 있는 파업을 지지하는 선언 말고, 노조에 비해 기반도 세력도 부족한 DSA 같은 단체가 노조에 무엇을 줄 수 있는지는 아직 뚜렷하지 않다.

일부 노조 지도부와 평노조원들이 여전히 중요한 협상 테이블에서 "노조에 한자리"를 보장해줄 수 있는 힘 있는 현직 정치인과 반쪽짜리 결혼이나마 유지하는 편이 낫다고 생각하는 이유도 바로 그래서다. 2021년 쿠오모 주지사는 코로나19 사태 부실 대처, 사망자 수 조작 시도, 직원 성희롱 혐의라는 어마어마한 스캔들이 잇따라 터지고 바이든을 포함한 민주당 최고위 인사들이 사퇴를 촉구하고 나서야 자리에서 물러났다그렇게 10년이 넘는 시간 동안 그는 뉴욕주 최고 권력자였고, 2022년에는 주지사 선거에 다시 출마하겠다는 뜻을 내비치고 있다.(결국 선거에 출마하지 않았다 – 옮긴이) DSA와 '선라이즈', JD 같은 단체들이 힘을 키워가고 있는 것은 사실이지만, 아직은 미국에서 가장 인구 많고 정치적으로 힘이 세며 노조 조직률이 가장 높은 뉴욕주에서 가장 강력한 세력이라고 할 수는 없다.

2020년에 열린《그린뉴딜 실현하기》온라인 출판행사에는 JD의 알렉산드라 로하스, '선라이즈'의 바시니 프라카시 등 신좌파 활동가들이 여럿 참석했다. 나는 그 자리에서 노조 관련 질문을 던졌다. "노조원들 중에는 새로운 직업교육을 받고 싶지 않아서 그린뉴딜에 반대하는 사람들도 있습니다. 이들은 지금 일자리만큼 좋은 직장을 원해요. 노동자들에게 잃을 것이 없다는 점을 보여주고 노조에서 그린뉴딜에 찬성한다는 지지의사를 얻어내려면 어떻게 해야 할까요?"

"이야깃거리가 풍성한 질문이 많아서 파고들 시간이 있으면 좋겠지만, 제가 정말 흥미롭다고 생각하는 질문을 하나만 던져보겠습니다." 진행을 맡은 프라카시가 이렇게 말한 다음 내 질문을 골라 읽고, JD 미디어국 국장인 귀도 지르젠티와 '선라이즈'의 한 창립회원에게 마이크를 넘겼다.

지르젠티는 북미서비스노조 국제의장 메리 케이 헨리가 집필한 부분을 언급하며, 헨리가 이 책에서 가장 강력하게 주장한 내용이 바로 고탄소 분야에서 다른 계통으로 넘어가는 노동자들에게 "더 나쁜 일자리"를 권할 필요가 없다는 점이었다고 말했다. 그는 팬데믹 기간에 기업경제를 살리기 위해 수조 달러가 투입됐다고 지적했다. 이런 일이 가능하다면 마찬가지로 "환경을 보전하고 태양 전지판을 만드는 노조원들에게 높은 급여를 지급하지 못할 이유가 없다"는 말이었다.

지르젠티는 갑자기 이야기를 틀어서 미국통신노조 지도부인 밥 매스터가 집필한 부분을 인용했다. 그린뉴딜이 또 하나의 정책 싸움이 아니라 기후변화에 직접적으로 대응하며 "다음 세기 경제를 결정지을" 해법이라는 점을 노동계에 분명히 전달해야 한다는 설명이었다. 지르젠티는 만일 노조가 "방어하는 자세로 쭈그려 앉는다면" 더욱 뒤처질 위험을 감수하는 셈이라고 했다. 그는 현재를 뉴딜시대에 비유한 책의 내용을 소개하며, 당시 미국노동총연맹(AFL)이 고숙련 노동자 조직에만 집중하고 숙련도 낮은 이민 노동자 다수를 배제하는 근시안적인 행태를 보였다고 말했다. 이후 산별노조회의가 비숙련 노동자를 조직하려 나서고 뉴딜 혜택을 누리자, AFL은 세력과 영향력을 상실하고 말았다. "똑같은 정치를 하면서 내내 이길 줄 알았던 1934, 35년의 AFL처럼 돼서는 안 됩니다." 지르젠티가 매스터의 주장을 빌어 경고했다. "그러다가는 새로운 경제 속에서 제 역할을 찾아 나선 단체나 지도자, 노동자들에게 추월당할 수도 있습니다."

합리적인 이야기였다. 하지만 1950년대 태어난 노조 지도자들이 아들뻘 활동가의 훈계를 어떻게 받아들일지 생각해보지 않을 수 없었다.

UC버클리 법학 교수인 이안 헤이니 로페즈가 다음으로 발언 기회를 얻었다. 노동조합을 칭송하며 발언을 시작한 그는 미국통신노조가 유용한 인종-계급 분석을 제공한 선두주자라고 주장했다. 인종주의가 노조를 겨냥한 무기로 쓰이는 현실을 잘 파악했다는 것이다. 그런 의미에서 그린뉴딜은 단순히 "새로운 분야로 나아가는 길"이 아니라 "지난 50년간 노조의 가파른 쇠락을 불러온" 주요 원인(로페즈 주장에 따르면 인종주의)에 맞설 수 있는 강력한 도구라는 이야기였다.

로페즈는 그린뉴딜에 반대하는 노조의 태도를 레이건을 지지하던 민주당원들이 인종적인 분노 때문에 반노조 정치인에게 표를 던졌던 당시와 비교하며 이야기를 이어갔다. 노조는 그린뉴딜 "스토리"에서 이득을 볼 수 있으며, 그린뉴딜은 노조원들이 인종 간 연대를 다지고 인종적 분노를 등에 업은 정치와 거리를 두도록 설득하는 데도 도움이 되리라는 주장이었다. 노조 지도부에는 인종차별에 맞선 투쟁과 그린뉴딜을 지지하는 자세가 "우리 가족"을 위한 최선의 선택이므로 반인종주의적이고 친환경적인 의제에 노조원 모두 함께해달라고 호소할 기회라고 했다.

인종과 계급문제를 모두 다루는 길이야말로 노동운동을 강화할 수 있는 최선책이라는 로페즈의 주장은 복잡한 부분까지 섬세하게 고려한 일리 있는 이야기였다. 그러나 뉴욕주 단일 보험자 의료보험 법안을 취재한 나는 그 정책을 가장 격렬하게 반대한 이들이 흑인 노조원들이라는 사실 역시 알고 있었다. 그들은 현행 제도에 조금이라도 변화가 생기면 돈도 빼앗기고 협상력도 잃게 된다는 노조 지도부의 주장에 설득돼 공포심에 사로잡혀 있었다.

진보 정책에 반대하는 노조 지침이 주로 상의하달식 현상이라면, 아래서부터 문제를 해결하려는 접근방식이 꼭 필요하다. 레이건을 지지한 민주당원들이 있었듯이, 인종적 적대심을 포함한 이런저런 이유로 트럼프에게 표를 준 노조원들도 많았다. 강력하고 건강한 노조라면 이들을 해로운 인종차별주의자라고 손가락질하기보다는 왜 트럼프를 지지하면 노동자와 노조에 해로운지 깨달을 수 있도록 챙겼을 터이다. 강한 전선을 구축하면 다양한 편견과 태도를 지닌 이질적인 집단 여럿이 더 큰 명분과 목표 아래 뭉치게 된다. 그러기 위해서 때로는 의견이 일치하지 않는 부분을 일단 옆으로 밀어놓거나 축소해야 한다. 민주당과 민주당 동맹세력들이 우선 바이든을 대통령 자리에 앉히기 위해 뭉쳤듯이 말이다. 대선 당시 샌더스나 AOC 같은 정치인 그리고 근로가족당 같은 단체들이 "우리는 여러 사안에서 바이든과 의견이 다르지만, 지금 이 순간만큼은 트럼프를 끌어내리기 위해 뭉치는 일이 가장 시급한 우선순위"라는 취지로 공개 발언을 여러 차례 반복하기도 했다.

누구와 언제 어떻게 타협할 것인가는 오늘날 신좌파가 안고 있는 가장 중요한 질문 중 하나다. 많은 젊은 활동가, 특히 '선라이즈' 회원들은 그린뉴딜에서 인종정의 요소를 꼭 부각할 필요가 있다고 본다. 샌더스가 인종 불평등을 제대로 거론하지 않았다며 불만을 표시한 이들도 있었다. 반면 시골이나 보수적인 지역에서 활동하는 이들 중에는 적어도 겉으로는 인종 중립적처럼 보이는 목표, 말하자면 '지구 살리기'나 '노조 일자리 만들기' 같은 구호를 앞세워야 한다고 생각하는 사람들도 있다.

진보의 주요 의제에서 노조와 노동계급의 지지를 이끌어낼 수 있는 최선책이 무엇인가를 둘러싼 전략 논쟁은 좌파 내부의 대립을 보여주는 사례다. 대선 당시 샌더스 캠프를 다루던 언론 보도도 이런 대립을 집중 조명했다. 특정 정책을 놓고 계급에 기반한 보편된 주장을 펼친다면 인종문제나 인종차별을 무시하는 처사인가? 전 국민 의료보험을 추진하기 위해 임신중지에 반대하고 단일 보험자 의료보험에 찬성하는 가톨릭 신자들과 손을 잡으려면 언제가 가장 좋은 타이밍인가? 만일 타협하면 여성 인권은 퇴보하는가? 이런 질문들은 '인종 대 계급', '재생산권 대 전 국민 의료보험'과 같이 제로섬zero-sum 사안으로 취급되는 경우가 많다. 이 모든 문제를 한꺼번에 해결하려고 들면 불가능하므로 둘 중 하나를 선택해야 하고, 따라서 반드시 승자와 패자가 생겨난다는 점이 기본 전제다.

2021년 〈뉴욕타임스〉 인터뷰에서 샌더스는 젊은이들과 유색인종, 경제정의와 사회정의를 바라는 이들을 파고드는 전략만큼이나 공화당 노동계급 당원들에게 "공격적으로" 구애하는 자세 역시 중요하다고 말했다. "그렇게 할 수만 있다면, 미국 시민이 중요하다고 생각하는 진짜 쟁점을 해결해서 트럼프 표를 10퍼센트만 빼내올 수 있다면 선거에서 좀처럼 지지 않는 연대를 형성할 수 있습니다."[14] DSA 회원을 포함한 여러 샌더스 지지자는 이런 태도를 지혜롭다고 평가했지만, 진보주의자 중에는 인종차별주의자나 여성혐오자, 또는 둘 다에 해당할 트럼프 지지자들과 대의명분을 공유하는 일 자체를 원칙적으로 반대하는 이도 많았다. 좌파가 앞으로 나아가려면 진보 정책을 요구하는 미국인들의 연합전선을 넓혀갈 필요성, 그리고 다양한 집단의 요구와 권리, 반감 사이에서 균형점을 반드시 찾아야 한다.

노조의 그린뉴딜 지지와 관련한 내 질문에 답해줄 다음 참석자는 션 맥엘위의 싱크탱크 '진보를 위한 데이터' 부사장 줄리안 브레이브 노이즈캣이었다. "비영리 단체 '미국 다시 짜기Rewiring

America'의 사울 그리피스는 연구결과를 토대로 주장을 하는데요, 화석연료 대신 재생에너지로 생산한 전기를 기반으로 국가경제를 재편해서 앞으로 5년간 2500만 개의 일자리를 만들 수 있다고 합니다." 노이즈캣이 말했다. 그는 진보주의자들이 "일자리 창출뿐 아니라 중도파가 우리에게 제시할 거래조건에도 관심을 가져야 한다"고 덧붙였다. 그는 사람들이 고지서에 찍히는 돈을 아끼고 싶어하는데 우리는 일자리, 그것도 양질의 노조 일자리를 만들고 싶어 한다는 큰 구도를 소개하며, 중도파가 이 모든 일을 한꺼번에 실현하기는 불가능하다고 주장할 터라고도 말했다.

원주민 출신인 29세 청년 노이즈캣은 캘리포니아주 오클랜드에서 자랐다. 그도 그린뉴딜 지지자들이 양질의 녹색 일자리를 위해 노조와 "팔짱을 끼고" 함께 투쟁해야 한다는 지르젠티의 주장을 되풀이했다. "노동과 (녹색경제로 넘어가는) 정의로운 이행을 이야기할 때 대개 일자리와 물질적 현실에 초점을 맞추고는 하는데, 마땅히 그래야 합니다." 노이즈캣은 웨스트버지니아주에서 한 정치인 보좌관과 나눴던 대화를 소개했다. 그는 석탄 관련 일자리가 이제 웨스트버지니아주 경제에서 높은 비중을 차지하지 않지만 여전히 석탄은 많은 주민이 간직한 정체성의 핵심이라던 보좌관 말을 인용하며, "우리가 바로 그 노동자들을 챙겨야 한다"고 밝혔다. 더불어 일에 담긴 의미가 무엇인지, 사람들이 인간 존엄성과 노동에 얼마나 큰 가치를 두는지 생각해야 한다고 말했다.

노이즈캣은 또 이렇게 덧붙였다. "세상에는 흔히 그린green 일자리로 인식되지 않는 그린 일자리가 많습니다. 태양 전지판을 설치하는 사람만 그런 직종에 종사하는 것이 아닙니다. 조부모나 부모를 돌보는 사람, 아이들을 가르치는 사람… 모두 그린 일자리 종사자죠. 특히 우리 경제가 돌봄경제로 넘어가는 동안, 우리가 그린 일자리와 노동의 모습을 바라보는 성별 특정적이고 블루칼라 중심적이며 백인 남성 주도적인 인식을 바꿔나가는 작업이 매우, 매우 중요합니다."

내가 보기에 이런 발언은 앞에 놓인 어려운 과제를 다소 축소하는 것 같았다. 직업이나 젠더, 인종이 정체성에서 중요한 부분을 차지하는 사람들로서는 석탄 노동에서 돌봄노동으로 넘어가는 과정이 약간의 태도 변화만으로 되는 일은 아닐 것이다. 그런 사람들이 전부 백인 남성은 아니겠지만, 이들이 단순히 급여나 복지 수준이 비슷한 다른 직업에 만족하리라고는 생각하기 어렵다. 대개 이들은 자신의 쓸모와 가치를 인정받고 남성으로서 존중받는다는 인상을 주는 일자리를 원한다. 그린뉴딜 지지자들은 (우리가 느끼기에) 반동적이고 불쾌하며 근시안적이고 잘못된 태도를 보이는 사람들 마음도 함께 얻어야만 한다. 샌더스 등이 잘 알고 있다시피 낡고 "백인 남성 주도적인" 인식을 지닌 남성들은 당위를 떠나 여전히 정치력이 상당하기 때문이다.

내 질문에 답변하는 '선라이즈'의 의견을 듣고 나는 풍자 사이트 〈어니언Onion〉이 만든 유명한 2017년 영상을 떠올렸다. 해당 영상에는 50대 블루칼라 백인 남성이 등장해 이렇게 읊조린다.

"나는 트럼프가 모두에게 더 나은 미국을 만들어줄 줄 알고 그를 뽑았습니다. 하지만 퀴어페미니즘 이론을 한 800쪽가량 읽고 나서 제가 속았다는 것을 깨달았죠…. 저는 펜실베이니아의 작은 철강 마을 출신입니다. 제가 교차성 이론 기본 책들을 읽었더라면 '그녀를 감옥에 가둬라!Lock her up!' 같은 구호를 외치지는 않았을 거예요. 우리는 힐러리 클린턴이 적이라고 들었는데, 사실 진짜 적은 저 같은 시스젠더 헤테로 백인 남성을 보호하려고 만들어놓은 체제 속에서 저 자신의 위치를 보호하기 위해 힘 있고 야망 있는 여성을 위협적인 존재로 취급해서 우위를 지키게끔 하는 자본주의 가부장 사회라는 것을 이제는 알았습니다…. 스웨스모어에서 열린 젠더 유동적이고 논바이너리한 시 낭송 행사에 참석하고 나서, 지금은 그 사실을 깨달았습니다. 같이 일하는 동료 몇 명도 행사에 함께 갔는데, 우리는 이제 일하면서 그 얘기밖에 안 해요."[15]

이 개그는 여러 가지로 해석할 수 있다. 첫째, 흔히 대학 졸업장 없고 블루칼라 직업에 종사하는 나이 든 백인 남성이라 여겨지는 트럼프 지지자들은 계몽될 필요도 없고 그렇게 되지도 않는다. 왜냐하면 이들은 구제할 수 없는 인종차별주의자에 성차별주의자고 독서라면 치를 떨기 때문이다. 둘째, 반트럼프 활동가들은 패러디 대상이 될 만큼 감이 없다. 이들 말은 오로지 대학 교육을 받은 리버럴이라는 소수 엘리트 청자에게만 향한다. 둘 다 개인 특성을 집단에 확대해 적용하고 있기는 하지만, 후자가 영 틀린 말이라고는 할 수 없다. 이 영상 조회 수는 200만에 달한다. 그만큼 많은 사람이 공감했다는 뜻이다. '선라이즈' 활동가들은 평균적인 퀴어페미니즘 이론가들처럼 난해한 언어를 구사하지 않았지만, 확실히 자신과 비슷한 사람, 그러니까 싱크탱크 전략가나 UC버클리 교수처럼 고학력 전문직 종사자를 향해 이야기하는 듯이 보였다.

이들의 답변을 듣다 보니 2016년 대선 정국 당시 힐러리 클린턴이 한 말실수도 떠올랐다. "많은 석탄 노동자와 석탄 기업의 일이 사라질 것입니다." CNN이 주최한 타운홀 미팅에서 클린턴이 한 말이다.[16] 맥락을 살펴보면 그는 환경을 위해 화석연료로부터 벗어나는 꼭 필요한 이행 과정에서 이런 일자리가 사라지고 있는 현실을 지적한 것이었다. 하지만 클린턴은 이에 대해 다음과 같이 설명했다. "우리가 석탄 노동자들을 잊지 않고자 한다는 점을 분명히 할 것입니다…. 우리는 석탄을 포함한 모든 화석연료에서 벗어나야 하지만, 우리가 의존해온 에너지를 생산하기 위해 열심히 노력해온 분들을 저버리고자 하는 것은 아닙니다."

클린턴 캠프는 직업교육 강화와 소기업 창업, 인프라 투자에 300억 달러를 투입하고 탄광 노동자의 의료보험과 연금을 지키겠다는 계획도 발표했다. 만족스러운 수준의 대책은 아니었지만 (사람들은 막연한 '직업교육'이 아니라 이전만큼의 수입을 보장하는 일자리를 원한다), 석탄 노동자들에게 진 빚이 있다는 점을 인정한 셈이었다. 재난 수준으로 분위기 파악을 못 했던 클린턴 캠프는 이때도 역시 잘못된 이유로 비난의 화살을 맞았다. 저물어가는 산업에 종사하는 노동자들에게 제대로 된 지원을 하지 못한다고 욕을 먹었어야 마땅한데, 도리어 냉혹한 현실을 듣기 좋은 말로 포장하지 못했다고 질타를 들었다.

왜 노조가 민주당의 그린뉴딜이 일자리를 위협한다고 느끼는지와 관련해, 건설업 등에 종사하는 노동자를 대표하는 북미일용직조합Laborer's International Union of North America, LIUNA의 이베트 페나오설리번 위원장은 2019년 로이터 인터뷰에서 이렇게 말했다. "그린뉴딜 정책으로 일자리가 사라지는 마당에 '정의로운 이행' 따위 말을 해결책이랍시고 제시하는 수준에서 결코 안주하지 않을 것입니다."[17] 내가 필라델피아에서 만난 활동가 아만다 맥일머레이도 '정의로운 이행' 같은 표현을 사용하지 않는다고 말했다. "노동자들이 그 말을 들으면 '우리한테 엿 먹으라는 소리구나.' 하고 받아들입니다. 그러니 그린뉴딜 이야기를 하면서 그런 언어를 사용할 수 없죠." 자신의 이익이 보호된다는 확신도 없는데 대의명분을 지지하고 나설 노동자는 거의 없다. 신뢰를 쌓으려면 시간과 노력을 들여야 한다.

건축업계를 위한 그린뉴딜

노조원이자 목수인 로라 개비의 사진 속 모습은 마치 안전모를 쓰고 복수하러 돌아온 워리어 프린세스 같다. 우리가 만났을 때 그는 36세로, 워싱턴주 스포캔에서 자랐고 네바다주에서 고등학교를 나와 뉴욕시에 15년째, 그중 절반을 브롱크스에서 살고 있었다. 개비는 2016년 대선 당시 샌더스의 활약에 깊은 인상을 받았지만 그다지 적극적으로 참여하지는 않았고, 2016년 말이 되어서야 DSA 뉴욕시 지부에 가입했다. 동료들과 함께 샌더스 이야기를 나누면서 샌더스에게 관심 있는 노조 동료가 생각보다 많다는 점을 깨닫게 됐지만, 트럼프를 지지하는 노조원도 부지기수라는 사실을 잘 알고 있었다. 특히 개비가 몸담은 업계는 트럼프 지지자가 절대다수였다. 그렇긴 해도 트럼프의 당선은 개비에게 엄청난 충격을 안겼다.

대선 정국을 거치며 개비는 기존 민주당 전략이 이제는 유효하지 않다는 점을 알아차리게 됐고, 샌더스가 승리 가능성이 있는 또 다른 길을 보여줬다고 느꼈다. DSA에 가입하기 전에도 자신이 "반자본주의자"라고 여겼지만, 스스로를 사회주의자로 부르기에는 "이론이 부족하다"고 생각했다. 그러나 샌더스의 정치는 개비에게 직관적으로 와닿았다. 더구나 신뢰하던 노동운동 활동가들이 이미 DSA에 관여하고 있었기에, DSA 가입은 자연스러운 수순이었다.

많은 동료가 트럼프 지지자라는 사실은 씁쓸했지만 놀라운 일은 아니었다. 개비가 뉴욕시 건설업계에서 만난 많은 이가 80, 90년대 트럼프와 접점이 있었다. 당시 트럼프가 뉴욕에서 건물을 숱하게 지었고 대부분 노조 가입 노동자들과 작업을 했기 때문이다. 그때 일자리를 좋은 기억으로 간직하고 있는 개비 동료들은 트럼프가 "노조 지지자"라고 잘못 인식하고 있었다.

개비는 2008년 공중보건 전공으로 대학을 졸업했다. 경기 불황 와중에도 전공 분야 일자리를 구하기는 했지만, 급여가 적은 파트타임 일 여러 개를 동시에 뛰어야 했다. 일을 시작하고 여러 해가 지났건만 개비는 아직도 8만4000달러에 이르는 학자금 대출을 갚지 못한 터였다. 당시 개비는 취미로 일주일에 7일 축구를 즐겼는데, 축구 동호회에는 건설업이나 조경 분야에서 일하는 이가 많았다. 개비도 자연스레 팀의 일원으로서 육체노동이 자신에게 잘 맞겠다고 생각하게 됐다. 그러던 어느 날 지하철에서 건설업계 일자리를 찾는 여성을 위한 지원 프로그램 광고를 보게 됐고, 이후 뉴욕시 목수노조에 가입했다.

개비 본인 표현에 따르면 "여성 비율이 90퍼센트"인 공중보건 업계에서 일하다가 건설업계로 옮겨가니 문화 충격이 따로 없었다. 목수로서 처음 현장에 나갔을 때를 떠올리며 개비는 "사람들이 여자랑 일해보기는커녕 여자를 한 번도 본 적 없는 것 같았다"고 회상했다. 지금도 건설업계에는 남성이 훨씬 많지만 이제는 어떤 현장에 가도 개비가 유일한 여성인 경우는 거의 없으니 그것만으로도 장족의 발전인 셈이다.

일에 능숙해진 점도 큰 도움이 됐다. "기술은 아무도 빼앗아갈 수 없는 저의 무기니까요. 처음에는 남자들이 저를 보면서 '놔둬, 어차피 얼마 못 버텨'라는 식이었죠…. 실제로도 여성들 사이에서 일을 그만두는 비율이 훨씬 높기도 하고요." 개비는 선배 목수들이 남자 신참한테는 어려운 일에도 도전할 기회를 주면서, 개비가 뭔가 하려고 하면 너무 위험하다며 도와주러 달려온다는 사실을 깨달았다. 어느 날 개비가 "아무 도움도 누구 허락도 받지 않고" 비계 구조물을 혼자 힘으로 만들고 나서야 동료들의 태도가 달라졌다. "그제야 '아, 재는 이 일에 진심이구나' 하는 게 느껴졌어요."

DSA에 가입한 개비는 노조에서 그린뉴딜 지지의사를 끌어내기 위해 노력하고 있다. 그린뉴딜 반대파 주장은 다르지만, 건설업계 노조에서 그린뉴딜을 홍보하는 일은 그리 쉽지 않다. 개비 동료들은 대부분 그린뉴딜에 반대한다기보다 별 관심이 없다. 개비가 가입한 건설노조 페이스북 그룹은 회원 수 1만2000명을 자랑하지만, 일부 "활동가 타입"들이 가끔 그린뉴딜 관련 게시물을 올릴 따름이다. 개비는 그린뉴딜이 지구를 위해 "반드시 해야 하는 일"이기도 하지만, 목수들에게 많은 일거리를 비롯한 큰 기회를 가져다줄 거라고 믿는다.

개비에 따르면 건설노조 내부에서 그린뉴딜에 반대하는 성향은 일반 노조원보다 지도부급에서 더 강하게 나타난다. 조직적인 반대운동이 존재할 정도다. 노조 간부나 집행부가 주로 참석한 2019년 북미건설노조 미국 입법 콘퍼런스에서 전국 단위 지도부가 그린뉴딜에 강경하게 반대한다는 의사를 밝히기도 했다. 이들은 송유관 노동자들과 연대한다는 명분으로 그린뉴딜 반대를 외쳤지만, 개비가 생각하는 진짜 이유는 가장 유명한 그린뉴딜 지지자인 AOC를 향한 반감이다. 정책에 드러내는 적대심은 개비가 예상한 수준보다 훨씬 강경했다. 당시 회의에는 2020년 대선주자 전원과 낸시 펠로시가 참석했는데, 그때 펠로시가 그린뉴딜을 소재로 삼아 농담을 던지기도 했다. 펠로시가 그전에도 선보인 적 있는 "그린 드림인지 뭔지"하는 식의 비하 발언이었다. 개비는 펠로시의 농담이 참석자 맞춤형이었다고 분석했다. "건설노조 지도부가 그 순간에 듣고 싶어하는 이야기를 잘 찾은 거죠."

전국 단위 지도부가 반대 의사를 밝혔지만, 환경단체와 지역 노조 지도자들은 그린뉴딜를 바라보는 건설업계 인식을 바꾸기 위해 부단히 노력 중이다. 뉴욕주 기후위기 상황을 해결하기 위한 주와 지역 차원의 노력도 꾸준히 이어가고 있다. 개비는 노조원 대부분이 그런 노력을 잘 알지 못해서 문제라고 지적한다. 자신도 동료들과 대화를 나누는 자리에서 그린뉴딜에 대해 들어본 적은 한 번도 없고, 〈자코뱅〉 같은 잡지에서 읽고 배운 것이 전부이기 때문이다.

이래저래 어려운 상황 속에서도 노조와 신좌파 활동가들은 서로 이해관계가 맞아떨어지는 영역을 찾아내고 부각하기 위해 열심히 노력하고 있다. 활동가들이 만족할 만한 수준은 아니지만, 전 국민 의료보험과 그린뉴딜 모두 적어도 공식적으로는 상당히 노조의 지지를 받고 있다. 2021년 초 〈월스트리트저널〉이 '대형 노조가 AOC의 사회주의에서 뉴욕을 구할 수도'라는 제목의 사설을 싣자, 당시 DSA에서 지지를 받고 있던 뉴욕 시의원 후보 알렉사 아빌레스는 〈월스트리트저널〉에 AOC가 주요 노조 10곳과 미국노동총연맹-산별노조회의 뉴욕 지부에서 지지를 받았다고 지적하는 편지를 보냈다. 아빌레스는 본인 선거캠프도 뉴욕에서 가장 정치적 영향력이 큰 6개 노조("호텔 직원부터 간호사, 잡역부까지 모두")와 뉴욕시 중앙노동위원회New York City Central Labor Council를 포함해서 노동계의 지지를 받고 있다는 사실도 함께 언급하며,[18] "노조와 DSA가 함께할 때 노동자는 승리한다"는 문장으로 투고를 마무리했다.[19]

2021년 초에 아이아나 프레슬리 의원은 하원에서 연방정부에 노동부 산하 직업 보장 프로그램을 설치할 것을 촉구하는 결의안을 냈다. 프레슬리 의원이 말하는 이 프로그램은 일자리를 원하는 사람이라면 누구에게나 기본 복지와 시급 최저 15달러가 제공되는 일터를 보장해주는 제도다. 작가 해밀턴 놀란의 표현대로 "인종, 경제, 환경적 정의를 한 번에 모두 달성한다는 목표를 내건"[20] 이 정책에 새라 넬슨 같은 노조 지도자와 '선라이즈' 같은 단체들이 지지를 표명했다. 놀란은 연방정부의 직업 보장이 실업률을 대폭 떨어뜨려서 구직자 차별을 줄일 수 있다고 썼다. 또한 정책이 시행되면 사기업 역시 정부가 제공하는 급여나 복지 수준에 맞출 수밖에 없으므로, 노동 기준이 전반적으로 높아지리라고 예상했다. 이 프로그램을 통해 일자리를 얻은 사람들은 기후변화 활동가들이 오랫동안 필요성을 언급해온 그린 인프라 및 지속 가능성 분야에 종사하게 될 것이다.

그린뉴딜의 영향을 받는 업계가 그린뉴딜을 반대하는 이유는 일부 매우 정당하고 실질적인 우려 때문이기도 하고, 일부는 AOC 같은 인물에게 무조건 반사적 반감을 품어서이기도 하다. 그런 적대심을 뜯어보면 인종차별이나 성차별적인 면도 분명히 있겠지만, 동시에 정치권력의 실질적인 위협 또는 그렇게 인식되는 상황에 대한 반동이기도 하다. 그렇다고 해도 그린뉴딜은 싸워서 얻어낼 만한 가치가 있다. 기후위기를 직시하고 정면으로 대응하는 방법만이 더 큰 재앙을 막아낼 수 있는 유일한 길이다. 그러나 좌파가 추구하는 정책에 잠재된 단점을 그럴듯한 말로 포장하고 넘어간다면 반드시 대가가 따를 것이다. 그린뉴딜의 영향을 받을 산업에 종사하는 노동자를 보호하는 일도 어려워질 것이다. 과거에 비해 허약해졌다고는 하지만, 노조는 여전히 미국 노동자들에게 중요한 권력의 중심이다. 특히 노조들이 한데 뭉치면 주요 법안을 통과시키거나 좌초하게 할 만한 힘 정도는 충분히 발휘할 수 있다. 앞으로 좌파가 해결해야 할 가장 큰 숙제 중 하나는 바로 노조와 노조원들에게 새로운 진보동맹과 함께하면 얻을 것이 많거니와, 잃을 것이라곤 이중적인 정치인들과 얽힌 고장 난 관계뿐이라고 납득시키는 일이다.

우리의 현재, 그리고 미래

08

2020년 대선에 출마한 트럼프가 반대한 이념은 특정한 종류의 사회주의, 말하자면 잔혹하고 권위주의적이며 억압적인 사회주의였다. 이는 사실 샌더스를 포함한 민주당 모든 대권주자가 거듭해서 공개적으로 거부한 종류의 사회주의다. 트럼프는 "미국 역사를 무너뜨리고, 미국의 신성한 기념물을 훼손하려 들며, 자신들의 요구를 들어주지 않는 이들을 모조리 처벌하고 밀어내고 박해하려 덤비는 정신 나간 좌익 폭도"를 소리 높여 비난했다.[1] 최근 몇 년 사이 일부 시정부와 주정부에서 남부연합 장군 기념물을 철거하는 일이 있었지만, 적을 한 방에 때려눕힐 만큼 강력한 힘을 지닌 '좌파'라는 세력은 미국 역사에 존재한 적이 없다. 그런 좌파가 있었다면 진작에 국가 의료보험, 아니면 적어도 전국민 의료보험 제도가 도입됐을 터이다. 트럼프와 공화당 중진들이 여전히 빨갱이 몰이를 지지층 결집의 좋은 수단으로 여긴다는 사실이 좌파가 부상 중이거나 또는 그렇게 인식되고 있다는 점을 시사한다. 어쩌면 둘 다 사실일 수도 있다. 사회주의 단체와 매체는 물론 선출직에 오른 사회주의자가 엄청난 수준까지는 아니더라도 실질적인 증가 추세를 나타내는 시대가 되니, 사회주의를 향한 공포가 조금 덜 우스워 보이는 것도 사실이다. 민주당 보수파 당원들은 분명 민주당 당내 AOC 계열이 꾸준히 권력과 영향력을 키워갈 것을 두려워하는 공화당원들과 속내를 공유한다. 민주당 소속 에릭 애덤스는 뉴욕 시장에 당선되기 직전인 2021년 7월 공화당 소속 시의회 의원과 공동개최한 모금행사 자리에서 자신이 "어떤 운동에 맞서" 출마했다고 언급하며 "미국 전역에서 DSA 사회주의자들이 에릭 애덤스를 막기 위해 집결 중"이라고 덧붙였다.[2] (DSA 뉴욕 지부는 2021년 뉴욕 시장 선거에서 공식적으로 어떤 후보도 지지하지 않았지만, 회원들은 애덤스 후보를 반대했다.)

최근 DSA는 물론이고 '사회주의와 해방을 위한 당Party for Socialism and Liberation, PSL'이나 '사회주의적 대안Socialist Alternative'과 같은 작은 사회주의 단체들도 회원 수가 늘어나고 있다.(PSL은 회원 수를 공개하지 않았고, '사회주의적 대안'은 전국에 회원이 1000명 가량이라고 한다.) 그러나 오늘날 미국 정치에서 "극좌"로 불릴 만한 조직된 세력은 존재하지 않는다.[3] DSA는 국제 기준에서도 그렇고 미국에서도 "극좌"로 보기 어렵다. 60, 70년대 특정 단체나 운동과는 달리 정치적 목적을 달성하기 위해 폭력을 수단으로 사용하지 않으므로 극단주의 단체도 아니다. 단체 이름을 걸고 인질을 잡거나 폭탄을 설치한 DSA 회원은 지금껏 단 한 명도 없었다. DSA 회원들이 한마음 한뜻으로 전국 규모 정당을 만드는 일에 전념하고 있지도 않다. 그것이 최종 목표라고 말하는 회원은 많지만, 2016년부터 단체가 힘을 쏟고 있는 주요 프로젝트는 주정부와 지방정부 차원에서 사회주의자를 공직에 진출시키는 일이다. DSA가 민주당과 공식적으로 관계를 끊어야 할지, 그렇다면 언제여야 할지는 여전히 논쟁 주제이지만, DSA 회원 대다수는 미국 대부분 지역에서 후보가 민주당원으로 출마할 때 당선 가능성이 높아진다는 사실을 받아들이고 있다. 이 점은 브랜딩 문제인 동시에 구조적인 사안인데, 유권자들은 들어본 정당 후보에게 투표하는 경향이 있고, 주요 정당에 소속되어 있어야 투표용지에 이름을 올리기가 수월하기 때문이다.

2017년 녹색당 공약으로 시의원 선거에 출마한 자바리 브리스포트는 현 뉴욕주 법무장관 레티샤 제임스가 근로가족당 소속으로 시의원에 당선된 2003년 이후 다른 어떤 제3당 후보보다 많은 표를 얻었다.[4] (2018년 레티샤 제임스가 뉴욕주 법무장관에 출마했을 때는 쿠오모 등 근로가족당에 반대하는 민주당 인사들이 거부해서 근로가족당 노선을 따르지 못했다.)[5] 브리스포트가 2017년에 보여준 활약은 제3당 후보로서 인상적이었지만, 득표율은 29퍼센트에 그쳤다. 그러나 그가 2020년 민주당 소속으로 주 상원에 도전했을 때는 경선에서 60퍼센트 가까운 득표율을, 본선에서는 99퍼센트가 넘는 득표율을 기록했다.[6] 많은 DSA 회원이 민주당과 협력하기를 달가워하지 않지만, 현실적인 이점이 너무나 명백하다. 오늘날 노조 지도자 중에도 사회주의자나 DSA 동지들이 상당수 있지만, 다수와는 거리가 멀다. 20세기 상당 기간 그랬듯이 오늘날에도 사회주의자와 공산주의자가 노조 안에서 얼마간 입지를 확보하고 있다면, DSA는 노조에 "잠입"해 좌경화를 유도하는 전략을 쓰는 대신 훨씬 더 큰 규모로 노동계와 협업하고 있을 터이다. DSA 내부에서도 사회주의 좌파의 상대적인 인기도와 세력을 둘러싼 의견이 다양하다. 어둠의 시기를 살아온 이들은 사회주의가 이 정도 인기를 얻게 된 것도 오랜만이라고 주장하는 반면, 뉴욕이나 시카고, 필라델피아를 제외한 미국 전역에서 사회주의 세력이 얼마나 보잘것없는지 깨달아야 한다고 외치는 이들도 있다.(노조 활동이 가장 활발한 지역과 DSA 세력이 가장 큰 공간이 겹치는 현상은 우연이 아니다. 계급의식과 노동자 권리를 일정 정도 지지하는 구역에서 좌파가 더 힘을 얻을 수밖에 없다.)

일하는 사람들의 이익을 진정한 의미에서 꾸준히 대변하는 정당을 만드는 과업은 미국 좌파의 오랜 목표고, 좌파가 한 번도 이룬 적 없는 성취이기도 하다. 현시점에서 녹색당은 대체로 의도가 좋았지만 막다른 길이었다는 평가를 받고 있으며, 조직도 와해되고 힘을 잃은 상태다. DSA보다 훨씬 규모가 작은 '사회주의적 대안'은 2019년 시애틀 시의회 선거에서 크샤마 사완트의 재선을 이끌어냈다. 사완트는 당시 아마존을 등에 업은 친기업 성향 정치활동위원회에서 50만 달러를 지원받은 상대 후보를 물리치고 재선에 성공했다.[7] '사회주의적 대안'은 농기계 제조업체 존디어John Deere 직원들이 시작한 2021년 파업을 지원해 임금과 퇴직자 수당 인상을 이끌어내기도 했다. '젊은 공산주의자연맹Young Communist League'이라는 단체도 뉴욕주 스태튼아일랜드 아마존 물류창고의 역사적인 2022년 파업에서 노조를 지지하고 세입자 조직화 운동에 나섰지만, 아직은 주변부 작은 단체에 불과하다.[8] 근로가족당도 마찬가지로 일부 도시나 주에서 제한적인 영향력을 행사하고 있지만 전국 단위 세력이라고 보기는 어렵다. 많은 회원이 DSA가 궁극에는 깔끔하게건(민주당 도움을 받지 않고 공식 창당하는 형태), 지저분하게건(민주당 소속 사회주의자로 후보를 내다가 충분한 세력을 확보한 순간 지지자들을 데리고 탈당하는 형태) 민주당과 분리된 진정한 노동자 정당을 만드는 데 제 역할을 해야 한다고 생각한다.

2017년 샌더스 캠프 출신 좌파인 닉 브라나, 코넬 웨스트, 니나 터너 등은 대놓고 사회주의를 표방하지는 않지만 단일 보험자 의료보험, 무료 공공대학, 연방 직업 프로그램, 최저임금 15달러 같은 정책을 추진하기 위한 '인민의 당People's Party' 출범 작업에 힘을 보탰다. '인민의 당'은 2020년 8월 온라인 콘퍼런스를 열었는데, 활동가들에 따르면 40만 명이 회의를 시청했다고 한다. 웨스트와 터너의 연설은 듣는 이의 피를 끓어오르게 했고, 2020년 민주당 대선주자였던 마리앤 윌리엄슨, 배우 대니 글로버 같은 유명인사들도 참석했다.[9] 그러나 2020년 대선에 뚜렷한 영향을 미치지 못했기에 주류 언론의 관심을 끌지는 못했다. "2020년에는 경쟁에 참여하지 않습니다. 2020년 선거에는 아무도 출마시키지 않을 겁니다." 브라나는 〈워싱턴포스트〉 인터뷰에서 이렇게 말했다. "2021년 정당 설립을 준비하고 2022년 중간선거에 후보를 내기 위한 작업입니다. 어쩌면 2024년 대선에 그렇게 할 수도 있겠죠."[10]

한편 JD는 민주당을 노동계급의 이해관계 중심으로 재편해서 "민주당을 다시 위대하게" 만드는 작업(60년대와 80년대에는 실패했지만 근래 한 줄기 희망이 보이는 전략이다)을 시도하고 있으며, 가장 최근 선거에서는 '스쿼드'를 거의 두 배로 키워냈다. 몸집을 불린 '스쿼드'에는 이제 JD의 공식 지지를 받지 않지만 샌더스와 워런, AOC, 오바마, 근로가족당의 지지선언을 끌어낸 몬데어 존스 의원 등이 연대하고 있다. '스쿼드'와 마찬가지로 존스 의원 역시 기업 정치활동위원회 자금을 거부하며, 전 국민 의료보험과 그린뉴딜을 지지한다. DSA는 꾸준히 미국 전역의 주의회와 시의회로 정치인을 진출시키고 있으며, JD처럼 전국 규모 선거에서 영향력을 확보하기 위해 연방 선거 프로그램을 개발하는 중이다.

어쩌면 우리는 10년 안에 1992년 로스 페로처럼 전국 단위 선거에서 상당한 표를 확보하는 무소속 또는 제3당 소속 후보의 부상을 보게 될지도 모른다. 2000년 대선에서 앨 고어가 낙선한 것이 랠프 네이더 탓이라고 생각하는 사람은 여전히 많지만, 이는 사실과 다르다는 분석도 있다.[11] 네이더의 득표율이 3퍼센트에도 미치지 못했기 때문이다. 노동자 정당의 최종 목표는 민주당 후보의 당선에 훼방을 놓기는커녕 일하는 사람들의 이익을 대변하는 세력이 우리 사회에 존재하도록 힘쓰는 데 있다. 지금 당장은 미국 정치의 양당 독점을 깨고 전국 단위 제3당을 만들어낼 수 있는 규모와 조직력을 갖춘 집단이나 강력한 메커니즘이 없는 듯하다. 당분간은 두 정당 내부 권력투쟁이 현재와 같은 양상으로, 그러니까 민주당에서는 부상하는 좌파가 여전히 당내 주류인 보수파와 온건파에 줄기차게 도전장을 내밀고, 공화당은 트럼프가 죽을 때까지 트럼프 충성파에게 휘둘리는 모습으로 유지될 가능성이 높아 보인다.

이런 상황은 좌절감을 안겨주기에 부족함이 없다. 민주당은 부패한 껍데기일 뿐, 솔직하지 못하고 기업 자금에 출렁이며 약속(유권자들이 찬성하고 민주당에도 이익이 될 선거권 법안조차도!)을 지킬 능력과 의지가 없는 정당이다. 정치조직이라기보다는 자금을 모으고 컨설턴트들에게 일자리를 제공하는 단체에 가깝다. 젊은 활동가들의 사기가 떨어지는 것도 당연한 일이다. 트럼프 임기 4년과 대규모 시위, 수년간 이어진 팬데믹마저 변곡점을 가져올 수 없다면 무엇을 어떻게 해야 하나? 민주당 일부 당원이 트럼프 임기 내내 그를 끌어내릴 구실(액세스 할리우드 녹음 파일! 뇌물죄! 뮬러 특검! 첫 번째 탄핵! 두 번째 탄핵!)을 찾아낼 때마다 금방이라도 성공할 듯이 우쭐댔지만 매번 실패한 것처럼, 좌파들도 같은 실수를 했다. 새로운 위기가 찾아올 때마다 그 난관이 이번에야말로 자본주의의 잔혹한 부당함을 만천하에 드러내고 사회주의의 부상을 가져오리라고 믿어버린 것이다. 배우 수잔 서랜든이 트럼프 당선을 두고 "진정한 변화가 일어나기 위해서는 우선 이렇게까지 상황이 나빠져야 하는가 보다"라고 말해 비난을 샀지만, 그렇게 생각하는 사람은 숱하게 많았다. 많은 활동가가 심각한 사회 붕괴가 닥치면 사람들이 자연스럽게 들고일어나 정부에 더 많은 것을 요구하게 될 줄 알았다. 그러나 2020년 수백만 명이 거리로 나선 이후에도 경찰 개혁 입법에는 큰 진전이 없었고, 반동주의자들이 미국 의회를 습격하는가 하면, 미국인 98만6000명(이 숫자는 지금 이 순간에도 계속 늘어나는 중이다)이 코로나19로 사망했다. 위기에 대처하는 보편된 방법이란 없다. 많은 이가 절망이나 무관심 때문에, 지속되지 못한 위기의식 탓에, 무엇을 어떻게 해야 할지 잘 몰라서, 또는 이들 요인이 다양하게 얽혀서 내키지 않더라도 앞에 놓인 조건에 적응하고 말았다. 지난 5년간 일어난 변화가 아무것도 아닌 건 아니었지만, 좌파들이 바라던 수준에는 결코 미치지 못했다. 작가이자 노동운동가인 제인 맥엘레비 말마따나 권력으로 가는 길에 지름길은 없다.

좌파가 끊임없이 성장하려면 지리적인 범위를 넓혀야 하는데, 조금씩 희망이 보이는 것도 사실이다. 마리아 스바르트는 2020년 가을 DSA에서 대대적인 회원 모집 캠페인을 벌인 결과, 기존 회원 수 기준 가장 높은 비율로 신규 회원을 확보한 상위 3개 지부가 남부에 있다고 밝혔다. DSA는 이제 컬럼비아특별구(DC)를 포함한 모든 주에서 회원을 보유하고 있다. YDSA는 미국 전역에 100개 이상의 지부를 거느리고 있으며, 중서부와 남부에도 여러 지부가 있다.[12]

이들 지역에서 신좌파는 여전히 선거전략 성공 공식을 만들어가는 중이지만, 보수 성향이 강한 지역에서 최근 일궈낸 성과는 어느 때보다 두드러진다. 최근 몇 년 사이 네브래스카의 카라 이스트먼, 펜실베이니아의 제스 킹, 텍사스의 마이크 시겔, 웨스트버지니아의 캐시 쿤켈 등 전 국민 의료보험에 찬성하는 진보주의자들(이들 중 다수가 그린뉴딜도 지지한다)은 공화당이 우세한 주나 지역의 하원 선거 민주당 경선에서 승리했다.(쿤켈은 경선에서 다른 후보가 없었고 킹의 경쟁자는 경선 전 사퇴했다.) 역시 전 국민 의료보험과 그린뉴딜에 찬성하는 테네시의 마르키타 브래드쇼, 웨스트버지니아의 폴라 진 스웨렌진도 공화당이 우세한 주 상원 선거 경선에서 승리했다.

그러나 이들은 모두 본선에서 공화당 후보에게 패배하고 말았다. 박빙의 승부를 펼친 후보도 없지는 않았다. 이스트먼은 2018년 선거에서 단 2퍼센트포인트 차이로 졌고, 2020년에는 수천 표를 더 얻었지만 공화당 후보 또한 더 많은 표를 얻어서 4.8퍼센트포인트 차이로 패배했다.[13] 시겔도 비슷한 성과를 거뒀다. 2018년에는 공화당 후보에게 4.3퍼센트포인트 차이로 졌고, 2020년 재대결에서는 약 7퍼센트포인트 차이로 낙선했다.[14] 제스 킹은 선거구 재조정으로 출마한 지역의 공화당 우세가 더 강력해지는 바람에 약 18퍼센트포인트 차이로 낙선했다.[15] 보수 성향 주에서 가장 큰 활약을 보인 진보주의자로는 단연 2020년 미주리에서 당선된 코리 부시를 꼽을 수 있다. 미주리 전체를 놓고 보면 공화당 우세 지역이지만 코리 부시 지역구는 민주당 성향이 강하다.(부시 역시 재도전 끝에 당선됐는데, 첫 출마한 2018년 경선에

서는 2만8000표 차로 패배했었다.)[16]

좌파의 정적들이 보기에 이런 결과는 전 국민 의료보험이나 대학 무상교육, 그린뉴딜 같은 정책이 민주당 강세가 확실한 지역 바깥에서는 가망 없는 전략이라는 증거다. 하지만 스바르트는 이런 결론을 단호하게 부정했다. 그는 샌더스의 패배로 미국에서는 사회주의가 먹히지 않는다는 사실이 증명됐다는 주장에도 마찬가지로 동의하지 않는다. "기득권 전체가 버니 샌더스에게 맞서기 위해 단합했으니까요. 기득권이 부정한 수법을 쓰면 우리 일이 어려워지는 것은 사실입니다." 그러나 체제가 불리하게 조작되어 있다는 이유로 게임을 포기하기보다는 좌파가 이런 상황을 "민주당 내부 그리고 민주당과 좌파 사이 권력투쟁에서 전략을 짤 때 고려해야 할 부인할 수 없는 현실"로 받아들여야 한다는 것이 스바르트의 주장이다.

기록적인 투표율을 올린 2020년 대선에서도 투표하지 않은 사람이 8000만 명에 이른다.[17] 이는 스바르트가 언급했듯이 우파가 미국 역사상 모든 선거에서 "합법적으로 또 불법적으로" 일하는 사람들, 특히 유색인종의 투표권 행사를 억압했기 때문이기도 하다. 그러나 사람들이 투표하지 않는 데는 그 이상의 이유가 있다. "완전히 무기력에 빠져 내가 투표해봤자 아무런 소용이 없다고 느껴서 그 모든 과정에 참여하지 않기로 마음먹은 사람이 상당히 많습니다." 스바르트의 지적이다. 나도 필라델피아에서 그런 현상을 목격했다. 선거 예측 사이트 〈파이브서티에이트FiveThirtyEight〉의 2020년 데이터를 보면, 선거가 소용없다고 말할 가능성이 가장 큰 사람은 투표를 거의 하지 않는 이들이었다.[18] 물론 투표율이 높아진다고 해서 그 자체로 좌파의 승리가 보장되는 것은 아니다. 투표율이 전반적으로 다 오르면 공화당에 이익인 경우가 더 많다. 카라 이스트먼, 마이크 시겔, 네이트 맥머레이는 모두 2018년 선거에서 공화당 현직 의원에게 맞서 상당한 표를 받으며 선전했지만, 2020년 성적표는 여기에 미치지 못했다. 난생처음 투표하는 사람들을 더 끌어낸다고 해도 이미 당파성이 확고한 이들의 투표율을 높이는 방안에 비해 딱히 좌파에 별 도움이 되지 않는다. 2020년 대선에서 생애 첫 투표를 한 사람들 중에도 놀라울 정도로 많은 이가 트럼프에게 표를 주지 않았던가.[19]

"다른 여러 배경이 있었지만 월가 점령 시위 또한 사람들이 정부가 제 역할을 하지 못한다고 느꼈기 때문에 일어난 사건입니다. 실제로 그랬죠. 20세기 막바지에는 정부가 사람들이 체감하는 문제를 해결하기 위해 나섰다고 납득할 만한 대대적이고 널리 알려진 공공 프로그램이 거의 없었습니다. 우리가 살면서 그런 일을 한 번도 경험하지 못한 거예요. 유권자들에게 압박을 받아서 움직이는 정치인을 본 적도 없고요…. 그러니 무력감에 빠지는 것이 당연합니다." 스바르트가 말했다. 8000만 명은 엄청나게 큰 숫자다. 8000만 명이 모두 사회주의자 또는 샌더스에게 표를 주지는 않겠지만, 표를 줄 사람도 "상당수"라는 얘기다.

스바르트는 2020년 선거 당시 보수적인 지역에서 출마했던 세 후보의 궤적을 봐달라고 했다. 그가 이야기하는 세 후보는 켄터키에서 미치 매코널에게 도전장을 냈던 에이미 맥그래스, 테네시의 마르키타 브래드쇼, 그리고 웨스트버지니아의 캐시 쿤켈이다. 브래드쇼와 쿤켈은 풀뿌리 캠프로 선거를 치렀고, 선거자금은 200만 달러도 채 안 됐다.[20, 21] 민주당 주류의 지지를 받았던 맥그래스는 9000만 달러가 넘는 선거자금을 모을 수 있었다.[22] 자금이나 당의 지원에서 이처럼 뚜렷한 차이가 있었지만, 세 여성 후보는 모두 본선에서 35퍼센트 이상의 득표율을 기록했다.[23, 24, 25] 스바르트는 민주당이 대답을 피하고 있는 질문이 있다고 지적한다. 이들 지역구에서 전망 있는 후보와 투표 독려 운동에 투자한다면 무슨 일이 일어날까? 민주당이 이 질문에 대답하지 않는 이유를 놓고 스바르트는 "맥그래스 캠프에서 많은 돈을 받아간 전략가들이 독립적인 풀뿌리 캠프에서는 절대 그만큼 벌 수 없을 테니 결코 수입원을 포기하지 않으려 들기 때문"이라고 주장한다.

스바르트도 지적했듯이, 선거에서 승리하는 능력은 인기를 가늠하는 완벽한 척도가 아니다. 공화당 상원 원내대표 미치 매코널은 비호감도가 매우 높은 정치인이고, 본인 고향에서도 마찬가지다. 2020년 '스펙트럼 뉴스Spectrum News'와 '입소스IPSOS'가 실시한 설문조사를 보면 켄터키 주민 중 미치 매코널이 공화당 상원 원내대표직을 잘 수행하고 있다고 답한 비율은 39퍼센트에 불과했다.[26] 그런데도 매코널은 2020년 선거에서 무려 20퍼센트포인트 차이로 7선에 성공했다.[27] 자금력을 자랑하는 기부자와 기업 후원, 현직의 조합은 특히 상원 선거에서 매우 유리하게 작용한다. 당파적인 선거구 조정 역시 공화당이 인기에 비례하지 않는 권력을 확보하는 데 도움을 줬다.[28] 특정 후보나 정당과 묶이지 않고 단독으로 투표용지에 오를 때 훨씬 더 인기 있는 정책이 많은 것도 분명한 사실이다. 그렇다면 플로리다 주민들이 압도적인 차이로 트럼프와 최저임금 인상을 동시에 지지한 현상도 설명이 된다.

자신을 좌파라고 부르는 사람이라면 거의 모두가 트럼프의 대통령 임기 종료에 환호했다.(어느 집단에나 소수파는 있는 법이다.) 일단 트럼프가 백악관에서 물러나는 것이 모든 진전의 필수조건이라고 생각하는 사람이 대다수였다. 트럼프 임기 종료가 트럼프주의의 종말이라고 착각하는 사람은 없었다. 지난 대선에서 트럼프에게 표를 준 미국인은 2008년에 오바마를 지지한 사람보다 더 많은[29] 무려 7400만여 명이었다. 트럼프가 부추긴 2021년 의사당 습격, 트럼프에게 영감을 받아 선거에 출마하고 의회에 입성한 정치인들의 말과 행동, 공화당에서 여전한 트럼프의 영향력에서 드러나듯이 트럼프의 유산은 생생하게 살아 있다. 선거를 통해 트럼프를 몰아내어 뿌듯했지만 바이든의 당선을 좌파의 승리로 받아들이기에는 무리다. 바이든은 전 국민 의료보험, 그린뉴딜, 프래킹fracking 금지, 이민관세단속국 폐지, 경찰 예산 삭감과 같은 좌파의 주요 요구사항을 일관되게 반대해온 인물이기 때문이다.

그렇긴 해도 좌파는 대선에서 바이든을 지지했다. 바이든이 조지아와 펜실베이니아, 미시간, 위스콘신을 가져올 수 있었던 데는 애틀랜타, 필라델피아, 디트로이트, 밀워키, 커노샤 등 비백인 좌파 성향 유권자가 많은 민주당 우세 지역에서 활약한 단체와 활동가들의 역할이 컸다. 활동가와 청년들(겹치는 부분이 큰 두 집단이다)은 바이든이 그네들 노력에 보답해주기를 바랐다.

그러나 샌더스가 빠르게 선두주자에서 패자로 내려앉고 바이든이 갑자기 부상하면서 일부 젊은 활동가는 사기를 잃었고, 샌더스가 대통령 후보로 이름을 올린 투표용지에서라면 더 큰 반응을 얻었을 다른 후보들도 마찬가지였다.

스바르트는 코로나바이러스가 현 시스템의 "비이성과 미개함"을 드러냈다고 말한다. 또한 기후변화가 빠르게 진행되면서 "체제의 현실이 여지없이 드러났다"고 주장한다. "대안을 이야기하고, 그 방안이 어떤 모습일지 말할 기회가 생긴 것입니다. '정상'으로 돌아가는 것이 가능하지도 바람직하지도 않다는 점을 분명히 느낀 사람도 많아졌죠." 스바르트 말을 들어보면 2020년 DSA가 낸 후보와 주민투표에 부친 안건 중 75퍼센트가, 2021년에는 37개 선거와 5개 주민투표 안건 중 68퍼센트가 성공을 거뒀다. 플로리다주 세인트피터즈버그에서 시의원에 당선된 리치 플로이드는 플로리다에서 100년 만에 탄생한 사회주의자 정치인이라는 타이틀을 얻었다.[30] 노스캐롤라이나주 카보로에서 시의원이 된 대니 노웰도 DSA가 당선시킨 정치인이다.[31] "우리는 힘을 키워가고 있고 꾸준히 성장하고 있습니다. 그것이 희망의 원천이죠. 우리가 나아갈 수 있는 건 사람들이 대안에서 희망을 보기 때문입니다." 스바르트가 말했다.

미국에 닥친 위기의 규모와 좌파의 성장, 그리고 DSA, JD, '인디비저블', '선라이즈' 같은 여러 단체의 임무가 겹친다는 점 때문에 공식적인 협력 여부에도 관심이 모아지고 있다. 2020년 12월 현재 DSA는 미국의 다른 사회주의 조직 또는 방금 언급한 단체들과 공식적으로 손을 잡고 있지 않다. 이에 대해 스바르트는 DSA의 특수한 회원 중심 구조, 그리고 짜임새가 다른 조직과 협업하는 일의 어려움과 복잡성 때문이라고 설명한다.

미국 바깥의 사회주의 단체와도 마찬가지다. DSA에는 스바르트가 "준외교 기능"이라고 설명하는 역할을 수행하는 국제관계 위원회가 있다. 뜻을 함께하는 외국의 운동이나 단체와 소통하는 창구에 해당한다. 2021년 3월 해당 위원회는 바이든 대통령과 정부 고위 관계자를 포함한 미국 정치 엘리트들이 중국 혐오, 중국과의 냉전을 부추기고 있다며 "가장 강한 언어로 비난"하는 성명을 내기도 했다.[32]

DSA의 성장이 승리로 여겨지기도 하지만, 동시에 DSA는 좌파 진영 내부에서 비판도 받고 있다. 사회운동으로 확장하기보다 선거에만 지나치게 집중한다는 비판이다. 선거 관련 활동 덕분에 DSA가 동력을 얻고 언론의 관심도 끌었다는 사실은 부인할 수 없다. 그러나 새롭게 부상한 여러 좌파 단체 중 DSA만큼 회원들에게 선거 바깥에서 여러 역량을 강화할 기회를 제공하는 곳도 드물다. JD와 '선라이즈', 근로가족당은 경선에 후보를 내고 현직 의원을 압박하는 활동에 중점을 둔다. '꿈의 수호자들'처럼 좀 더 급진적인 단체는 트럼프 낙선과 주의회 장악, 진보 법안

발의 등을 지원하는 데 엄청난 에너지를 쏟아부었다. '흑인의 생명을 위한 운동' 관련 단체들 또한 미국 전역에서 진보 성향 지방검사를 당선시키기 위한 활동을 벌였고, 선거 밖에서 이룬 성취도 없지는 않지만 수치로 나타내기에 훨씬 어려운 것이 현실이다. 규모가 작고 덜 알려진 단체들 역시 파업 지원이나 정치교육 등 다양한 운동을 펼치고 있지만, 비-사회주의자 정치 참여층 성인들이 이름이라도 들어본 단체는 DSA가 유일하다.

스바르트는 소속 단체가 하려는 작업이 결국 "노동계급 세력을 키워가는 일"이라며 "선거에서 얻은 힘과 선거 밖에서 나오는 에너지가 상호작용을 일으킬 때 조직이 가장 강력해질 것"이라고 덧붙였다. 선거 밖에서 DSA가 하는 활동 중 큰 비중을 차지하는 작업이 바로 세입자 조직화다. 건물마다 세입자 노조를 조직하거나 세입자를 위한 입법을 지지하는 등 다방면으로 움직이고 있다. 스바르트는 일터 조직화야말로 DSA가 선거 밖에서 가장 집중해야 할 중요한 활동이라고 주장한다. 해고된 식당 직원들을 위한 구제 대책 수립처럼 단기적인 활동부터 더 긴 관점에서 "일터를 변화시키려는" 노력 등 다양한 프로젝트가 진행되고 있다. 비상일터조직화위원회emergency workplace organizing committee, EWOC를 통해 코로나19 시국에서 급여 인상과 안전 대책 강화를 요구하는 노동자도 돕고 있다. 2021년 DSA는 굵직한 노동운동 사례를 여러 건 지원했고 상당한 성과를 끌어냈다. 1만 명의 노동자가 참여한 존디어 파업과 3개월 가까이 이어진 켈로그 파업, 6만 명 회원을 자랑하는 국제연극무대노동자연합International

Alliance of Theatrical Stage Employee과 3만 명 규모 의료업체인 카이저퍼머넌트Kaiser Permanente가 거의 파업에 이를 뻔한 사건까지 모든 곳에서 DSA가 노동자 곁을 지켰다. 2019년에는 DSA 뉴욕시 지부가 주도해서 뉴욕주 전역에 있는 DSA 지부들이 세입자 권리 옹호 단체들과 연대해 역사적인 소송에 나섰다. 그 결과 집세 안정화 주택을 좀 더 이익을 낼 수 있는 시장가 주택으로 개조하거나 집세를 올리는 일이 훨씬 까다로워졌다.[33]

이런 성취는 신좌파의 성적표에 좋은 점수로 기록됐지만, DSA만의 힘으로 이룬 결실이 아니다. 팬데믹으로 들끓는 분노나 산업, 일터, 지역의 특성 등을 모두 한데 뭉치게 하는 특정 조건을 갖추지 않은 곳에서는 재현하기 어려운 단편적인 성취였다.

다른 좌파 단체들도 겪은 일이지만, 가파른 확장세나 정계 전반에서 일어난 좌클릭 현상 역시 DSA 안팎에서 정체성 위기를 불러왔다. 선거에 집중하는 DSA의 전략이 논쟁거리가 되는 것은 선거 관련 활동이 더 시급한 다른 과제에 투입할 자원을 빼앗아간다고 느끼는 사람들이 있기 때문이다. 반면 선거에서 승리하는 길이 좌파의 성장에 필수일뿐더러 스스로 세력을 가늠하고 상대편을 위협하는 좋은 수단이라고 생각하는 사람들도 있다. 시간과 자금, 인력이 한정된 상황에서 조직은 무엇을 최우선 과제로 삼아야 할까? 겹치고 상호보완 되는 목표를 내건 단체가 수없이 생겨나고 또 성장 중인 국면에서 DSA가 정식으로 더욱 "대중적인 전선"을 구축하는 데 우선순위를 두지 않았던, 또는 그러지 못했던 이유는 무엇일까?

신좌파 단체들은 정식 상부조직이 없는 채로도 트럼프 정부가 추진한 최악의 의제들을 성공적으로 막아내거나 축소한 전력이 있다. '인디비저블'과 협력 단체들은 2017년 미국 전역에서 수백여 건의 직접행동을 조직해 공화당이 오바마 케어를 폐지하려던 시도를 막아냈다.(현시점에서 가장 인기 있는 정치 지도자의 대표적인 정책을 지켜내는 데 민주당 지도부가 우선순위를 두기도 했지만, '인디비저블'이 이끌어낸 풀뿌리 운동이 없었더라면 불가능했으리라는 주장도 얼마든지 가능하다.) 트럼프가 7개 무슬림 국가에서 들어오는 입국 금지령을 내렸을 때 수많은 변호사와 활동가를 미국 전역의 공항으로 파견해 무료 법률 서비스를 제공한 일도 이민자 권리 단체들 작품이었다. 트럼프 대통령에게 맞서는 풀뿌리 저항은 2018년에도 쭉 이어졌다. 그러나 대규모 시위와 유명인들의 구속, 성폭력 생존자와 선출직 공직자들 간 대립도 트럼프의 두 번째 대법관 지명자인 브렛 캐버노의 대법원 입성을 막아내지 못했다. 여성 세 명이 나서서 성희롱 사실을 증언했는데도 캐버노는 (역시 1991년 지명 당시 성희롱 혐의가 제기됐는데도 대법관이 된) 클래런스 토머스와 어깨를 나란히 하게 됐다.

2020년에도 수천 명이 극단적인 보수주의자 에이미 코니 배럿의 대법관 임명에 반대하는 시위에 나섰지만 소용없었다. 미국 최대 규모의 임신중지권 보호 비영리 기구 중 하나인 전국임신중지권행동연맹(NARAL) 전 대표인 일리스 호그는 민주당 지도부를 맹렬히 비난하는 성명을 발표하기도 했다. 호그는 2018년 현직 상원의원 다이앤 파인스타인이 경선에서 임신중지권 옹호에 열성적인 좌파 도전자를 여럿 마주했을 때도 결국 파인스타인을 지지했지만, 2년 뒤에 파인스타인이 배럿의 인준 청문회에서 보여준 참사급 대처에 인내심을 잃고 말았다. 성명서에는 이런 내용이 담겼다. "이번 지명은 불법적이고, 이번 임명 과정은 사기다…. 상원 사법위원회 간부급 위원인 다이앤 파인스타인 의원은 이 점을 분명히 짚어내기는커녕 미국 시민의 뜻을 거스르는 이번 절차에 신뢰성을 불어넣는 역할을 했다…. 상원 사법위원회 지도부를 교체해야 한다."[34]

그로부터 약 한 달 뒤에 파인스타인은 의원직은 유지하겠지만 다음 회기 사법위원회 지도부에서는 물러나겠다고 발표했다. 에이미 코니 배럿 인준 청문회가 열리기 몇 주 전, 나는 사법위원회에서 파인스타인의 자리를 넘겨받을 예정이던 딕 더빈 의원과 절박한 심정으로 배럿의 대법원 입성을 반대하고 있던 진보단체 활동가들의 줌 회의를 참관했다. 더빈은 자기 마이크의 음소거 기능을 끄는 방법을 알아내느라 회의 초반 7분을 낭비했다. 드디어 마이크를 켠 더빈은 자신이 대법관 인준 청문회를 여러 번 겪어봤다며 공황에 빠진 참석자들을 안심시키려 했지만, 그가 언급한 청문회는 모두 보수 성향 지명자들의 임명으로 이어졌다. 당시 파인스타인의 인지능력이 저하된 것이 아니냐는 의혹이 일었는데, 더빈은 이 소문을 의식한 듯 최근 파인스타인을 만나봤으며 청문회를 진행할 수 있는 상태임이 확실하다고 덧붙였다. 파인스타인 본인이 청문회를 진행할 수 없다고 판단되면 역할을 넘겨야 한다는 점 역시 분명히 이해하고 있다고도 말했다. 만약 당시에 더빈이 파인스타인 대신 청문회를 이끌었다면 결과가 달라졌을지, 이제 와서는 아무도 알 수 없다.

결국 민주당은 물론 호그처럼 민주당 비판으로 돌아선 인물들도 우파가 대법원을 장악할 때까지 막아내지 못했다. 진보단체들은 배럿 말고도 트럼프가 지명한 수백 명 연방판사들을 향해 경고의 목소리를 높였지만 임명을 저지하는 데는 실패했다. 법원 싸움에서 패배하면 치명적이다. 그 여파는 앞으로 수십 년간 지속될 테고, 여러 사안에 심각한 걸림돌로 작용할 것이다.

팬데믹이 미국을 강타하기 전까지만 해도 미국 좌파의 승리는 (일부 대선후보에게 더욱 대중적인 태도를 보이게끔 압박한 정도를 제외하면) 대부분 주나 지역 차원의 성과였다. 뉴욕주에서는 DSA 뉴욕시 지부 같은 조직과 세입자 권익 단체들이 연대해 민주당 보수파 정치인들을 주의회에서 몰아내고 민주당을 "진정한 의미의 여당"으로 만들어, 세입자 보호를 강화하고 더 많은 세입자가 오래도록 보호 조치 혜택을 받을 수 있는 법안을 통과시켰다. 덴버에서는 DSA의 지지를 받은 시의원 캔디 세데바카다 동료 의원들을 설득해 시정부가 영리 교도소 업체와 맺고 있던 계약을 종료하게끔 했다.[35] 시카고에서도 DSA의 지지를 받은 시의원들이 이민자 추방 신속 대응망을 만들어,[36] 경찰이나 이민관세단속국이 방문할 경우 대처하는 방법과 이민자 권리를 담은 안내문을 주민들에게 나눠주고 시민불복종 워크숍을 열었다. 또한 다른 세입자 단체들과 협력해 고급 부동산 개발 사업에 반대하고 일리노이주의 집세 안정화 금지 조치 해제를 요구하는 시위를 벌이기도 했다. 시애틀에서는 2013년 처음 시의회에 진출하고 2019년 재선에 성공한 사회주의자 크샤마 사완트가 대기업 과세와 최저시급 인상 운동을 주도해, 시애틀이 미국 대도시 가운데 최초로 최저시급 15달러를 확정하는 데 한몫했다.[37]

트럼프 시대 잔혹함은 좌파의 확장과 각성을 불러왔고, 코로나19가 미국을 강타하자 좌파는 생존 모드에 돌입했다. 선거운동에서도 대면유세가 중단됐고, 전 국민 의료보험 홍보활동 역시 방향을 틀어 식량과 의료품, 격리 환경 확보에 초점을 둘 수밖에 없었다. 2020년 시위 국면에서는 일부 지역에서 부분적인 개별 성과가 있었다. 뉴욕 시의회는 뉴욕시 경찰국 예산을 10억 달러 가까이 삭감했는데, 경찰 예산 삭감 운동에 참여한 당사자가 아니라면 엄청난 성과로 여길 만한 액수다. 활동가들은 뉴욕시 당국이 예산을 이리저리 옮기기만 했을 뿐, 실제로 경찰의 영향력을 줄인 조치는 아니었다고 주장한다. 〈뉴욕타임스〉는 '경찰 예산에서 10억 달러가 빠졌지만 아무도 만족하지 못해'라는 매우 적절한 제목의 기사로 이 상황을 소개했다.[38] 불만을 표시한 인물 중에는 AOC도 있었다. "경찰 예산 삭감은 말 그대로 경찰 예산 삭감이어야지, 예산계획서에 담긴 눈속임이나 기발한 계산법이어서는 안 됩니다. 학교 경찰 예산을 단순히 뉴욕시 경찰 예산에서 교육부 예산으로 돌려서 학교 경찰이 그대로 활동할 수 있게 하면 예산 삭감이 아닙니다."[39]

지금껏 가장 획기적인 경찰 계혁안은 뉴욕주 이타카 시장이 2021년에 내놓은 안건으로, 연간 예산이 1250만 달러에 달하는 시 경찰국을 해체하고 '지역사회 해결 및 공공안전부'를 신설하는 내용을 담고 있다.[40] 신설 부서에는 무장한 공공안전 요원과 무기를 소지하지 않는 "커뮤니티 해결 요원"이 함께 근무하게 된다. 민원이 들어오면 무장 요원을 보낼지 비무장 요원을 배치할지, 아니면 시 당국 다른 부서로 넘길지 판단해서 대응한다. 정신건강과 관련된 민원은 사회복지사들로 구성된 별도 부서에서 처리한다.(이타카시 역시 2020년 시위 당시 "경찰 예산 삭제"을 약속했던 다른 도시들처럼 나중에 다시 경찰 예산을 복구했다. 2021년에 없앴던 경찰관 두 자리도 2022년 예산에서 다시 살아났고, 경찰 당국 전체 예산은 오히려 늘어났다.[41]) 2022년 3월 현재 이타카시는 '공공안전 다시 생각하기 위원회'가 발간한 보고서에 담긴 조치를 시행하려고 준비 중이며, 시의회 승인을 앞두고 있다.[42]

이타카보다 훨씬 큰 도시인 미니애폴리스에서는 2020년 시위 당시 시의원 다수가 경찰국 예산을 없애겠다고 약속했다. 그러나 같은 해 가을로 접어들면서 이 약속은 경찰 예산을 800만 달러 줄이겠다는 계획으로 바뀌었다. 2020년 12월 미니애폴리스 시장은 경찰 예산 중 800만 달러를 범죄 예방 프로그램, 정신건강 위기 대응팀 등 다른 곳으로 돌리는 법안에 서명했다.[43] 최근 시의회가 경찰국 인원 보강을 위한 640만 달러 추가 예산을 승인하기는 했지만, 이타카와 비슷하게 공공안전 부서로 경찰국을 대체하자는 내용의 법안을 발의한 시의원도 세 명 있었다.[44] '예스4 미니애폴리스Yes 4 Minneapolis'라는 정치위원회를 구성한 '행동하라 미네소타TakeAction Minnesota', '우리 동네 되찾기Reclaim the Block', 시민자유연맹(ACLU) 미네소타 지부, 미니애폴리스 교사연맹Minneapolis Federation of Teachers, '변화의 색깔Color of Change', 동남아시아 디아스포라 프로젝트Southeast Asian Diaspora Project, 미네소타 청년동맹Minnesota Youth Collective 등 시민단체들이 2021년 11월 선거 당시 투표용지에 비슷한 내용의 안건을 올려 주민투표에 부치기도 했는데,[45] 이 안건은 결국 반대 56퍼센트, 찬성 44퍼센트로 통과되지 못했다.[46] 경찰 예산 삭제라는 개념이 주민에게 폭넓은 지지를 얻고 있는 지역에서조차 정부 부처 예산과 구조에 오래가는 변화를 가져오기는 어렵다는 현실이 그렇게 드러났다.

한편 시위에 대처하는 연방정부 태세는 놀림감 수준이었다. 트럼프는 지나간 시대 인종분리주의자들을 동원해 시위대를 겨냥한 발포를 부추기고("약탈이 시작되면 총격이 시작된다")[47] 연방법 집행관들을 현장에 파견해 젊은 활동가들을 공포로 몰아넣었다.[48] 조지 플로이드 살해사건 당시 일부 민주당 정치인의 우스꽝스러운 대응도 빼놓을 수 없다. 물론 플로이드의 죽음과 시위대 탄압에 진심으로 충격을 받은 정치인들도 있었겠지만, 척 슈머와 낸시 펠로시를 포함한 민주당 중진들이 '2020년 경찰업무 정의법'을 발의하면서 똑같은 케냐 전통 직물 스카프를 두르고 나와 9분 가까이(플로이드를 살해한 경관이 플로이드의 목을 무릎으로 8분 46초간 누르고 있었다는 초기 보고가 있었다.) 무릎을 꿇는 퍼포먼스를 선보인 일은 수많은 인터넷 밈을 만들어내며 조롱거리가 됐다. 해당 법안은 목조르기 등 치명적인 무력 사용을 금지하고 민사소송에서 경찰관이 공무원 면책권을 주장할 수 없도록 하는 내용을 담고 있는데, 하원에서는 통과됐으나 상원을 넘지 못한 채 제자리걸음이다. 법안이 통과되더라도 경찰이 무장하지 않은 시민을 살해하는 사건을 얼마나 효과적으로 방지할 수 있을지는 분명치 않다. LA 경찰은 1982년 암바arm bar 목조르기를 금지했고, 뉴욕 경찰은 1993년 경관의 생명이 위험한 경우를 제외하고 목조르기를 금지했다. 시카고 경찰도 2012년 비슷한 규정을 만들었고, 2020년에는 캘리포니아주 전역에서 목조르기가 금지됐다.[49] 이 모든 규정을 두고도 경찰은 무장하지 않은 시민을 끊임없이 목 조르고 질식시켜왔다.(캘리포니아 알라메다시의 마리오 곤잘레스, 뉴욕의 에릭 가너, 시카고 42세 비무장 남성의 사례를 찾아보자.)[50, 51]

연방정부 차원에서도 '선라이즈'를 비롯한 여러 단체가 최근 몇 년 사이 그린뉴딜에 대한 인식을 높이고 지지기반을 넓히는 데 성공했다. 지지표명이 미지근하던 정치인들을 좀 더 확실하게 끌어들이기도 했다. 에드 마키 의원이 2020년 선거에서 도전자 조 케네디 3세를 물리치고 당선된 배경에는 '선라이즈'의 열성적인 지지활동이 있었다.(케네디도 그린뉴딜을 지지한다고 밝혔지만, 아예 그린뉴딜을 중심에 둔 공약을 내걸고 '선라이즈'의 지지선언을 받아낸 쪽은 마키였다.)

스바르트는 DSA 의료계 노동자들의 모임 이야기를 꺼냈다. 다양한 의료계 종사자들이 미국 의료체계 변혁을 목표로 머리를 맞대고, (로라 개비가 건설노조에서 그린뉴딜 지지의사를 끌어내기 위해 노력 중인 것처럼) 의료계 내부에서 그린뉴딜 홍보에도 앞장서는 모임이다. 스바르트 표현대로 이 모든 활동은 "현장 사람들에게 힘을 실어주기 위한" 노력이다. 주류 언론이 DSA의 선거 관련 활동에 집중하는 이유로는 "지배계급이 미국인들에게 4년에 한 번 투표하고도 변화를 만들어내는 것이 정치라는 인식을 심어줬기 때문"이라고 말한다. DSA는 기후정의 문제도 전통적인 환경주의자들하고는 근본적으로 달리 접근한다. 비영리 단체의 활동이 아닌 다각화된 노동운동만이 "그린뉴딜을 쟁취할 수 있는 유일한 길"이라는 것이다.

"우리가 어느 때보다도 유의미한 일을 하고 있다는 것이 코로나19 시국에서 더욱 명확해졌습니다." 스바르트의 설명이다. "야만성이 널리 퍼진 와중에도 변화의 가능성을 만들어냈죠. 실질적인 권력역학을 다시 인식하게 됐기 때문입니다." 코로나19는 매우 특수한 생리학적 위협이었다. 눈에 보이는 건강 위험 말고도 많은 이에게 무기력과 절망이 함께 찾아왔다. 더불어 코로나19는 DSA 같은 단체들이 쟁점 중심 캠페인을 구상하고 조직하는 방식에도 변화를 가져왔다.

우리가 이야기를 나누기 직전에 DSA는 그린뉴딜 행동의 날을 조직했다. 그린뉴딜이 양질의 노조 일자리를 만들어낼 수 있으며, 미래에 또 다른 여러 유행병을 일으킬 수 있는 기후위기에 맞설 방법이라고 알리자는 취지였다. "우리 삶을 위한 투쟁"이라는 이름을 단 이 운동은 '팬데믹 동안 의료 보장 및 영구적인 전국민 의료보험' 캠페인과 함께 진행됐다. 연방정부가 좋게 말하면 무관심하고, 최악의 경우 잔인하며, 대개 제 기능을 하지 못할 때는 사회주의자들이 나서서 사람들에게 "희망이 남아 있다고 보여주고 자기 자리에서 힘을 키울 수 있도록" 해야 한다고 스바르트는 주장한다. 그는 2020년 선거와 그 파장이 "우파는 극단적이고 민주당 네오리버럴 당원들은 무관심하다"는 사실을 다시금 낱낱이 드러냈다고 말했다.

바이든 정부가 출범하고 2년 가까이 지난 지금, 바이든을 대통령 자리에 앉히는 데 역할을 한 사람들이 최우선순위로 꼽았던 사안에서 진전이 거의 없다는 점은 분명해졌다. 버니 샌더스가 상원 예산위원회 위원장을 맡고 있는데도 큰 변화는 없었다. 이민자 문제부터 연방 최저시급 15달러, 포괄적인 경찰 개혁, 그린뉴딜, 전 국민 의료보험, 학자금 및 의료비 대출 탕감, 대학 무상교육, 대규모 사회복지 입안까지, 좌파는 상당한 대중적 지지를 확보하고 언론의 관심을 이끌어냈다. 그런데도 실현된 정책은 없었다. 좌파가 최소한 문화전쟁에서 승리하고 있다고 우파가 부추긴 인식도 한 원인일 것이다. 실제로 광고 출연자의 다양성 같은 문제가 선거권이나 전 국민 의료보험만큼 중요하다고 생각하는 좌파는 없다. 2022년 초 여성 웹진 〈제제벨닷컴Jezebel.com〉 편집자인 로라 바셋이 더욱 포용적인 광고를 만들겠다던 한 식료품 업체의 노력을 두고 "선거권 법안은 부결되고 대신 진보 엠앤엠을 먹게 되다니, 세상이 그렇지, 뭐"라며 냉소적인 트윗을 올리기도 하지 않았던가.[52]

바이든이 부통령을 지낸 오바마 정부 당시 기록적인 수치를 보였던 이민자 추방은 지금도 진행 중이다. 바이든이 취임하고 나서 메릭 갈런드를 임명하기 전까지 법무부 장관 대행을 맡았던 몬티 윌킨슨이 트럼프의 잔혹한 '무관용' 정책을 공식적으로 폐지해 국경에서 이민자 가족이 강제 분리되는 사태는 막을 내렸지만, 국경지대 경범죄 기소를 완전히 중단하라는 지시를 내리지는 않았다. 법무부 장관 대행이 검사에게 준 것은 재량권인 만큼, 특정 상황에서는 여전히 어린이가 부모와 분리될 수 있다.[53] 이민자 권익 보호 단체인 '모비미엔토 코세차Movimiento Cosecha'('수확운동'이라는 뜻의 스페인어 – 옮긴이) 소속 활동가들이 2019년 필라델피아의 바이든 선거본부 로비에서 시위를 벌였는데, 그때 이들은 오바마 정부 당시 추방됐던 사람들의 가족을 현장에 데려오기도 했다.

이민자 권익 단체 '함께 꾸는 꿈United We Dream'도 2021년 초 워싱턴DC 이민관세단속국 건물 앞에 모여 당국의 "인종차별적이고 잔인한 반이민 의제"와 바이든-해리스 정부 아래서 일어난 이민자 추방 2만6000여 건에 항의하는 시위를 벌였다.[54] 바이든 정부는 2021년 이민자 구류시설을 열어 700명에 이르는 미성년자(13~17세)를 보호자 없이 구금했다. 정부는 팬데믹이 이어지면서 다른 미성년 이민자 보호시설의 수용능력이 현저하게 떨어져서 새로운 공간이 필요했다고 해명했지만, 이민 변호사와 활동가들의 비난을 피해가지 못했다. 샌안토니오에서 활동하는 한 이민 변호사는 〈워싱턴포스트〉와 인터뷰하며 이 시설이 "불필요하고 비용이 많이 들뿐더러 바이든이 약속한 모든 것을 완전히 거스르는 조치"라고 말했다.[55]

함께 치는 볼링

좌파를 재건하는 일은 긴 안목으로 봐야 하는 종합 프로젝트로, 단순히 시위를 조직하거나 정치활동위원회를 꾸리는 작업만으로는 부족하다. 마리아 스바르트는 DSA의 가장 기본 책무 중 하나가 바로 미국 사회에서 거의 사라진 "집단적인 노동계급 문화"를 되살려내는 일이라고 말한다. "현재 미국에서는 사람들 대부분이 완전히 원자화된 삶을 경험하고 있습니다. 그 정도가 얼마나 심각한가 하면, 여러 사람이 함께 구성하는 단체나 조직마저도 매우 고립되어 있고 상의하달식이며 비정치적이죠." 스바르트가 이야기하는 좌파 재건 프로젝트는 투표를 하거나 특정 후보 선거캠프에서 자원봉사를 하는 차원을 넘어서는 거대하고 근본적인 변화를 의미한다. 그의 표현을 빌리자면 "연대하는 문화"와 "공동의 삶"을 만들어가는 일이다. 오늘날 미국인이 살아가는 모습을 보면 일, 가정, 종교, 엔터테인먼트에 이르기까지 (특히 팬데믹을 거치며) 의미 있는 공동체 의식은 실종된 상태다. 조너선 스머커는 저서 《헤게모니 하우투Hegemony How-To》에서 "뜻이 같은 사람들과 함께하는 목적은 변화를 일궈내는 데" 있지만, "겉으로 드러나지 않은 또 다른 목적"은 "우리 자신을 공동체 그리고 우리가 소중히 여기는 가치들로 에워싸는 것"이라고 썼다.[56] 스머커는 마음이 맞는 개인들이 공동체를 형성하는 모습은 자연스럽고 바람직한 일이지만, 그것만으로는 사회에 변화를 가져올 수 없다고 주장한다.

팬데믹 이전 어느 겨울날 동네에서 나는 샌더스를 백악관으로, 또 DSA가 지지하는 후보를 주의회로 보내기 위한 선거운동에 나섰다가 얼마나 많은 사람이 고립감을 느끼고 있는지 새삼 깨달았다. 낡은 아파트 건물에 들어서서 어느 집 문을 두드리자, 불콰한 낯빛의 30대 남성이 마지못해 문을 빼꼼 열고 나를 내다보았다. 뒤쪽으로 보이는 소파 옆 작은 탁자 위에는 따놓은 맥주병이 있었고, 그는 볼륨을 최대한 높인 채 커다란 TV로 프로레슬링 게임을 보던 중이었다. "저기요, 제가 이제 막 퇴근해서 좀 쉬려던 참이거든요. 하셔야 되는 말씀 얼른 해주실래요?" 마음이 조급해 보였지만 불친절한 말투는 아니었다. "저는 어차피 투표 안 할 거예요." 그가 덧붙였다. 나를 자원봉사자가 아니라 캠프에서 고용한 선거운동원이라고 생각하는 듯했다. 말을 섞고 싶지 않지만 푼돈을 받고 일하는 사람이니 얘기나 들어주자고 다짐한 눈치라, 나는 그 마음 씀씀이에 감동하고 말았다. 동시에 미안한 마음도 들었다. 그 기분을 나도 잘 알고 있었기 때문이다. 먹고살기 위해 구질구질한 일터에서 싫은 일을 해본 적 있는 사람이라면 멍한 고독의 시간이 주는 매력을 잘 알 것이다. 꼭 투표해야 한다는 나의 외침은 막연하고 설득력 없는 소리로 들릴 터였다. 투표가 중요하다고? 증거 있어?

DSA는 지부별로 예술과 공예 동아리, 합창단을 운영하기도 하고 게임의 밤, 영화 상영회, 독서회 등을 열기도 한다. 2020년 12월 나는 크리스마스 캐럴을 사회주의 찬가로 개사해서 부르는 야외 노래모임에 참석했다. 스바르트는 이런 활동이 사람들을 단체로 끌어들이는 데 생각보다 훨씬 중요한 역할을 한다고 믿는다.(실제로 여러 가족이 우리가 부르는 노래를 듣기 위해 가던 길을 멈춰 섰고, 펼쳐둔 DSA 정치인 홍보책자를 챙겨가기도 했다.) 스바르트는 "결정 대부분이 우리 손을 떠나 이뤄지는 상황"에서 의사결정 방식을 배우고 기본적인 리더십 기술을 익히기란 매우 어려운 일이라고 지적한다. 약간 신자유주의적인 이야기처럼 들릴 수 있지만 개개인의 변화야말로 사회주의 운동의 주요 목표라고도 강조했다. "보통 사람들"에게 "실제로 통치할 수 있는" 기술을 가르치는 것이 DSA의 목표라는 얘기다.

이 지향점이 보편적으로 내세울 만한 프로젝트는 아니다. 미국 정치 문화에는 전문가 숭배라는 뿌리 깊은 전통이 존재한다. 많은 이가 새로운 기술을 익히고 스스로 정치를 하려고 들기보다는 '가장 똑똑해 보이는' 사람, 가장 좋은 계획과 기술과 자질을 지닌 사람을 지지하는 쪽을 선택한다. 진정한 민주주의 과정은 지난하고 지루할 수 있다. 자기 자신과 타인의 삶을 어지간히 통제하는 데 익숙한 사람들에게 모두가 목소리를 내고 거기에 하나같이 똑같은 무게가 실리는 정치체제는 영감보다 짜증을 불러일으킨다. 고소득층 역시 정치적 노동을 다른 모든 종류의 노동처럼 아웃소싱하려는 경향을 보인다. 후원금 수표를 끊어서 기부하고는 역할을 다했다고 여긴다. 낯선 이의 집을 찾아가서 문을 두드리고, 이웃을 알아가고, 아무것도 없는 데서 함께 무언가를 만들어가는 일에서 모두가 희열을 느끼는 것은 아니다.

힘이 빠진 채 수십 년을 보낸 좌파 일반, 특히 사회주의 좌파는 현재 조직하고 세력을 넓히고 힘을 효과적으로 사용하는 방법을 다시 익히는 중이다. 트위터에서 설전을 벌여 승리하거나 엠앤엠 초콜릿에 다양성을 불어넣고 싶어서, 단순히 눈앞에 닥친 고통을 줄이기 위해서가 아니다. 사회보장제도와 주 40시간 노동, 보통선거권이 세상을 완전히 영원히 바꿔놓은 것처럼, 다시금 세상을 재편할 수 있는 변화를 일으키기 위해서다.

사회주의자 간호사의 버펄로 시장 선거 도전, 대형 개발업체와 민주당 간부와 뉴욕주 의회 공화당원들이 힘을 합쳐 막아내다

간호사이자 지역사회 활동가며 공동체 토지신탁 이사장 출신 민주사회주의자인 인디아 월튼이 거둔 깜짝 경선 승리는 좌파가 계속해서 승리하면 세상이 어떻게 달라질지 보여준 예고편인 동시에, 그 앞을 막아서는 걸림돌이 여전히 건재하다는 사실을 드러낸 사건이었다. 2021년 6월 월튼은 버펄로 시장 선거 민주당 경선에서 4선 현직 시장인 바이런 브라운을 꺾고 승리해 기득권에 충격을 안겼다. 버펄로는 뉴욕주에서 두 번째로 큰 도시고, 한때 앤드루 쿠오모 전 주지사 동지였던 브라운 시장의 당선이 유력한 곳이었다. 2006년에 시장직에 오른 브라운은 버펄로 첫 흑인 시장이었다. 월튼이 11월 본선에서 승리했다면 그는 버펄로 첫 여성 시장이자 첫 흑인 여성 시장, 더불어 50년 만에 처음으로 사회주의자라고 밝히고 미국 주요 도시 시장 자리에 오른 인물로 이름을 남겼을 것이다.

버펄로는 민주당이 강세인 도시인 만큼, 지난 수십 년간 민주당 경선에서 이기면 곧 본선 승리를 의미했다. 경선에서 패배한 브라운이 재기할 방법은 단기명 투표, 즉 후보자 명단에 없는 사람 이름을 적어내는 표에 기대는 것뿐으로, 처음에는 가능성이 희박해 보였기에 월튼의 시장 당선은 따놓은 당상으로 여겨졌다. 브라운은 정치 인생에서 처음으로 근로가족당의 지지선언도 받아내지 못했다. 근로가족당이 후보자 중 월튼이 진보 후보라고 판단해 그를 지지하고 나섰기 때문이다. 월튼이 경선에서 승리하는 데 근로가족당의 지지가 결정적인 역할을 했다. AOC와 샌더스의 지지까지 확보하며 단숨에 이들 같은 전국구 스타들과 어깨를 나란히 할 수 있었기 때문이다. DSA 전국 본부와 버펄로 지부 역시 월튼을 지지했고, 월튼은 2021년 DSA 총회에 연사로 나서기도 했다.

월튼의 경선 승리로 최근 들어 좌클릭을 거듭해온 근로가족당의 기세가 확인됐지만, 동시에 한계도 드러났다. 월튼이 경선에서 패배했다면 애초 가능성의 싹을 자르려 했던 민주당 지역조직은 본선에서 세부 조항을 근거로 들어 월튼과 근로가족당의 관계를 끊어놓는 데 성공했다. 월튼 캠프가 더 잘 준비된 조직이었다면 이런 사태는 일어나지 않았을 것이다. 기업 자금력, 빨갱이 몰이, 인종차별적 비방, 거짓투성이인 공격광고, 뉴욕주의 복잡한 선거규정을 파고든 풍부한 지식 등 월튼의 정적들이 손에

권 전술과 무기는 다양했지만 딱히 새로운 것은 없었다. 좌파가 조금 더 강했더라면 얼마든지 효과적으로 받아칠 수 있었을 것이다.

브라운에게 자금을 보탠 기부자 중에는 부유한 공화당원들도 있었다.[57] 브라운은 평범한 공화당 유권자뿐 아니라 뉴욕주에서 가장 힘세고 비양심적인 공화당 인사들에게도 구애의 손길을 내밀었다. 브라운은 칼 팔라디노(부동산 개발업자로 한때 뉴욕 주지사 후보였으며, 미셸 오바마를 향해 인종차별적인 발언을 해 유명세를 떨친 악명 높은 공화당원이다)에게 "어떤 형태의 지원도 요구하거나 받지 않겠다"고 선언했다.[58, 59] 그러나 알려진 얘기에 따르면 팔라디노는 브라운이 경선에서 떨어지자 곧바로 그에게 전화를 걸어 선거를 포기하지 말라고 설득했고, 버펄로의 다른 기업인들에게도 브라운을 지지해달라고 호소했다. 두 사람의 공생관계는 팔라디노가 브라운의 모금행사에 참석한 2013년부터 쭉 이어졌다.[60] 브라운은 지지의 대가로 시장 임기 동안 팔라디노의 부동산 프로젝트를 여러 건 승인해줬다.

브라운은 명목상 민주당원이지만 공화당원들에게 지지를 받았다. 그러나 인디아 월튼에게 가장 큰 타격을 준 장본인은 미국주군시 공무원연맹American Federation of State, County, and Municipal Employees, AFSCME, 공무원노조Civil Service Employees Association, CSEA, 15만 노조원을 자랑하는 미국노동총연맹-산별노조회의 서부뉴욕연맹을 포함한 주요 노조와 뉴욕주 민주당 의장 등 민주당 기득권이었다.[61] 미국노동총연맹-산별노조회의 일부 노조원은 월튼이 경선에서 승리한 이후 지지후보를 재검토하자고 주장했지만, 노조는 결국 본선에서도 브라운 지지를 고수했다.[62] 버펄로 교사노조Buffalo Teachers Federation, BTF처럼 민주당 경선에서 월튼을 지지한 노조도 있었다. 그러나 BTF마저 본선에 가서는 "판이 너무 분열됐다"는 이유로 발을 뺐다.[63]

브라운을 지지한 노조 지도부는 브라운과 오랫동안 관계를 이어왔거나, 브라운이 노조를 위해 일할 사람이라고 믿었다. 개인적으로 월튼이 노동자 권리에 더 헌신할 진정성 있는 인물이라고 생각한 사람도 있었겠지만, 그들도 월튼의 승리 가능성에는 확신이 없었다. 만약 월튼의 경선 패배가 정해진 절차라면, 월튼을 지지하는 수는 아무것도 하지 않는 것보다 훨씬 나쁜 선택이 된다. 단순히 패자를 지지했다는 차원을 넘어 강력한 승자와 척을 진다는 의미이기 때문이다. 현직 기득권에 맞서야 노동자에게 더 이익이라고 더 많은 노조원을 설득하지 못한다면 경쟁이 치열한 선거, 특히 높은 자리가 걸린 선거에서 좌파 후보를 당선시키기는 더욱이 어려워질 터이다.

월튼에게 불리했던 요인 또 한 가지는 버펄로시 유일한 지역일간지인 〈버펄로 뉴스〉가 브라운에게 힘을 실어줬다는 점이다. 〈버펄로 뉴스〉는 현직 시장을 지지한다고 선언하면서 월튼을 "위험할 정도로 경험이 부족한 인물"로 낙인찍었다. 11월 선거에서 월튼을 뽑는다면 "때때로 불만을 동력으로 삼는 경험도 없고 자질도 검증되지 않은 리더에게 기대를 건다는 점에서 시장으로 도널드 트럼프를 뽑는 셈"이라고도 썼다.[64] 언론인 아리 폴은 진보적 언론 감시 단체인 〈페어FAIR〉에 기고한 글에서 〈버펄로 뉴스〉가 월튼의 "원색적인 언어와 사생활 이슈"를 걸고넘어진 점은 "자기 주장이 강한 흑인 여성에게 퍼붓는 흔한 공격"의 전형을 보여줬다고 썼다. 거칠고 세련되지 못하며 공격적이라는 식의 프레임을 씌웠다는 의미다. 아리는 "불의를 보고 참지 않는 열정은 자연스럽거나 존경할 만한 자질로 여겨지는 대신, 공식적인 권력 공간에서 배제해야 할 무분별한 분노로 해석됐다"고 주장했다.[65]

실제로 만나보면 따뜻하고 사려 깊지만 언론에서는 무섭고 불안정한 인물로 묘사하는 월튼 같은 인물이 바로 '컴바히강 공동체'가 발굴하고 끌어올린 후보, 오늘날 신좌파가 사랑하는 리더 유형이다. 사회주의자인 노동계급 흑인 여성, 간호사이자 노조원으로 친흑인, 친여성, 친노동적인 인물, AOC처럼 성공에 덧씌운 보수적 신화를 거부하고 자수성가를 설교하지 않으며 자신의 성공을 가족과 지역사회, 노조 덕분으로 돌리는 인재인 것이다.

여러 동료와 마찬가지로 인디아 월튼도 가장 큰 영감을 준 인물로 샌더스를 꼽았다. "제가 버니 때문에 청원이라는 것을 처음 해봤죠." 기억을 되짚는 월튼의 얼굴에 미소가 떠올랐다. "일주일에 40시간을 일하고도 푸드 스탬프(저소득층 식비 지원 제도 – 옮긴이)를 받아서 생활한다는 건 말이 안 된다고 선출직 공직자가 이야기하는데 정말 신선했습니다. 항상 열심히 일하면 형편이 나아진다는 말만 듣고 자랐으니까요. 제 경험은 그렇지 않은데 그런 소리밖에 못 들었어요. 그래서 버니 말을 들었을 때 이제야 뭔가 맞아떨어진다는 느낌이 들더군요. 생계 때문에 투잡을 뛰고, 그러고도 푸드 스탬프를 받아야 먹고살 수 있다니 말이 안 되는 거죠. 팍팍한 살림살이가 열심히 일하지 않은 노동자 탓이 되는 것도요. 도대체 얼마나 열심히 일해야 하는 걸까요?"

월튼은 자신의 사회주의가 급진 버전이 아닌 대중 버전이라고 생각한다. 그는 사람들이 재난 지원금을 필요로 했기에 지지했으며, "의료보험이나 푸드 스탬프 같은 사회보장제도가 모두 사회주의 가치에서 출발했다"고 강조했다. 마틴 루터 킹 주니어 역시 말년에 가서는 빈곤 퇴치의 필요성을 공개적으로 역설했다고도 덧붙였다. "민주사회주의자들의 목표가 바로 그것입니다. 다 같이 고통받아야 한다는 뜻이 아니에요. 부자는 여전히 부자로 남을 것이고, 그 점은 달라지지 않습니다. 모두의 재산을 몰수하자는 말도, 개인 사업을 금지하자는 소리도 아니에요. 다만 정부가 다수의 시민을 우선시해야 한다는 얘기입니다. 지금은 그렇지 않죠. 극소수 사람만 도움을 받는 정책이 줄줄이 나오고 있어요. 버펄로 시민 30퍼센트가 빈곤층이라고 하면, 어린이 절반이 빈곤 또는 극빈에 시달리는 셈입니다. 말 그대로 굶주린 채 잠들어야 하는 수준의 빈곤이요. 문제가 아주 심각합니다."

이런 종류의 사회보장제도는 "진짜" 사회주의가 아니라는 지적도 자주 들린다. 사회주의 진영에서는 비판의 뜻으로 하는 말이고, 중도파에게는 내심 마음이 놓이는 이야기일 것이다. 베를린, 바르셀로나 같은 도시에서는 주거활동가들이 시정부를 압박해 공공주택 확보 정책을 통과시키기도 했다. 일정 기간이 지났을 때 또는 시정부가 얼마간 보상을 하고 거대 부동산 업체로부터 아파트를 강제 수용해 공공주택으로 바꾸는 제도다.[66] 월튼이 요구하는 정책하고는 거리가 멀다.

선거기간에 수는 적지만 열정만은 뒤지지 않던 주민들이 월튼에게 지지를 보냈다. "제가 식료품점에 들어가거나 시내를 걸어가면 운전자들이 차로 경적을 울리기도 하고 창밖으로 고개를 내밀어 '힘내라, 우리가 지지하고 있으니까 저 사람들 말 듣지 마라, 다음에 또 뽑아줄게.' 같은 말을 외쳐줬어요." 본선에서 패배하고 몇 달이 지나서 월튼을 만났을 때 그가 말했다. "나이나 인종을 가리지 않고 많은 분이 그렇게 응원해주셨어요…. 언론에서 안 좋은 보도가 나오거나 할 때면 그분들을 떠올립니다."

경적을 울리고 응원 메시지를 외쳐준 사람들, 본선에서 월튼에게 표를 준 유권자 수만 명이 모두 실체가 있는 지지기반이었지만, 정적을 압도하기에는 세가 부족했다. 월튼의 경선 승리는 호소력 있는 인생 스토리와 지역사회에 기반을 둔 좌파 후보의 경쟁력을, 나아가 경선에는 신경조차 쓰지 않는 안일한 현직 의원의 취약성을 잘 보여줬다. 더불어 후보자의 진정성 그리고 열정은 있지만 규모에서 밀리는 지지세력만으로는 막대한 자금력과 부패한 민주당 당직자, 공화당의 빨갱이 몰이, 적대적인 언론을 상대하기에 역부족이라는 사실이 월튼의 본선 패배로 잘 드러났다. 최근 몇 년간 카리스마 넘치는 좌파 도전자가 게으른 현직 의원을 상대로 펼친 깜짝쇼가 여러 번 있었다. 이제는 상대도

대비할 테니 승리는 더욱 어려워질 것이다.

2021년 작가 프레드릭 드보어는 〈뉴욕타임스〉에 기고한 사설에서 다소 거창하게 선언했다. "좌파들이 좀처럼 하려고 들지 않는 말을 하겠다"며 "브라운 후보는 시장에 단순히 당선된 것이 아니라 압승을 거뒀으므로, 젊은 사회주의자와 민주당 진보파들은 우리 신념이 꾸준한 선거 승리로 이어질 만큼 대중적이지는 않다는 사실을 인정"해야 할뿐더러 "이 점을 외면하면 우리에게 아무런 도움이 되지 않는다"고 했다.[67]

일리 있는 말이다. 그러나 좌파 진영 내부에서 좌파 후보 선거캠프를 향해 신랄한 비판을 쏟아내는 이들은 드보어 생각보다 훨씬 많다. 또한 드보어 평가와 달리 버펄로 출신인 나에게는 월튼이 본선에서 기록한 40퍼센트 득표율이 훨씬 더 희망 차고 의미 있는 성취로 다가온다. 90년대에는 내 주변에 클린턴 부부를 극좌파로, 러시 림보(미국의 극우 논객, 진보를 '악'으로 몰아갔으며, '페미나치'란 용어를 만들어냈다 – 옮긴이)를 진지한 정치 사상가로, 랠프 네이더를 (좋게 봐줘야) 조롱거리로 여기던 이웃, 교사, 가족이 수두룩했다. 흑인 여성이 사회주의자라고 밝히고 시장 선거에 나서서 민주당 경선을 통과하고, 본선에서 무려 2만5773표를 획득하는 날이 오리라고는 꿈에도 생각하지 못했다.[68] 결혼 전 성을 유지하려 했다는 이유로 힐러리 클린턴을 경멸하는 사람도 주변에서 쉽사리 찾아볼 수 있던 시절이다.

드보어는 월튼 같은 후보가 공평한 경쟁터에서 승부를 겨루지 못할 수도 있다며, "좌파가 우리 앞에 놓인 제도적 불리함을 극복할 수 있는 유일한 방법은 더 많은 유권자를 설득하는 것뿐"이라고 썼다. 맞는 말이다. 좌파의 세력 강화를 진지하게 모색하는 사람이라면 정적과 치르는 싸움뿐 아니라 우리 실패를 돌아보는 일도 게을리해서는 안 된다. 다행히도 많은 젊은이가 그렇게 하고 있다. 드보어는 "젊은 사회주의자들이 트위터와 틱톡을 통해서만 세상을 이해하고, 거기에 비친 자기 신념의 웃는 얼굴만을 본다"며 "소셜미디어라는 반향실에서 되울리는 무용한 좌파의 에너지"를 개탄했다. 하지만 이 책에 등장하는 좌파들은 (성과가 조금씩 다르긴 해도) 진짜 세상에 발을 딛고 단체와 선거캠프를 꾸려왔다.

내가 책을 쓰면서 새삼 느꼈듯이, 미국은 사회주의는커녕 좌파 장악과도 거리가 먼 사회다. 좌파가 최근 몇 년 사이 작은 길을 조금씩 트고 있는 것은 사실이지만 미래는 여전히 안갯속이다. 수백만 미국인이 트럼프의 대통령 당선을 재난으로 받아들였던 만큼(일부는 그 재앙을 몸소 겪기도 했다), 나쁜 일과 좋은 일이 동시에 찾아올 수도 있다는 사실에 당혹감을 느낀 이들도 있을 것이다. 돌아보면 트럼프는 재선에 실패했지만 100만 명이 코로나19로 목숨을 잃었고, 바이든이 당선됐지만 근본적인 변화를 약속한 적은 없으며 실제로도 전환은 일어나지 않았다. 진보는 매끄러운 상승곡선을 그리지 않는다. 평범한 사람들이 일주일에 몇 시간을 할애해 승리가 보장되지 않은 선거나 캠페인에 참여하고, 낯선 사람에게 말을 걸고, 시위를 조직하고, 임시 사무소 밖에 세워둔 캠핑카에서 잠을 자는 등 각별한 노력을 꾸준히 이어가지 않는다면, 진보의 궤적은 정의를 향해 나아가지 않을 것이다. 마틴 루터 킹이나 샌더스, AOC처럼 사랑받는 지도자라 할지라도, 한 사람의 힘만으로는 정의를 세울 수 없다. 불확실한 길이라 해도, 때로는 희망이 보이지 않는다 해도, 더 나은 세상을 만들기 위해 함께 노력하는 자세는 공동체의 책무이자 끝이 없는 프로젝트다. 반동주의자와 합의주의자들이 봉기를 진압할 수는 있어도 끓어오르는 마음까지 꺾을 수는 없다. 그 다짐이 우리의 힘이자 의무고 아무도 빼앗아갈 수 없는 권리다.

감사의 말

집필을 도와주신 분들의 이름을 빠짐없이 적기란 불가능한 일입니다. 많은 분이 소중한 시간을 흔쾌히 내주셨습니다. 제가 저 자신을 가장 믿지 못할 때도 저의 멋진 가족과 친구, 옛 스승들은 제가 이 책을 써낼 수 있다고 믿으며 아낌없는 격려를 보내주셨습니다. 아버지 존 립시츠와 어머니 마리아 스크리바니, 나의 동반자 조 웨슬리는 위기의 순간에 대화를 통해 나를 수렁에서 건져내고 내가 의료보험을 잃지 않도록 챙기는 등, 물심양면으로 저를 지원해줬습니다. 이 책을 사러 누구보다 먼저 서점으로 달려갔을 유쾌하고 사랑스러운 친구, 이제는 고인이 된 니키 메시아에게도 감사의 마음을 전합니다. 말로 표현할 수 없을 만큼 그리운 친구입니다.

원고 초반에 무척 절실했던 조언을 해준 비상한 재능의 소유자 애슐리 패트릭과 초고 전체를 읽어준 소중한 친구 캐리 실에게 고마움을 전합니다. DSA 관련 팩트체크를 도와준 데이비드 듀할데의 한결같은 친절함에도 감사드립니다. 내용에 오류가 있다면 전적으로 제 책임입니다.

저와 이야기를 나누고, 제 질문에 답을 해주고, 인용문과 팩트를 확인해주신 모든 분에게 큰 빚을 졌습니다. 영감과 정보의 원천이 된 글을 써주신 수많은 언론인과 작가분들, 그리고 오랫동안 제게 원고를 청탁하고 글을 다듬어주신 편집자분들, 특히 아토사 아락시아 아브라하미안과 새라 레너드에게 감사드립니다. 컬럼비아대학교 논픽션 창작 석사과정은 제 삶을 풍요롭게 만들어줬습니다. 일류 교수진, 특히 패트리샤 오툴 명예교수님과 마고 제퍼슨 교수님, 그리고 이제는 저의 롤모델이자 친구가 된 석사과정 동기들에게 많은 것을 배웠습니다.

우정과 지지를 보내준 라이자 페더스톤과 더그 헨우드에게 특별히 감사드립니다. 두 사람이 보증하지 않았다면 이 책을 쓸 기회도 없었을 것입니다. 날카로운 펜과 자상한 성격의 소유자 앤디 시아오를 포함해 이 책이 나올 수 있게 도와주신 버소Verso출판사 모든 관계자께 감사드립니다. 출판 에이전트인 로즈 포스터는 많고 많은 저의 질문에도 언제나 인내심과 상냥함을 잃지 않고 빈틈없는 답변을 재빨리 보내줬습니다. 책 내용의 일부는 〈더 컨버세이셔널리스트The Conversationalist〉, 〈고다미스트〉, 〈더 네이션〉 그리고 〈뉴리퍼블릭〉에 실었던 글에서 가져왔습니다. 책에 실린 기사 또 그밖에 여러 취재를 의뢰해주셔서 감사합니다.

무엇보다도 더 정의로운 세상을 위해 싸우고 있는 모든 분께 진심으로 감사드립니다.

겉만 요란한 성지글보다 속이 꽉 찬 뒷북을 치는 마음으로

누구나 성지글을 쓰고 싶어 한다.

"그러게 내가 뭐랬어! 여기 봐봐, 예전에 내가 말한 그대로지?"라고 말할 때의 짜릿함을 다들 한 번쯤 누려보고 싶어 한다. 그러나 성지글은 아무나 못 쓴다. 관련 지식을 열심히 모으고 내공을 쌓아도 예측력을 높이는 데는 한계가 있다. 꽤 잘 아는 것 같아도 미처 보지 못하는 사각지대가 있기 마련이고, 거기서 어김없이 '예기치 못한 사건'이 일어난다. 그럼 성지글은커녕 어설픈 지식을 짜깁기해 내놓은 서툰 예측 탓에 며칠 밤을 '이불킥'하는 일도 생긴다.

내게는 2016년 미국 대선이 그랬다. 미국 정치, 대선에 관한 글을 써달라는 부탁을 받을 때마다 나는 〈뉴욕타임스〉를 비롯한 미국 주류 언론이 한목소리로 내놓던 예측과 전망을 부지런히 옮겼다.

"대통령 선거 결과는 볼 필요도 없다. 당연히 클린턴이 낙승할 것이고, 백악관뿐 아니라 상·하원 모두 민주당이 장악하는 시나리오도 충분히 가능하다. 미국 유권자의 인구 구성 변화를 보면 이는 필연이다. 도널드 트럼프라는 '자격 없는unpresidential' 엉터리 후보를 추대한 공화당은 혹독한 대가를 치를 것이다."

돌이켜보면 지금도 얼굴이 화끈거리는 전망을 거리낌 없이 여기저기 써놓았다. 결과는 모두 아시는 대로다.

2016년 대선만큼은 아닐지 모르지만, 2018년 중간선거를 앞두고 미국 민주당 경선에서 일기 시작한 "진보 후보"들의 돌풍도 많은 이들의 사각지대를 쿡 찌른 충격적인 사건이었다.

미국 하원의원의 임기는 2년이다. 짝수 해마다 435석 전체를 새로 뽑는다. 그래서 10선 정도는 해야 "중진 의원" 명함을 내밀 수 있다. 그런데 435석 가운데 '떼놓은 당상'이나 다름없던 지역구에서 커다란 이변이 잇달아 일어난다. 민주당 지지율이 80%를 넘는 곳에서 이변을 일으킨 건 보수적인 공화당 후보가 아니라, 기존의 민주당 정치인보다 훨씬 더 진보적인 새로운 정치 세력이었다.

성지글은 내공이나 실력보다는 운의 영역이다. 그래서 아무나 못 쓴다. 대신 많은 사람이 예견하지 못했던 일을 사후에라도 차분히 분석하고 돌이켜봐야 한다. 이 과정을 거쳐야 만 해당 분야의 내공을 쌓고 안목을 갖출 수 있다. 레이나 립시츠가 쓴《미국이 불타오른다》는 2018년 선거를 기점으로 알렉산드리아 오카시오-코르테스(AOC)를 비롯해 민주당 내 '진보' 정치인들이 떠오른 배경과 과정을 구조적으로 짚고, 생생히 그려낸 책이다. 벌써 5년이나 지난 선거 이야기를 새삼 꺼내니 누군가는 '뒷북'이라고 타박할지 모르지만, 지금도 여전히 곱씹어보고 복기할 데가 많아서 정말 반가운 '뒷북'이다.

다큐멘터리 〈세상을 바꾸는 여성들Knock Down The House〉은 AOC를 비롯한 신좌파 후보들이 '다윗과 골리앗'으로 비유되는 싸움을 어떻게 치렀는지 생생히 그려낸 수작이다. 다큐에는 "가망 없는 싸움"에 열정적으로 뛰어든 수많은 젊은이들—후보뿐 아니라 시민단체, 선거 캠프에서 일하는 수많은 자원봉사자들—이 나온다. 부자와 대기업들이 막대한 돈을 선거에 쏟아부으며 어떻게 민주주의를 '1인 1표'가 아닌 '1원 1표'에 가까운 제도로 뒤트는지, 신좌파 정치인들은 그 관행을 단호히 거부하며 어떤 정치를 추구하는지 엿볼 수 있다.

《미국이 불타오른다》는 〈세상을 바꾸는 여성들〉에 나오는 인물과 사상을 훨씬 더 상세히 담았다. 책에서 이어지는 인터뷰를 쭉 읽다 보면, 미국 사회가 마치 영화 〈트루먼쇼〉처럼 새로운 정치를 꿈꾸는 젊은이들의 열정을 얼마나 적극적으로 꺾으려 했는지, 그런데도 저들은 어떻게 굴하지 않고 꿈을 좇아 여기까지 왔는지를 선명히 이해할 수 있다.

AOC로 대표되는 신좌파 정치인들은 공약대로 기성 의원들과는 사뭇 다른 의정 활동을 폈다. 이들은 2020년, 2022년 선거에서 잇달아 연임에 성공했고, 비슷한 성향의 의원들이 새로 당선되면서 세를 불리고 있다. 무엇보다 이들의 당선을 쉽사리 '깜짝 돌풍'이라고 말해선 안 되는 이유가 있다. 바로 이들이 기성 제도권 정치가 외면하던 노동자, 서민의 시선에서 의제를 만들고 조직을 꾸리며 정치적 기반을 쌓았다는 점이다. 이들의 당선 이후 행보는 많은 주목을 받았지만, 대다수의 예측을 깨고 어떻게 '이변'을 일으켰는지에 대한 깊이 있는 분석은 여전히 많지 않다. 그래서 변화를 만들어낸 이들의 눈높이에서 그 과정을 풀어낸 이 책의 출간이 반가운 것이다.

AOC는 여전히 갓 3선에 불과한 젊은 정치인일지 모르지만, 인지도와 영향력은 어마어마하다. 세이버 매트릭스가 고도로 정교해지면서 새로운 지표가 개발돼 "뛰어난 야구 선수"의 정의와 기준을 바꿔놓은 것처럼, 국회의원의 영향력을 더 정교하게 측정하는 지표를 새로 만든다면 AOC는 많은 부문에서 상위권에 오를 것이다. 정치계의 오타니 쇼헤이랄까?

우리에게 익숙한 지표를 통해 보더라도 AOC는 이미 거물이다. 현역 하원의원 435명을 대상으로 한 2022년 정치 후원금 모금 순위에서 AOC는 10위에 올라 있다.(민주당 의원 중엔 5위) 많은 의원들과 달리 대기업이나 대형 로비 단체의 후원금을 받지 않는 점을 고려하면 이는 경이로운 일이다.

다만, AOC를 비롯한 신좌파 정치인들의 실험이 궁극적으로 어디로 귀결될지에 대한 판단은 신중해야 한다. 지금까지의 성과만 놓고 보면, "신좌파의 부상"은 민주당의 정치 이념을 '눈곱만큼' 왼쪽으로 옮기는 정도에서 그치고 말 것이다. 책에 나오는 새로운 세대의 열정에 한창 공감하신 채로 해제를 읽고 계실 독자분들께는 죄송한 말이지만, 좀 더 신중하게 접근하려는 이유는 크게 두 가지다. 하나는 정치적 양극화, 다른 하나는 미국의 선거 제도다.

정치적 양극화는 우리에게도 낯선 주제는 아니다. 다만 땅덩이도 넓고, 50개 주가 연방을 꾸린 나라 미국에서는 정말 '평행우주'에 산다고 해도 지나치지 않을 만큼 생각이 극도로 다른 사람들이 동시대를 산다. 멀리 갈 것도 없이 앞서 소개한 2022년 정치 후원금 모금 순위를 조금 더 자세히 살펴보자. 10위를 차지한 AOC 의원 바로 위인 9위에 조지아주 14번 지역구를 대표하는 마조리 테일러 그린 의원이 있다. AOC처럼 이름이 길어서 MTG로 줄여 부르기도 한다는 점, 정치 경력이 길지 않은 여성이라는 점 정도를 빼면 둘은 극단적으로 대조된다.

그린 의원은 극우 음모론의 아이콘으로 자리매김하며 트럼프 지지자들 사이에서 스타가 된 인물이다. 2020년 선거에서 처음 하원에 입성한 그린 의원의 지역구는 AOC 의원의 지역구와 정반대로 보수 색채가 강해서 "공화당은 깃발만 꽂아도 이기는 동네"다. 마찬가지로 경선을 뚫는 게 관건이었는데, 그린은 트럼프 대통령의 지지를 받으면서 별다른 지역 기반도 없이 경선에서 승리했고, 하원의원이 됐다.

신좌파 후보들이 성공한 지역구는 대개 중진 민주당 의원을 너무 보수적이라고 몰아세울 수 있는 곳이었다. 그러나 그런 지역구는 전국적으로 보면 많지 않다. 반대로 온건 보수 성향의 중진 공화당 의원들을 향해 "오바마, 바이든 같은 '공산주의자'와 타협하는 배신자"라는 식으로 공격해야 경선에서 표를 받기 쉬운 보수적인 지역구도 얼마든지 있다. 물론 신좌파의 부상은 대단히 인상적이지만, 미국의 전반적인 유권자들이 신좌파가 지향하는 바를 받아들일 준비가 돼 있다고 속단해선 안 된다. 민주적 사회주의의 주장이 환영받는 진보적인 곳도 있지만, 동시에 여전히 전 국민 의료보험이나 총기를 더 엄격히 규제하자는 주장 등 미국 밖에선 지극히 상식적인 것들에 대한 말만 꺼내도 곧장 "빨갱이" 딱지를 붙이는 동네도 여전히 적지 않은 나라가 미국이다.

선거 제도의 특징도 고려해야 한다. 당선되면 6년 임기가 보장되는 상원과 달리 하원은 2년마다 모든 의석을 새로 뽑는다. 이는 2년마다 당내 경선과 본선을 치른다는 뜻이다. 물론 도전자가 나오지 않아 경선이 열리지 않는 지역구도 많다. 그러나 원칙적으로는 AOC가 그랬듯 누구든 경선에 뛰어들어 당원의 뜻을 물을 수 있다.

대개 경선에 나와 투표하는 유권자들은 정치에 관심이 매우 큰 당원들이다. 그래서 경선에서는 정치적으로 더 뚜렷한 색깔을 드러내는 후보가 유리한 경우가 많다. 반대로 상대 당 후보와 맞붙는 본선에서는 중도로 수렴하는 편이 유리한데, 경선을 통과하지 못하면 본선은 생각할 필요도 없으므로, AOC와 MTG

처럼 색깔을 분명히 드러내는 정치인들이 살아남는다. 여기에 선거구를 자신에게 유리하게 획정하는 게리맨더링gerrymandering이 횡행하면서 실질적인 경쟁이 없는 "안전한 지역구", 즉 어느 당이 이길지 뻔한 지역구가 늘어났다.

선명한 색깔을 드러내며 여기까지 거둔 성공은 그 자체로 분명 대단한데, 여기서 더 나아가기엔 선거 제도와 정치적인 관습이 신좌파에게 결코 녹록지 않아 보인다. 어느덧 신좌파의 상징이 된 알렉산드리아 오카시오-코르테스 의원이 만약 평생 정치를 한다면 앞으로 어디까지 올라갈 수 있을까?

하원의원 한 명으로서는 어마어마한 영향력을 행사하고 있지만, 그 이상 올라가는 길은 사실 잘 보이지 않는다.

우선 상원의원에 도전하기도 쉽지 않아 보인다. 뉴욕은 민주당이 우세하지만, 주 전체의 표심은 AOC 의원의 하원 지역구 표심과 다르다.(뉴욕주 상원의원인 척 슈머 원내대표는 지난해 중간선거에서 56.8%를 득표했다. AOC는 하원 선거에서 70.6%를 득표했다.) 상원 경선에서는 제아무리 AOC라도 온건 성향 민주당 후보를 넘기가 쉽지 않다. 뉴욕주 상원도 이 정도인데, 대선 경선에서 선전하는 모습은 지금으로선 상상하기 어렵다. 하원에 남아 낸시 펠로시 전 하원의장의 길을 가는 것도 물론 위대한 여정이 될 수 있다.(하원의장은 미국에서 권력 서열 3위다.) 그러나 원내에서 주요 보직을 맡는 데는 팬클럽에 가까운 열정적인 지지자나 소셜미디어 팔로워 숫자가 별 소용이 없다. 대신 동료 의원들의 지지를 받아야 하는데, 그러기엔 주류 민주당과 진보 의원들 사이의 골이 너무 깊다.

새로운 사상과 원칙으로 무장한 새로운 세대가 보여주는 새로운 정치를 기성세대가 온전히 이해하기는 쉽지 않다. 여기서 말하는 기성세대에는 소위 밀레니얼 세대 가운데 나이 든 이들, 80년대 초반생들도 포함된다. 공교롭게도 책의 저자도, 역자도, 해제를 쓰는 나도 모두 어느 정도 기성세대에 편입되는 중이다. 출생 연도를 기준으로 나누는 세대 담론을 사실 좋아하지 않는데, 이런저런 이유를 들며 내놓은 AOC 의원의 미래에 대한 예측이 한편으론 틀리기를 바라는 마음에서 꺼낸 말이다.

전체적인 구도를 보면, 신좌파는 티파티, 트럼프식 극우 포퓰리즘의 거울처럼 보이지만, 둘을 기계적으로 비교해선 안 된다. 가장 큰 차이는 생각을 모으고 의견을 펼쳐 상대방을 설득하는 정치의 방향에 있다. 신좌파는 트럼프 같은 개인의 카리스마에 기대기보다 지역사회에서 사람들을 만나 이야기를 나누고 문제를 귀 기울여 듣고 해결책을 함께 모색하며 조금씩 단단해졌다. 정치적 의제를 아래에서 위로 가져왔다. 몇몇 갑부들의 이해관계에 좌우될 수밖에 없는 티파티, 트럼프의 팬클럽이나 다름없는 보수 포퓰리즘은 반대로 부자와 권력자의 의제를 지지해줄 것을 팔로워에게 요구하는 식이다.

미국의 진보적인 유권자들은 "진짜 의미 있는 변화를 만들려면 민주당을 찍는 것 이상의 무언가를 해야 한다"는 생각을 언제나 해왔다. 심지어 아마존 물류창고 노동자들이나 스타벅스 바리스타들처럼 노동 현장에서 절감한 필요에 따라 노동조합을 조직하는 새로운 노동운동을 외면하고 오히려 기업 편에 서서 노동자들의 요구를 묵살한 점에서는 바이든 대통령이나 민주당 주류는 신좌파보다 공화당과 훨씬 더 가까워 보인다.

새로 떠오른 미국의 신좌파는 젊은 세대, 진보적인 유권자들에게 손에 잡히는 실질적인 대안을 제공하고 있다. 투표도, 선거도 물론 중요하지만, 일상에서 정치적인 의제를 찾아 뜻을 모아내고 내 삶을 개선하는 데 실제로 도움이 될 수 있는 창구가 되어준 것이다. 노동조합과 연대하고, 우버 기사 등 플랫폼 노동자들에게 최저임금을 보장하기 위한 싸움에 힘을 보태면서 자연스럽게 '우리 편'이 됐다. 한국의 "청년 정치"가 기성 제도권 정당의 들러리로 동원되는 모습을 볼 때마다 안타까웠는데, 가장 큰 문제는 청년 정치의 의제를 청년들이 힘겹게 살아가는 일상이 아니라 여의도에서 기계적으로 찾았기 때문이라고 생각한다. 따라서 이 책에 나오는 사례와 경험은 한국의 진보 정치를 꿈꾸는 이들에게도 교훈을 줄 수 있을 것이다.

"미국에서 정치하려면 돈이 얼마나 많이 드는데, 대기업 후원금 한 푼 없이 과연 선거를 치를 수 있겠느냐?"는 냉소적인 비아냥을 보란 듯이 무력화한 신좌파의 힘은 단단한 조직을 기반으로 함께 시행착오를 겪으며 쌓은 경험에서 비롯됐다. 신영복 선생의 글귀처럼, 현명한 사람은 자기를 세상에 맞추려 하고, 어리석은 사람은 세상을 자기에게 맞추려 하는데, 세상을 좋은 쪽으로 바꾸는 건 "어리석은 사람들의 우직함"이다. 신좌파가 또 한

번, 아니 몇 번이고 미국 정치에 만연한 냉소주의를 깨고 놀랄 만한 성과를 보여주기를 응원한다. 그때는 또 이불킥을 하면서 '뒷북'을 치는 내 마음도 기꺼울 것이다.

송인근

〈뉴스페퍼민트〉 편집장

옮긴이의 말

트럼프 정부 2년 차에 치러진 2018년 미국 중간선거는 대통령 선거도 아닌데 그 못지않게 태평양 건너에서도 제법 화제가 됐다. 민주당이 8년 만에 하원을 탈환한 가운데 베테랑 현역의원들이 '신인 돌풍' 앞에 고배를 마셨다는 소식이 헤드라인을 장식했다. 이민자 가정 출신 20대 여성으로, 당시 최연소 연방하원의원 타이틀을 거머쥔 알렉산드리아 오카시오-코르테스는 2018년 선거의 키워드를 한 몸에 담고 있던 인물이다. 여러 언론매체가 그의 당선을 '깜짝 승리'로 묘사했지만, 이는 절반의 진실이다. 새로운 얼굴들이 '혜성처럼' 등장하기까지, 미국의 굳건한 양당제 속에서 더욱 급진적인 변화의 필요성을 느끼고 체계적으로 전략을 짜며 준비해온 이들이 있었다. 이런 움직임을 이끈 주역은 단순히 트럼프주의에 대한 반작용을 넘어 기후문제나 경제정의 같은 큰 사안에서 윗세대와는 근본적으로 다른 위기의식과 가치관을 지닌 청년들이었다.

이 책은 그 흐름을 친절하게 밀착취재한 안내서다. 프리랜서 기고가인 레이나 립시츠는 최근 몇 년 사이 부상한 진보 성향 젊은 세대, 이른바 '신좌파'의 실체를 가장 가까이서 들여다본다. 수많은 현장을 취재하고 온-오프를 넘나드는 인터뷰를 진행하며 '신좌파'가 실제로 어떤 사람들인지, 무슨 생각을 하고 어떤 활동을 펼치는지 소개한다. 책 속에는 우리에게도 다소 익숙한 미국의 주요 정치 이벤트와 유명 정치인들 사이사이로 언론 국제면이 미처 다루지 못한 생소한 이름의 단체와 활동가, 정치인과 정치 지망생들이 등장한다. 이들이 무대 위는 물론 막후와 물밑에서 무슨 일을 했는지, 어떤 성과를 얻고 어디서 한계를 느꼈는지, 앞으로의 계획은 무엇인지를 당사자의 입을 통해 전한다.

미국 정치에 관심 있는 독자라면 주류 매체가 소개하는 '주 무대'와 나란히 놓고 보면서 미국 사회와 정치 지형을 이해하는 폭을 넓힐 수 있을 것이다. 정치나 사회운동에 좀 더 적극적으로 몸담은 독자에게는 실무에 도움이 될 만한 지침서이기도 하다. 수십 년째 정권을 주고받고 있는 두 주요 정당의 이념과 정책이 큰 차이가 없다고 느끼는 유권자, 정당 안팎에서 변화를 만들어내기 위해 노력 중인 실무자에게는 다른 나라의 최신 사례를 알아볼 수 있는 참고자료가 될 것이다.

신좌파 운동이라는 거창한 주제에 '사람의 얼굴'을 부여한 서술은 '각성한 윗세대 밀레니얼 사회주의자'인 저자 자신의 애정과 소속감에서 배어나왔다. 나 역시 80년대 초반생인 저자와 동년배로 세대의식과 경험을 얼마간 공유하고 있어, 큰 어려움 없이 역자로서 이입할 수 있었다.

인칭 대명사를 성별과 관계없이 '그'로 표기한 것은 저자와 저자가 속한 커뮤니티의 뜻을 최대한 살리려는 취지에서다. 한국어 대명사 사용에는 다양한 관점이 있으며, 오히려 저자는 젊은 좌파들이 정치적으로 올바른 호칭처럼 피상적인 요소에만 집착한다는 오해를 불식하는 데 책의 상당 분량을 할애하고 있다. 그러나 성 중립적 대명사 사용을 의식하는 사람들이 기본값인 집단을 다루는 데다, 거의 모든 인물이 이름 등으로 먼저 소개되는 만큼, 내용을 이해하는 데 지장이 없으리라 판단했다. 직접 인용이 많은 글이어서 자연스러운 구어체를 놓고도 고민이 많았다. 다행히 세대가 세대인지라 글과 사진, 영상 등 온라인에 남은 흔적을 어렵지 않게 찾아보고 참고할 수 있었다. 번역을 거치며 사라진 부분이 없지는 않겠지만, 수많은 따옴표 속 '그들'의 목소리가 한국어로도 최대한 생동감과 시대성을 유지한 채 많은 이에게 전달되기를 기대한다.

주석

서문

1 "What Jessa Crispin's Bracing New Book Gets Wrong About Feminism and Pop Culture," Flavorwire, 12/31/17, www.fl avor wire.com

01 버니 샌더스 돌풍을 일으킨 젊은이들

1 Jan. 2016 USA TODAY/Rock the Vote Millennial poll, usatoday.com
2 Feb. 2020 Reuters/Ipsos poll, reuters.com
3 Summer 2019 Pew Research Center data, pewresearch.org/politics/2019/08/16/
4 *Desus &Mero*, 10/31/19, youtube.com
5 "Hillary Clinton and Bernie Sanders's argument about collegecosts, explained," Vox, 12/19/15, vox.com
6 "Sensual Pantsuit Anthem," Funny or Die, 11/3/2016, youtube.com
7 "Remember When Hillary Clinton Went on 'Broad City' and It Sucked So Hard?," Junkee, 11/4/20, junkee.com
8 "Here's how much debt Americans have at every age," CNBC, 10/13/21, cnbc.com

9 "Many millennials are worse off than their parents—a fi rst in American history," CNN, 1/11/20, cnn.com

10 "The US birthrate is the lowest it's been in 32 years, and it's partly because millennials can't aff ord having kids," Business Insider, 5/24/19, businessinsider.com

11 Alexandria Ocasio-Cortez, "Alexandria Ocasio-Cortez talks popcorn, politics and DIY with Instagram followers," youtube.com

12 "Ocasio-Cortez accosted by GOP lawmaker over remarks: 'That kind of confrontation hasn't ever happened to me,' " *Hill*, 7/21/20, thehill.com

13 "Watch Alexandria Ocasio-Cortez Fire Back on House Floor After Rep. Yoho Calls Her An 'F'ing Bitch,' " *Democracy Now!* 7/24/20, youtube.com

14 "'Don't hate me cause you ain't me': Alexandria Ocasio-Cortez fires back after being booed for Pelosi vote," *Lily News*, 1/4/19, thelily.com

15 "Alexandria Ocasio-Cortez: Lawmaker mocks college dance critics,"BBC News, 1/4/19, bbc.com

16 "Ocasio-Cortez faces 13 challengers—but can anyone unseat her?" *Guardian*, 2/17/20, theguardian.com

17 앞의 기사.

18 "AOC rival Michelle Caruso-Cabrera gets massive donation from Wall Street giants," *New York Post*, 6/18/20, nypost.com

19 "Why I Ran for the First Time: Michelle Caruso-Cabrera Is a Jobs-First Candidate," Shondaland, 3/12/20, shondaland.com

20 "New York Primary Election Results: 14th Congressional District," *New York Times*, 8/17/20, nytimes.com

21 "Trump donors pump money into coff ers of AOC rival Caruso- Cabrera," *New York Post*, 6/7/20, nypost.com

22 Siena College NY 14th Congressional District Poll: "Ocasio- Cortez Viewed Favorably by Majority of Voters in Her District; 48 percent of All Voters, 61 percent of Dems Would Re-elect AOC," 4/10/19, scri.siena.edu

23 "Conservative media's war on AOC is hammering her poll numbers," Vox, 3/28/19, vox.com

24 "A plea to Alexandria Ocasio-Cortez," *Tucker Carlson Tonight*, 10/30/19, youtube.com

25 "Alexandria Ocasio-Cortez Is Traumatizing to Conservatives," *The Late Show With Stephen Colbert*, 7/25/18, youtube.com

26 "I'm a Conservative, and I Went to an Alexandria Ocasio-Cortez Rally," *Daily Caller*, 7/23/18, dailycaller.com

27 "The Democrats attracting the most attention on Fox News? Warren, Harris—and Ocasio-Cortez," *Washington Post*, 2/20/19, washingtonpost.com

28 "Inside the Secret Border Patrol Facebook Group Where Agents Joke About Migrant Deaths and Post Sexist Memes," ProPublica, 7/1/19, propublica.org

29 "Exclusive poll: AOC defi ning Dems in swing states," Axios, 7/14/19, axios.com

30 "Alexandria Ocasio-Cortez takes heat for growing up in Westchester," *Journal News*, 7/4/18, lohud.com

31 "Ocasio-Cortez shreds conservative TV host for sharing picture of her childhood home," *Hill*, 7/1/18, thehill.com

32 "What Hillary Clinton told Wall Street bankers in private, according to leaked emails," Vox, 10/7/16, vox.com

33 "Alexandria Ocasio-Cortez, Representing New York's 14th District," ocasio-cortez.house.gov/about

34 "Meet Alexandria Ocasio-Cortez, the 28-Year-Old Running for Congress in the Bronx," Elite Daily, 6/12/18, elitedaily.com

35 "Progressive Group Ousts Cenk Uygur Over Past Sexist Writing," Huffi ngton Post, 12/23/17, huff post.com

36 "Secular Talk's Kyle Kulinski Resigns From Justice Democrats!" 12/23/17, youtube.com

37 "Purge at DSA: Why Are Activists Trying to Expel Representative Bowman?" *Nation*, 11/22/21, thenation.com

38 "Chicago Democratic Socialists of America Censures Alderman Andre

Vasquez," Twitter, 11/24/20, twitter.com
39 "Leading Progressive Organizations Invest $1.2 Million in Major Campaign to Elect Jessica Cisneros," LCV, 2/28/20, LCV.org

02 뉴키즈 온 더 블록

1 "Need a Socialist? Check Mom's Basement," Liberty Nation News, 6/25/19, libertynation.com
2 "Clinton gives her take on Sanders supporters in leaked fundraising recording," *Politico*, 9/30/16, politico.com
3 "Sanders agrees with Clinton that his supporters 'are living in their parents' basement' but 'of course' it bothers him that she called him a false promise," CNN, 10/2/16, cnnpressroom.blogs .cnn.com
4 "Joe Biden is underwater with voters earning less than $75,000 a year, who overwhelmingly prefer Bernie Sanders," Business Insider, 12/11/19, businessinsider.com
5 "This One Chart Explains Why the Kids Back Bernie," *New York*, 2/15/20, nymag.com
6 "Shaniyat Chowdhury Challenges Meeks for House Seat," PoliticsNY, 1/17/20, politicsny.com
7 Virginia Ramos Rios, LinkedIn, linkedin.com
8 "'You didn't vote for me': Senator Dianne Feinstein responds to young green activists," *Guardian*, 2/23/19, theguardian.com
9 "'Lace Up Your Shoes and Organize': Watch Obama's Push for Participation in Politics," *Time*, 1/11/17, time.com
10 "Clinton to voter: 'Why don't you go run for something?,' " *Hill*, 3/1/16, thehill.com
11 Twitter, Zach Williams, 6/22/20, twitter.com/zachreports
12 "Cumbo Comes Through Brisport's Block," PoliticsNY, 6/23/20, politicsny.com
13 Facebook, Laurie Cumbo, 7/22/20, facebook.com/laurie.cumbo

14 Twitter, BLACaucusNYC, 6/24/20, twitter.com/BLACaucusNYC

15 "Chief of Staff Draws Fire From Left as Obama Falters," The Wall Street Journal, 1/26/10, www.wsj.com

16 "Biden isn't pursuing socialism. He's just trying to catch up with other wealthy democracies," *Washington Post*, 5/4/21, washing tonpost.com

17 "Texas Primary Election Results: 28th House District," *New York Times*, 3/20/20, nytimes.com

18 "If You Want to Call Me a Socialist Then Call Me a Socialist," *Jacobin*, 10/24/19, jacobinmag.com

19 "The Rise of the Left (With Mondaire Jones)," *Intercept*, 6/25/20, theintercept.com

20 Twitter, Daniel Marans, 6/17/20, twitter.com/danielmarans

21 "The more things change, the more they stay the same: A response to Canel and Jacobs," *Platypus Review* 144, March 2022, platypus1917.org

22 "DSA Chapters: Propose National Candidate Endorsements by June 1," *Democratic Left*, 5/24/17, dsausa.org/democratic-left

23 "Hillary Clinton, Bernie Sanders Seek Minority Votes in Massachusetts," New England Cable News, 2/17/16, necn.com

24 "Ayanna Pressley says 'the Squad' is 'not a monolith,' " Boston .com, 8/15/19, boston.com

25 "Surprised Ayanna Pressley 'broke' with the squad to endorse Warren? Don't be," *Guardian*, 11/9/19, theguardian.com

26 NYS Board of Elections Enrollment by Congressional District, www.elections.ny.gov

27 "Once-obscure Rep. Chris Collins sees his star rise with Trump," USA Today, 2/21/17, usatoday.com

28 "Analysis of New York counties won by Trump in 2016 and Obama in 2012 and 2008 following the 2020 presidential election," ballotpedia, ballotpedia.org

29 "Rep. Chris Collins maintains innocence in insider trading case, vows to 'fi ght this right to the end,' " *Washington Post*, 9/11/18, washingtonpost.com

30 "New York Election Results: 27th House District," *New York Times*, 1/28/19, nytimes.com

31 "Collins fares well in poll despite charges," *Buffalo News*, 8/9/19, buff alonews.com

32 "Mychajliw tells Orleans County SCOPE he will seek 27th as staunch Trump supporter," Orleans Hub, 11/19/19, orleanshub. com

33 "Tucson's Mexican-American Studies Ban," *The Daily Show*, 4/2/12, www.cc.com

34 "New York Election Results: 27th Congressional District," *New York Times*, 4/2/21, nytimes.com

35 "How New Yorkers Voted in the 2020 Presidential Election," Spectrum News 1, 12/10/20, spectrumlocalnews.com

36 "The Banality of Insurgency," *Jacobin*, 10/11/19, jacobinmag .com

37 "It's Not Enough to Talk Like the Left," Political Currents (Substack), 5/31/21, rossbarkan.substack.com/p/its-not-enough-totalk- like-the-left

38 "'This will be the year of the Biden Republican,' Rahm Emanuel says," CNBC, 8/21/20, cnbc.com

39 "Joe Biden's Campaign Is Making It Very Clear: They Will Push Austerity in the White House," *Jacobin*, 8/20/20, jacobinmag .com

40 "Kaufman's revenge," *Politico*, 3/3/21, politico.com

41 "Joe Biden to rich donors: 'Nothing would fundamentally change' if he's elected," *Salon*, 6/19/19, salon.com

42 "O Rahm, where art thou?" *Politico*, 12/17/20, politico.com

03 청년이 운영하고 운동이 이끄는 단체들

1 "Bernie Sanders's Five-Year War," *Jacobin*, 8/28/20, jacobinmag .com

2 "Alexandria Ocasio-Cortez isn't even in offi ce yet and she's already pulling back the curtain on the inner workings of Congress," CNBC, 12/11/18, cnbc.com

3 "House progressives are building something new, exciting, and powerful,"

Roll Call, 11/20/20, rollcall.com
4 앞의 기사.
5 "DCCC Promises to Blacklist Firms That Work With Candidates Challenging Incumbents," Huff Post, 3/22/19, huff post.com
6 "In a victory for progressives, the DCCC ends its consultant blacklist," Vox, 3/10/21, vox.com
7 "Nebraska Election Results: Second Congressional District," *New York Times*, 12/5/20, nytimes.com
8 "Ocasio-Cortez announces slate of all-female congressional endorsements," *Hill*, 2/21/20, thehill.com
9 "Mapping American Social Movements Project: Socialist Party Elected Offi cials 1901 – 1960," University of Washington, depts. washington.edu/moves/SP_map-elected.shtml
10 "Ron Delllums's Life Holds Lessons for Every Progressive in America," *Intercept*, 8/3/18, theintercept.com
11 "Gallup Vault: Americans' Views of Socialism, 1949 – 1965," 8/10/18, https://news.gallup.com
12 앞의 기사.
13 "Four in 10 Americans Embrace Some Form of Socialism," Gallup, 5/20/19, news.gallup.com
14 "Less Than Half in U.S. Would Vote for a Socialist for President," Gallup, 5/9/19, news.gallup.com
15 "Communist Party of the United States of America," Britannica, britannica.com
16 "DSA Was Only Getting Started," *Nation*, 5/20/20, thenation .com
17 "50 Years of Shrinking Union Membership, in One Map," NPR, 2/23/15, npr.org
18 "Majorities of adults see decline of union membership as bad for the U.S. and working people," Pew Research Center, 4/15/21, pewresearch.org
19 Twitter, 8/4/19, twitter.com/daveweigel
20 "Exclusive: We Found Archie Carter," *Jacobin*, 8/8/19, jacobin mag.com

21 "Some young Americans warm to socialism, even Miami Cubans," Associated Press, 8/25/19, apnews.com

22 "Why Some Young Voters Are Choosing Democratic Socialism Over the Democratic Party," *New York Times*, 10/15/19, nytimes.com

23 앞의 기사.

24 "Is 'Bernie or Bust' the Future of the Left?," *New York Times*, 8/6/19, nytimes.com

25 앞의 기사.

26 "A Gathering of Comrades," *Current Affairs*, 8/7/19, currentaf fairs.org

27 "The Socialist Network," *New Republic*, 5/16/19, newrepublic .com

28 "Pinkos Have More Fun," *New York*, 3/3/19, nymag.com

29 "'Back That Azz Up,' Comrade (at Least 6 Feet)," *New York*, 12/23/21, thecut.com

30 "Dances With Feminists," *Women's Review of Books*, Vol. IX, no. 3, December 1991, lib.berkeley.edu

31 "Socialists on Chicago City Council Fight for Aff ordable Housing, Immigrant Rights," *Intercept*, 7/8/19, theintercept.com

32 "In 2008, Democratic Socialists Endorsed Him. Now, a DSA Member Is Primarying Him," *In These Times*, 7/16/19, inthese times.com

33 "GOP's Madison Cawthorn, 25, reacts to North Carolina victory: 'Time for a new Republican Party," Fox News, 11/4/20, foxnews .com

34 YDSA website, chapter chart, airtable.com/shrGLIY5edPx qlZCK/tbl40RvaGc1n3A24L

35 Ryan Grim, *We've Got People: From Jesse Jackson to AOC, the End of Big Money and the Rise of a Movement*, (Washington, DC: Strong Arm Press, 2019), p. 309

36 "A Politician Called Her 'Young and Naïve.' Now She's Striking Back," *New York Times*, 7/25/18, nytimes.com

37 "Too easy on Trump? Dianne Feinstein heckled at San Francisco town hall," *Mercury News*, 4/17/17, mercurynews.com

38 "The Viral Confrontation With Dianne Feinstein Had a Political Impact

Most Pundits Missed," *Intercept*, 3/1/2019, theintercept. com
39 "Senate defeats Green New Deal, as Democrats call vote a 'sham,' " *Washington Post*, 3/26/19, washingtonpost.com
40 Kearney Indivisible Facebook page, 2/22/22, facebook.com
41 "The Democratic Party Is Selling Out Women at Its Own Peril," *Glamour*, 8/1/17, glamour.com
42 "Cuomo abstains from global warming 'debate,' " *Politico*, 11/24/14, politico.com
43 "Scaling Wokeback Mountain," *New York Times*, 7/13/19, nytimes.com
44 Twitter, Ed Markey, 9/1/20, twitter.com
45 "A New Role for Democratic Centrists: Helping the Left Win," *New York*, 3/5/19, nymag.com
46 "A Clinton-era centrist Democrat explains why it's time to give democratic socialists a chance," Vox, 3/4/19, vox.com
47 "A Hillary 'shill' goes all-in for Bernie," *Politico*, 12/2/19, polit ico.com
48 "NY Democratic chair blasts primary challenge against Maloney," *Hill*, 4/14/21, thehill.com
49 Twitter, Honda Wang, 4/14/21, twitter.com/HondaWang

04 샌더스식 포퓰리즘, 펜실베이니아에 상륙하다

1 Twitter, Summer Lee, 11/5/20, twitter.com/SummerForPA
2 "One Year in Washington," *New York*, 1/6/20, nymag.com

05 불타오르는 나라

1 "Massive August fi re now largest in California history, at 471,000 acres and counting," *Los Angeles Times*, 9/10/20, latimes.com
2 "Black Lives Matter May Be the Largest Movement in U.S. History," *New York Times*, 7/3/20, nytimes.com
3 "Tracking protests across the USA in the wake of George Floyd's death,"

USA Today, 6/3/20, usatoday.com

4 "AP tally: Arrests at widespread US protests hit 10,000," AP, 6/4/20, apnews.com

5 "74 percent of Americans view George Floyd's death as an underlying racial injustice problem: POLL," ABC News, 6/5/20, abcnews.go.com

6 "One Big Diff erence About George Floyd Protests: Many White Faces," *New York Times*, 6/12/20, nytimes.com

7 "Rural New York Is in the Streets, Marching for Black Lives," *Nation*, 6/24/20, thenation.com

8 "Florida House Democrats give up 2018 gains—and any hope of infl uence," *Politico*, 11/4/20, politico.com

9 앞의 기사.

10 "Over 1 Million Florida Felons Win Right to Vote With Amendment 4," NPR, 11/7/18, npr.org

11 "Florida is raising minimum wage to $15 per hour. Some economists hope to see a national trend," CNBC, 11/6/20, cnbc.com

12 "Florida Governor Election Results: Andrew Gillum vs. Ron DeSantis," *New York Times*, 1/28/19, nytimes.com

13 "Manchin says 'elect more liberals' to Democrats who want a pricier reconciliation bill," Yahoo! News, 9/30/21, yahoo.com

14 "Joe Biden's shifting recollection on his civil rights activities," *Washington Post*, 6/12/20, washingtonpost.com

15 "Andrew Young apologizes for 'unlovable little brats' remark," *Atlanta Journal-Constitution*, 7/13/16, www.ajc.com

16 "John Lewis: I did not mean to 'disparage' Bernie Sanders's civil rights activism," *Guardian*, 2/13/16, theguardian.com

17 "No. 3 House Democrat Steps Into Ohio Race to Head Off a Sanders Acolyte," *New York Times*, 6/29/21, nytimes.com

18 "Reforming the Criminal Justice Agenda," 6/18/20, nysenate.gov

19 "Amy McGrath Is Projected to Edge Out Charles Booker in Ky. Senate Democratic Primary," NPR, 6/30/20, npr.org

20 "Kentucky U.S. Senate Election Results," *New York Times*, 3/6/21, nytimes.com

21 "What to Know About Breonna Taylor's Death," *New York Times*, 4/26/21, nytimes.com

22 Eyewitness News, ABC7NY, 5/31/20, youtube.co

23 "Jewish protestor, staples in head and arm broken on NYC streets, tells his story," *Forward*, 6/4/20, forward.com

24 "Who Will You Believe, de Blasio or Your Lying Eyes?," *New York*, 6/5/20, nymag.com

25 Twitter, Jake Off enhartz, 6/1/20, twitter.com/jangelooff

26 "Who Will You Believe, de Blasio or Your Lying Eyes?," *New York*, 6/5/20, nymag.com.

27 "Protesters Dispersed With Tear Gas So Trump Could Pose at Church," *New York Times*, 6/1/20, nytimes.com

28 "June 2 Statement from United States Park Police acting Chief Gregory T. Monahan about the actions taken over the weekend to protect life and property," 6/2/20, www.nps.gov

29 "DC Police buy $100,000 in tear gas in preparation for possible 'civil disturbance' in coming months," WTHR, 10/14/20, wthr.com

30 "Donavan La Bella, man shot by US Marshals in Portland, to be released from hospital," OPB, 7/25/20, .opb.org

31 "Federal Officers Use Unmarked Vehicles to Grab People in Portland, DHS Confi rms," NPR, 7/17/20, npr.org

32 "Oregon Senator on 'Unmarked Paramilitary Presence' in Portland," NPR, 7/18/20, npr.org

33 "New York City police accused of 'kidnapping' protester," BBC, 7/29/20, bbc.com

34 "Amnesty International Documents 125 Incidents of Police Violence Against Protesters," NPR, 8/4/20, npr.org

06 새로운 수송관, 새로운 전략, 새로운 리더

1 "CPD misses deadline for reforming foot chase policy; says more data needed," *Chicago Sun-Times*, 9/3/21, chicago.suntimes.com

2 "Up to 1 million species are facing extinction, according to a new UN report. Without them, we could run out of food," Business Insider, 5/6/19, businessinsider.com

3 "Texas Election Results: 10th Congressional District," *New York Times*, 2/22/21, nytimes.com

4 "Sean McElwee and the Art of Left Pontifi cation," Ross Barkan, 9/16/20, rossbarkan.substack.com

5 "Should Sanders Have Campaigned Like Warren?," Matt Bruenig, 4/16/20, peoplespolicyproject.org

6 "How Sean McElwee's 'Normie-Progressive Theory of Change' Doomed Samelys López," *Jacobin*, 9/24/20, jacobinmag.com

7 "New progressive pipeline funnels jobs to the Hill," *Roll Call*, 1/25/19, rollcall.com

8 "Congressional progressives get their own center," CNN, 10/9/18, cnn.com

9 "Where Americans stand on policing today," Vox, 4/9/21, vox .com

10 "The Combahee River Collective Statement," American Studies Dept., Yale University, americanstudies.yale.edu

11 "I helped coin the term 'identity politics.' I'm endorsing Bernie Sanders," *Guardian*, 2/10/20, theguardian.com

07 좌파에 노조가 필요한 이유

1 "Nothing Left," *Harper's Magazine*, March 2014, harpers.org

2 "In New York, the Far Left Is Targeting a Close Ally," *New York Times*, 9/19/19, nytimes.com

3 앞의 기사.

4 앞의 기사.

5 "Why Is Teachers Union President Randi Weingarten Attacking Medicare for All?," *Jacobin*, 9/26/19, jacobinmag.com

6 "Schumer and a Teachers' Union Leader Secure Billions for Private Schools," *New York Times*, 3/13/21, nytimes.com

7 "Sara Nelson's Art of War," *New Republic*, 5/13/19, newrepub lic.com

8 "Sara Nelson Is Not Afraid to Strike Back," *Nation*, 5/10/19, thenation.com

9 "The New Union Label: Female, Progressive and Very Anti-Trump," *Politico*, 12/12/19, politico.com

10 "What Happened to New York's Plans for Single-Payer Health Care?," *Nation*, 5/2/19, thenation.com

11 앞의 기사.

12 "UFT Exec. Board December 3rd, 2018—Elections and Health Care," NYC Educator, 12/3/18, nyceducator.com

13 "Kathy Hochul Is the Un-Cuomo," *Nation*, 4/5/2022, thenation .com

14 "An Unusually Optimistic Conversation With Bernie Sanders," *New York Times*, 3/23/21, nytimes.com

15 "Trump Voter Feels Betrayed by President After Reading 800 Pages of Queer Feminist Theory," *Onion*, 5/3/17, youtube.com

16 "Full Rush Transcript Hillary Clinton Part//CNN TV One Democratic Presidential Town Hall," CNN, 3/13/16, cnnpress room.blogs.cnn.com

17 "Labor unions fear Democrats' Green New Deal poses job threat," Reuters, 2/12/19, reuters.com

18 "Big Labor May Save New York From AOC's Socialism," *Wall Street Journal*, 2/19/21, wsj.com

19 "Big Apple Big Labor Is Becoming Progressive," *Wall Street Journal*, 3/2/21, wsj.com

20 "Can a Federal Job Guarantee Unite the Left?" *In These Times*, 3/3/21, inthesetimes.com

1 Fox News, Trump rally in Tulsa, Oklahoma, 6/21/20, foxnews. com

2 "'Running against a movement': Eric Adams declares war on AOC's socialists," *New York Post*, 7/27/21, nypost.com

3 "What's the Diff erence Between Socialist Alternative and DSA?," Socialist Alternative, 2/14/20, socialistalternative.org

4 "Opinion: By Forging Alliance on the Left, Cabán Race is Reshaping NYC Politics," City Limits, 7/25/19, citylimits. org

5 "James explains Cuomo backing, break from third party," *Albany Times Union*, 8/22/18, www.timesunion.com

6 Ballotpedia, Jabari Brisport, 2020 and 2017 results, https://ballot pedia.org/Jabari_Brisport

7 "Amazon spent $1.5 million on Seattle City Council races. The socialist it opposed has won," *The Washington Post*, 11/10/19, washingtonpost.com

8 "Amazon Workers on Staten Island Clinch a Historic Victory," Labor Notes, 4/1/22, labornotes.org

9 Movement for a People's Party, "People's Convention," 8/30/20, peoplesparty.org

10 "The Trailer: It's not 2016 for third-party candidates," T*he Washington Post*, 9/8/20, washingtonpost.com

11 "No, Ralph Nader Did Not Hand the 2000 Presidential Election to George W. Bush," *Reason*, 8/3/16, reason.com

12 "Chapters," dasusa.org.

13 "Kara Eastman Loses Omaha House Race, But Joe Biden Picks Up Electoral College Vote," The Intercept, 11/3/20, theintercept com

14 "Mike Siegel's Ambitious Progressive Platform Falls Short in Deep-Red Texas," The Intercept, 11/3/20, theintercept.com

15 "US Rep. Lloyd Smucker defeats Jess King to secure second term in Lancaster County's congressional seat," Lancaster Online, 11/6/18, lancasteronline.com

16 "Missouri Primary Election Results: First House District," *New York Times*, 9/24/18, nytimes.com

17 "Poll: Despite Record Turnout, 80 Million Americans Didn't Vote. Here's Why," NPR, 12/15/20, npr.org

18 "Why Many Americans Don't Vote," FiveThirtyEight, 10/26/20, projects.fivethirtyeight.com

19 "New data helps explain Trump's gains among Latino voters in 2020," Vox, 5/19/21, vox.com

20 Tennessee Senate 2020 Race, Summary Data, Marquita Bradshaw, 8/6/20, opensecrets.org

21 West Virginia District 2 2020 Race, Catherine Kunkel, 5/12/20, opensecrets.org

22 "Final tally shows Amy McGrath campaign spent more than $90 million in failed Senate bid," *Louisville Courier Journal*, 12/4/20, www.courier-journal.com

23 "Tennessee US Senate Election Results," *New York Times*, 3/6/21, nytimes.com.

24 "West Virginia Election Results: Second Congressional District," *New York Times*, 12/6/20, nytimes.com

25 "Kentucky US Senate Election Results," *New York Times*, 3/6/21, nytimes.com

26 "McConnell Enjoys Healthy Lead in Senate Race Despite Unpopularity," Spectrum News 1, 10/31/20, spectrumnews1.com

27 "Kentucky US Senate Election Results," *New York Times*, 3/6/21, nytimes.com

28 "Analysis: Partisan gerrymandering has benefi ted Republicans more than Democrats," Business Insider/Associated Press, 6/25/17, businessinsider.com

29 "Trump Eclipses Obama's Popular Vote Record, Reinforcing Speculation of a 2024 Run if He Loses," *Newsweek*, 11/5/20, newsweek.com

30 "The Return of the 'Sewer Socialists,' " *The Progressive*, 12/23/21,

progressive.org
31 "Damon Seils Wins Carrboro Mayor; Foushee, Haven-O'Donnell, Nowell Win Town Council," 11/2/21, chapelboro.com
32 "DSA International Committee condemns the Sinophobia and the push for a Cold War with China encouraged by the United States," DSA International Committee, 3/16/21, dsausa.org
33 "Landmark Deal Reached on Rent Protections for Tenants in N.Y.," *New York Times*, 6/11/19, nytimes.com
34 "NARAL Pro-Choice America President Ilyse Hogue Calls for New Democratic Leadership of Senate Judiciary Committee," NARAL, 10/16/20, prochoiceamerica.org
35 "Denver's City Council, Led by Democratic Socialist, Stuns For-Profi t Prison Operators by Nuking Contracts," The Intercept, 8/8/19, theintercept.com
36 "Socialists on Chicago City Council Fight for Aff ordable Housing, Immigrant Rights," The Intercept, 7/8/19, theintercept. com
37 "Amazon spent $1.5 million on Seattle City Council races. The socialist it opposed has won," *The Washington Post*, 11/10/19, washingtonpost.com
38 "Nearly $1 Billion Is Shifted From Police in Budget That Pleases No One," *New York Times*, 6/30/20, nytimes.com
39 "Ocasio-Cortez dismisses proposed $1B cut: 'Defunding police means defunding police,' " The Hill, 6/30/20, thehill .com
40 "The Most Ambitious Eff ort Yet to Reform Policing May Be Happening In Ithaca, New York," GQ, 2/22/21, gq.com
41 "As police reform stalls, Ithaca restores 2 previously eliminated offi cer positions," WSKG, 11/24/21, wskg.org
42 "City publishes another Q&A on restructuring of Ithaca Police Department," *The Ithaca Voice*, 3/30/22, ithacavoice.com
43 "Frey signs Minneapolis city budget with police funding cuts," MPR News, 12/11/20, www.mprnews.org
44 "Minneapolis to spend $6.4 million to hire more police offi cers," *New York*

Post, 2/14/21, nypost.com

45 "Petition campaign begins to put Minneapolis police overhaul on ballot," *Star Tribune*, 2/14/21, www.startribune.com

46 "Minneapolis Election: Voters Reject Question To Replace Police With New Agency," CBS Minnesota, 11/2/21, minnesota.cbslo cal.com

47 "The History Behind 'When The Looting Starts, The Shooting Starts,' " NPR, 5/29/20, npr.org

48 "Federal Offi cers Shoot Portland Protester In Head With 'Less Lethal' Munitions," OPB, 7/12/20, opb.org

49 "Newsom Signs Ban on Police Chokehold, State Mandate to Investigate Killings by Police," Courthouse News Service, 9/30/20, courthousenews.com

50 "Mario Gonzalez died after police pinned him down for 5 minutes. Now his autopsy is in," NPR, 12/10/21, npr.org

51 "Veteran Chicago cop charged after allegedly choking handcuff ed arrestee in 2019 on South Side: offi cials," *Chicago Tribune*, 1/23/21, chicagotribune.com

52 Twitter, Laura Bassett, 1/20/22, twitter.com

53 "Biden Justice Department offi cially rescinds Trump 'zero tolerance' migrant family separation policy," NBC News, 1/26/21, nbcnews.com

54 "Immigrant Youth Take Action Outside of ICE Building Demanding President Biden Immediately Stop ALL Deportations," United We Dream," 2/17/21, unitedwedream.org

55 "First migrant facility for children opens under Biden," *The Washington Post*, 2/22/21, washingtonpost.com

56 *Hegemony How-To: A Roadmap for Radicals*, Jonathan Matthew Smucker, AK Press, 2017 (p.77)

57 "Big donors to Brown and Walton," Investigative Post, 10/5/21, investigativepost.org

58 "Mayor Brown 'not seeking support' from Carl Paladino in potential write-in campaign," WKBW, 6/27/21, wkbw.com

59 "Paladino Ousted From Buffalo School Board," *New York Times*, 8/17/17, nytimes.com.

60 "Paladino exchanges bucks and hugs at Brown fund raiser," *The Buffalo News*, 1/11/13, buffalonews.com

61 "Labor support tilting toward Brown despite Walton's gains," *The Buffalo News*, 9/17/21, buffalonews.com

62 앞의 기사.

63 "Brown and Walton continue to state their cases, with a little help from their friends," *The Buffalo News*, 10/22/21, buffalonews. com

64 "The Editorial Board: Re-elect Brown, who knows how to govern, unlike the dangerously inexperienced Walton," *The Buffalo News*, 10/23/21, buffalonews.com

65 "How Buffalo News Helped Keep a Socialist out of City Hall," FAIR, 11/11/21, fair.org

66 "To house the people, expropriate the landlords," The Conversationalist, 8/12/21, conversationalist.org

67 "Democratic Socialists Need to Take a Hard Look in the Mirror," *New York Times*, 11/16/21, nytimes.com

68 "Write-ins are counted: Buffalo Mayor Byron Brown wins reelection, defeating India Walton," WIVB, 11/19/21, wivb.com; "Brown defeats Walton in Buffalo, New York, mayoral election," Ballotpedia News, 11/29/21, news.ballotpedia.org

찾아보기

ㄹ

ㅂ

ㅅ

ㅇ